TRAIN YOUR BRAIN TO GET RICH

부자가 되려면 뇌를 바꿔라

Teresa Aubele PhD, Doug Freeman JD LLM,
Lee Hausner PhD, & Susan Reynolds 저
김유미 역

지성공간

Train Your Brain to Get Rich

이 도서의 국립중앙도서관 출판시도서목록(CIP)은 서지정보유통지원시스템 홈페이지
(http://seoji.nl.go.kr)와 국가자료공동목록시스템(http://www.nl.go.kr/kolisnet)에서
이용하실 수 있습니다.(CIP제어번호: CIP2013009011)

목차

서문 … 4

역자의 말 … 6

1장 부란 무엇인가? … 9

2장 놀라운 뇌세계 … 27

3장 부자! 뇌보다 마음이야 … 45

4장 부자 뇌를 만들어라 … 59

5장 부자가 될 수 있다고 믿어라 … 73

6장 부자가 되려면 의도를 가져라 … 101

7장 부자가 되려면 공부하라 … 127

8장 부자가 되려면 노력하라 … 161

9장 부자가 되려면 명상하라 … 197

10장 부자가 되려면 놀아라 … 213

11장 부자가 되려면 운동하라 … 233

12장 부자가 되려면 잘 자라 … 243

13장 부자가 되려면 잘 먹어라 … 263

부록 … 293

서문

"생각하라, 그러면 부자가 되리라."

- 나폴레옹 힐 Napoleon Hill

나폴레옹 힐이 옳았다. 누구나 부자처럼 생각하는 뇌만 가졌다면, 부자라 자처할 수 있다. 만약 수학을 못하던 아픈 기억이 있거나 수에 소질이 없어 자신의 재정에 신경 쓸 엄두도 못내는 사람이라면, 성공적인 부창출에 필요한 정보와 자신감을 줄 <부자가 되려면 뇌를 바꿔라>를 필독하길 바란다.

우리 뇌는 탁월한 기관임에도 최근까지 뇌의 내부에 대해서는 상당히 미스터리였다. 흔히들 뇌가 발달한 후에는 연령증가와 더불어 퇴화만 일어날 것이라고 생각해왔다. 하지만 오늘날의 폭발적인 뇌연구 덕분에 마침내 이 탁월한 기관의 내부활동이 규명되었으며, 이들 연구에서는 뇌가 꾸준히 발달하는 방식이나, 부자처럼 생각하는 뇌를 만들 때 사고의 중요성에 대한 흥미로운 소식을 제시하였다.

이 책에서는 다음과 같은 사항에 관심있는 독자를 위해 최근의 획기적인 신경과학과 부창출 관련 연구를 통합하였다.

- 뇌의 내부활동 이해 : 뇌가 부추구 과정에 어떻게 기여하고 방해하는지
- 돈을 더 벌기 : 최고의 사업이나 투자기회를 위해 신중하고 분석적인 뇌영역 강화하기
- 현명한 투자 : 잘못된 추론을 부추기는 비생산적인 습관 없애기
- 재정적 어려움 극복하기 : 뇌의 투쟁-도피 반응에 이끌려 함정에 빠지지 않기
- 투자자본 형성을 위한 예산 세우기 : 목표를 설정할 때 뇌기능을 극대화하기
- 원하는 재정목표에 도달하기 : 주의산만 요소를 무시하고 목적의식과 집중을 유지하는 뇌기능을 강화하기

이 방법들은 다 당신이 훈련을 시작하고 재정을 관리하는 데 유익할 것이다. 만약 부 창출을 위해 풍부한 뇌자원을 활용하고 싶다면, 마냥 운을 기다리느라 시간낭비하지 마라!

역자의 말

일단 이 책을 손에 펼쳐든 독자라면 이미 부자가 되려는 의도가 있다고 할 수 있다. 그 의도가 단순한 관심 정도든 상당히 강력한 상태든 말이다. 사실 부자가 되려는 길목에서 첫째 요건이 '부자가 되려는 의도'인데, 결국 독자들은 정도의 차이는 있어도 그 첫째 요건을 이미 어느 정도 갖춘 셈이다.

그런데 '부자'란 어떤 사람인가? 이 책에서는 부자를 인적 자본, 지적 자본, 금융 자본, 사회적 자본을 가진 자로 본다. 이는 일반적으로 일컬어지는 부자 즉, 금융 자본을 가진 자와 다소 차이가 있어 보이나, 인적 자본, 지적 자본, 사회적 자본이 금융 자본에 직·간접적으로 기여한다는 점에서 결과적으로는 별 차이가 없는 셈이다.

여기에서 기민한 독자라면 위에서 제시한 부자의 정의가 성공한 자의 정의와 유사함을 짐작했을 것이다. 실제로 이 책에서 제시하는 '부자되는 길' 역시 '성공의 길'과 별 차이가 없다. 오히려 요동치는 주식시장처럼 불안이나 두려움이 극도로 높은 위기 상황에서도 지혜로운 의사결정을 내릴 정도라면 일반적인 성공은 훨씬 더 용이할 것이다.

어쨌든 부자가 되려면 어떻게 해야 하는가? <부자가 되려면 뇌를 바꿔라 Train your brain to get rich>에서는 마음을 활용해 뇌를 훈련하면 부자가 될 수 있다고 본다. 이처럼 마음으로 뇌를 바꿀 수 있다는 사실에 대해서는 이미 신경과학 연구에서 확인된 바 있다. 결국 이는 마음으로 부자 뇌를 만들어 부자가 될 수 있다는 말이다. 더구나 성인의 뇌마저도 가소성이 풍부하여 마음을 활용해 얼마든지 부자 뇌를 만들 수 있다. 이를 위해 이 책에서는 뇌의 탁월한 특성을 적극 활용하는 동시에 비합리적 특성을 효과적으로 조절하여 부자가 되는 길을 제시한다.

<부자가 되려면 뇌를 바꿔라>에서 제시하는 부자의 길을 구체적으로 살펴보면, 1, 2, 3장은 '부란 무엇인가?', '놀라운 뇌세계', '부자! 뇌보다 마음이야'로, 여기에서는 부, 뇌, 마음을 전반적으로 개괄한다. 4장부터 13장에서는 부자 뇌를 만드는 구체적인 방법들 즉, 부자 뇌, 믿음, 의도, 공부, 노력, 명상, 놀이, 운동, 수면, 먹거리와 관련된 방법들을 제시하였다. 센스있는 독자라면 위에 제시된 운동, 수면, 먹거리를 보고 우리 뇌가 심리적인 동시에 물리적인 존재임을 짐작했을 것이다. 즉, 부자가 되려면 몸과 마음이 다 중요하다는 말이다.

이 책에 소개된 방법을 따르다 보면 어느 순간 '부자 뇌'의 주인공이 되어 부자가 되는 길에 진입한 자신을 발견할 것이다. 혹시 이 책을 읽고 이해하는 수준에 머물러 있는 독자라면, 이해가 아니라 실천을 선택하길 바란다. 그것은 독자가 이 책의 지침을 실천할 때에야 비로소 이 책을 진정으로 소유하는 길이고 부자 뇌를 만들어 부자가 될 수 있기 때문이다. 역자도 일상에서 이 책에서 제시된 방법을 적용하여 나를 이해하고 나름 괜찮은 의사결정을 내릴 수 있었다. 결국 역자는 이 책을 일상에서의 성공 지침서로 활용해온 셈이다. 독자들도 이 책을 '부자 지침서'나 '성공 지침서'로 적극 활용하여 부자의 길, 성공의 길에 진입하길 바란다.

2013년 6월 23일

김 유 미 씀

1장

부란 무엇인가?

– 누구나 부를 원한다. 누군들 안 그러겠는가? 그러나 자신이 무엇을 소중히 여기는지 알아야 비로소 자신이 바라는 부의 형태를 알 수 있다. –

1장
부란 무엇인가?

우리가 의식하든 못하든, 부 관련 지식, 사고 및 재정결정 방식은 대부분 우리 뇌에 이미 깊숙이 자리잡고 있다. 이런 지식은 부모의 행동을 보거나 가르침을 듣거나, 아니면 타인을 관찰한 결과이다. 설사 돈을 벌고 쓰고 투자할 때 일부러 다른 방법을 택한 경우에도, 뇌가 뜻대로 따라주지는 않았을 것이다. 부자가 되기 위해 뇌를 훈련하려면, 우선 뇌에 저장된 내용과 뇌에서 부를 이해하는 방식이 우리에게 얼마나 영향을 주는지를 알아야 한다.

특히 이 장에서는 부창출에 대한 우리의 지식 정도를 알아보기 위해 우리 뇌와 마음을 자세히 조명할 것이다. 즉, 부의 개념(우리 뇌가 부를 이해할 뿐만 아니라 부와 관련되므로)과 부에 대한 우리의 생각을 살펴볼 것이다. 그 이유는 우리가 설사 인식하지 못할지라도, 부의 개념과 부에 대한 우리의 생각이 부창출에 영향을 주기 때문이다. 그러나 뇌에 대해서나 부에 대한 뇌의 사고방식에 대해 공부하기 전에, 부자가 되려면 훈련해야 할 자신의 뇌영역을 알아보자.

부자가 되려면 뇌를 훈련해야 하는 이유

당신이 자수성가한 백만장자가 아닌 이상, 부창출을 위해 뇌기능을 최대한 사용하고 있을 리가 없다. 자신이 부창출 척도의 어디쯤에 있는지 알아보자.

부 관련 행동 알아보기

1. 부모님은 돈에 대해 어떠셨는가? (　　)

A. 돈을 관리하고 절약하는 방법을 가르쳐 주셨다.

B. 대체로 모범적이셨지만, 돈에 대해 별로 말씀하시지 않았다.

C. 돈이 부족하다고 불평하면서도 돈벌려는 노력을 전혀 안 했다.

D. 돈에 대해 감을 못 잡아 항상 빈털터리셨다.

2. 직업에 대해 어떤가? (　　)

A. 고소득 직업을 갖기 위해 일찍부터 목표를 정했다.

B. 충분히 생각하지 못했고 지금 내 선택에 후회한다.

C. 평생 직업은 아니지만 직장은 있다(그리 좋아하진 않아도).

D. 어떤 직업을 가질지 잘 모르겠다.

3. 수입에 대해 어떤가? (　　)

A. 괜찮은 편이지만, 항상 더 벌고 싶다.

B. 내 기대에 못 미친다.

C. 항상 승진에서 제외되어 정체되어 있다.

D. 근근이 사는 형편이라 매우 불만족스러우나, 뾰족한 방법이 없다.

4. 투자에 대해 어떤가? (　　)

A. 5년마다 검토하는 장기계획이 있다.

B. 매년 개인연금IRA을 들고 있으나, 다 현금이다.

C. 집 외에는 투자하지 않는다.

D. 투자할 돈이 없다.

5. 중요한 재정결정을 어떻게 하는가? (　　)

A. 결정하기 전에 모든 대안을 연구하고 신중하게 평가한다.

B. 투자상담사를 고용하여 그가 추천하는 대로 한다.

C. 최종 결정시한까지 몇 개월씩 미룬다.

D. 돈이 없어 재정결정을 할 필요가 없다.

6. 자신의 재정지식은 어느 정도인가? (　　)

A. 상당한 편이지만, 아직 배워야 할 점이 많다.

B. 일상적인 결정에 관한 한 꽤 탄탄하지만, 부족한 편이다.

C. 고교시절과 마찬가지로 아주 얕다.

D. 아예 없다.

7. 예금계좌는 어떤가? (　　)

A. 보물 제 1호이다.

B. 기대에는 못 미치나, 천천히 모으고 있다.

C. 기본에도 못 미친다.

D. 없다.

8. 비상자금은 어느 정도인가? (　　)

A. 깰 수 없는 예금계좌에 3개월분의 생활비를 비축해 두었다.

B. 손대지 않는 돈이 계좌에 1000달러 정도 있다.

C. 저축할 여력이 없어 비상금이 없다.

D. 인생 자체가 비상사태다.

9. 재정문제 및 시장과 관련된 최신 정보를 어떻게 얻는가? (   )

A. 금융잡지를 읽고 증권 중개인과 대화하며 재무보고서를 검토한다.

B. 금융 관련 TV 프로그램을 시청하고 가끔 월스트리트 저널을 읽는다.

C. 자신에게 직접 영향을 주지 않는 한 별로 신경 쓰지 않는다.

D. 투자할 여유 돈이 아예 없어 신경 쓸 필요가 없다.

이제 체크한 것을 계산해 보아라

- 대부분 A를 선택했다면, 재정지식의 기반이 탄탄하지만, 이 책을 통해 더 향상될 수 있을 것이다. 이 경우에는 뇌를 훈련하기에 딱 좋은 상태라서 이 책의 제안대로 한다면 아주 효과적일 것이다. 당장이라도 부와 행복을 크게 창출할 수 있을 것이다.
- 대부분 B를 선택했다면, 재정지식의 기반이 다소 부족하나 나름 괜찮은 편이다. 조금만 노력하면, 재정지식을 보강하고 뇌가 더 노력할 방법을 익히며 부를 상당히 늘릴 수 있다. 이 책은 유용한 아이디어로 꽉 차 있어서, 수학의 달인이 아니더라도 큰 효과를 볼 수 있다.
- 대부분 C를 선택했다면, 해야 할 일이 많다. 하지만 당신은 자신감을 갖고 싶고 개선방법도 찾고 싶을 것이다. 직업적으로든 금전적으로든 말이다. 조금만 방향을 바꾸면, 머지않아 당신의 뇌가 부를 향한 길을 밝혀줄 것이다.

- 대부분 D를 선택했다면, 당신의 뇌는 만회해야 할 게 많다. 당신은 부창출에 필요한 지식이 전혀 없지만, 너무 늦지는 않았다. 당신의 두려움과 달리, 부창출에 대한 접근수정이 어렵지 않을 것이다. 어서 당신의 뇌를 일깨워 달리게 하라.

뇌가 만회해야 하는 이유

수백만 년에 걸친 진화덕분에 인간은 아주 지적인 생명체가 되었으나, 재정결정에 관한 한 구식의 뇌기능에 좌우될 수 있다. 조상들이 겪었던 상황과 유사하든 전혀 예상치 못했든 결정 상황에서 인간의 진화가 큰 영향을 준다. 아주 최근까지지도(진화사 차원에서) 인간은 수렵자로서 유목을 하며 작은 무리를 이루어 생활하고 짝을 찾으며 아이를 낳았다. 또한 맹수를 피하여 거처와 먹거리를 찾을 뿐만 아니라, 사냥감을 좇았다.

인간만이 도구를 사용하고 통찰력이 있으며 미래를 계획하는 유일한 동물은 아니다. 그러나 어떤 종도 예측하고 추정하며, 관계를 파악하거나, 결과로부터 인과관계를 추론하는 경이로운 능력은 따라잡을 수 없다. 우리 뇌는 고릴라나 침팬지의 뇌보다 3배나 크다. 그러나 호모사피엔스가 등장한 이후 20만년 동안 인간의 뇌크기는 거의 그대로이다. 우리 뇌의 CEO로 여겨지는 전전두피질처럼 '현대적인' 뇌영역은 석기시대에 주로 발달하였고 그 후로는 별로 변하지 않았다.

재정분야를 보면, 겨우 11000년 전에야 농작물을 재배하고 최초의 도시가 발생했으며, 농작물과 은을 교환하는 최초의 금융시장은 메소포타미아에서 기원전 2,500년경에야 등장했다. 겨우 400년 전에야 주식시장과 채권시장이 정식으로 등장하였다. 이 모든 것들이 의미하는 바는 부에 관한 한 우리 뇌가 단기간에 만회해야 할 일이 많다는 점이다.

뇌의 한계

우리 뇌는 초고속으로 간단한 패턴을 인식하고 정서반응을 하는 등 일부 측면에서는 명수다. 하지만 장기적인 금융동향이나 사업동향을 인식하고 평가해야 한다든지, 실제로 패턴이 없는 경우를 알아차려야 한다든지, 여러 가지에 동시에 집중해야 한다든지 하는 과제에서는 뒤떨어진다. 또한 우리 뇌는 두려움에 반응하도록 훈련되어서, 실제로 위험하지 않은 상황에서도 위험하다고 가정할 것이다. 이런 능력과 본능은 모두 재정결정 상황에서 문제가 되며 극복하기도 어렵다.

다행히도 새로운 뇌연구는 최첨단 상태라서 뇌의 작동방식이나 뇌기능을 극대화하는 방식에 대한 통찰력이 놀라울 정도이다. 획기적인 신경과학 연구덕분에 멋지고 복잡한 뇌가 어떻게 작동하는지뿐만 아니라, 삶 전반(개인적·재정적 복지를 비롯해)에 걸친 뇌발달 촉진을 위해 우리가 할 수 있는 일에 대해서도 알게 되었다.

당신의 부추구를 촉진할 아이디어와 지식이 많을지라도, 우선 당신에게 부가 어떤 의미인지를 판단할 필요가 있다.

당신에게 부자란 어떤 의미인가?

아마 당신은 바로 은행계좌의 잔액이 생각날 것이다. 하지만 사실상 부는 중요한 4가지 자본계좌의 총합이다.

1. 인적 자본 : 개인 발달과 대인관계 발달을 촉진하는 모든 활동
2. 지적 자본 : 지식기반을 확장하는 모든 활동
3. 금융 자본 : 돈을 벌고 활용하고 유지하며 양도하는 방법
4. 사회적 자본 : 세상을 더 좋은 곳으로 만들기 위한 공감 활용 방법

우리는 물질적·정신적 가치가 다 중요한 세계에서 살기 때문에 궁극적으로 만족하려면 이 두 가지가 균형을 이루어야 한다. '부자'라는 개념이 여러 측면을 포함한다는 사실을 인정하면, 부에 대한 관점이 그 모든 측면으로 확대될 것이다. 이 책을 처음부터 끝까지 정독하면, 이 모든 자본계좌를 높이기 위해 브레인파워를 효과적으로 활용하는 방법을 알게 될 것이고, 그 덕분에 삶의 모든 측면에서 '부자'가 될 것이다.

돈 자체가 뇌를 동기유발시키지 못하는 이유

돈 자체는 음식, 물, 거처, 섹스 등 기본적인 생존욕구를 만족시키지 못한다. 어차피 돈은 종이일 뿐이고, 돈이 우리에게 의미하는 바는 경제적 가치가 있다는 것이다. 따라서 돈을 '이차 강화인'이라

하는데, 이는 돈으로 '일차적' 보상을 구할 수는 있으나 일차적 보상 자체는 아니기 때문이다. 엄밀히 말하면, 돈으로 우리가 구입하는 것 역시 이차적 보상일 것이다! 돈을 사용할 때, 생각이 꼬리에 꼬리를 물 수 있다(돈[이차 강화인] → 요트 구입[(이차 강화인] → 데이트 상대의 마음을 끔[이차 강화인] → 사랑에 빠짐[이차 강화인]→ 출산[일차적 보상]).

따라서 돈에 대한 관점과 돈을 사용하는 방법에 따라 정도의 차이는 있으나, 돈이 강력한 힘을 갖게 된다. 안타깝게도 주관성으로 인해 뇌에 문제가 생길 수 있다. 가령, 많은 강화인이 쏟아지는 엄청난 꿈을 꾸고 있다면, 뇌가 크게 압도된 나머지 논리보다 감정에 의지하여 어떤 강화인이 더 중요하다고 판단해버릴 것이다. 바람의 핵심에 다가가 꿈을 더 작고 도달 가능하게 나누면, 논리적인 뇌가 목표도달에 기여하기가 용이할 것이다.

돈과 행복

"돈만으로 행복해질 수 없다."던 엄마 말씀이 옳았다. 많은 연구에서는 일정 수준(미국의 경우, 50000달러에서 75000달러 정도) 이상의 돈이 있어도 행복수준이 마냥 높아지지 않는다는 사실을 발견하였다. 빈곤수준 이하에서 생활하는 사람이라면, 연봉이 넉넉하여 경제규모가 향상되면(하다못해 중류층까지라도), 행복지수가 더 높아질 것이다. 그러나 이는 돈이 거처나 음식 등 기본욕구를 충족시키기에 좀 더 용이하기 때문이다. 부에 대한 자신의 설정점은 어느 정도인가? 적어도 연수입이 200000만 달러는 되어야 부유하다고 생각하는가? 아니면 연수입이 75000달러이고 휴가와 여행을 즐길 돈과 시간만 있으면 아주 행복한가?

'부' 라는 용어는 당신에게 어떤 의미인가?

저명한 금융 전문가가 대학 졸업반을 대상으로 한 대규모 강의에서, 다수가 여성인 청중들에게 '부'라는 단어에 대해 어떻게 생각하는지를 물었다. 대부분의 젊은 여성(대부분 아주 똑똑한)들은 부라는 단어와 무관하거나, 아니면 자신이 아니라 다른 사람이 부를 이룰 것으로 생각하고 있었다.

그 금융 전문가가 좀 더 자세히 살펴본 결과, 이 여성들은 재정적 안정욕구가 강하여 돈 관리와 마음의 평화 유지를 잘하는 것으로 나타났다.

돈 자체가 그들을 동기유발시킨 것이 아니라, 다른 욕망이 그들의 동기를 유발시켰다. 하지만 그들은 돈과 자신의 욕망을 관련짓지 못하기 때문에 부를 얻기는 무척 힘들 것이다.

부가 자신에게 어떤 의미(그리고 자신이 부에 어떤 가치를 부여하는지)인지를 정의하는 것이야말로 부추구 과정에서 아주 중요하다.

부 개념의 형성기반

위에서 말한 졸업반 여성들과 마찬가지로, 우리는 각자 나름의 금전각본 즉, 의식적이든 무의식적이든 돈에 대한 생각을 가지고 성인이 된다. 가령, 돈을 어떻게 벌고 관리하며 돈 많은 사람은 어떻게 행동하고 돈이 얼마 정도 있으면 충분한지 등등에 대해 말이다. 이런 각본은 가족과 공동체 속에서 돈을 경험하면서 형성된다. 인식하든 못하든 이런 주요 메시지가 우리에게 영향을 주어 우리의 부추구를 방해할 수 있다.

사랑에 돈을 쓰는 이유

어려서 생긴 금전각본이 금전절약에 중요하다. 가령, 가족 구성원의 정서적 유대가 약하여 선물을 사랑의 대체물로 사용한 가정에서 자란 사람이라면, 물건을 구입할 때 사랑받는다는 생각을 할 것이다. 이런 현상은 종종 무의식적으로 나타나 합리적 결정을 방해할 수 있다. 사랑받는다는 느낌을 위해 물건을 사야 한다는 강박관념에 시달릴 것이고, 그로 인해 금전절약이 어려울 것이다.

우리가 자라면서 받았을 몇 가지 메시지를 생각해보자. 아버지께서 "자고로 부자는 무례하고 오만하며 삶에서 소중한 것들을 간과하거나 무시한다."고 말씀하신 적이 있는가? 어머니께서 "돈을 벌고 관리하는 것은 여성의 몫이 아니다."는 견해를 피력한 적이 있는가? 자기 가족은 항상 돈과 거리가 멀었는가, 아니면 자신의 욕구(필요한 것은 대부분)가 항상 충족되었는가?

우리는 이들 메시지와 그 영향을 검토하고, 그에 도전함으로써 과거와 다른 재정결정을 내릴 수 있다. 예를 들어, 어머니께서 여성은 재정결정에 관여하지 말고 아버지께 맡겨야 한다는 견해를 가졌다면, 그것이 어머니께는 적절했을지 몰라도 자신의 관점일 필요는 없다. 자기 가족이 항상 돈과 거리가 멀었다면, 그렇게 사는 게 편안할 수도 있다. 하지만 그런 생활에서 벗어나면 나름대로 만족스럽다는 생각도 해보아라.

금전각본의 시사점

의식적이든 무의식적이든 자신의 금전각본이 자신에게 방해가 되는지 여부를 알고 싶으면 아래 빈칸을 채우시오.

1. 부자들은 ______________________________
______________________하기 때문에 부자가 된다.

2. 사람들은 ______________________________
_________________________하기 때문에 가난하다.

3. 재정적으로 난 ___________________________
_____________________________할 자격이 있다.

4. 돈과 행복의 관계는 ________________________
____.

5. 난 항상 _______________________________
________________________할 여유가 있을 것이다.

6. 난 ___________________________________
______________________할 여유가 전혀 없었다.

7. 재정적으로 난 ___________________________
_____________________________할 자격이 없다.

8. 부모는 자식에게 _________________________
______________________신세를 진다.

9 ____

______________________하려면, 절대 네 돈을 믿지 마라.

10. 나는 ____

_________________하기 때문에 상당한 부를 갖기가 두렵다.

질문 6~10까지는 금전과 관련된 제한적 신념을 나타낸다는 사실에 주목하라. 이 책을 처음부터 끝까지 정독하면, 이런 부정적 사고패턴(자신의 금전각본에 대해 위에서 표현한 부정적 신념이나 제한적 신념)이 자신의 부창출 목표를 얼마나 방해하는지 알게 될 것이다.

당신은 부자가 될 조건을 갖추었는가?

많은 연구에서는 부를 창출하는 이들은 성별과 무관하게 다음과 같은 특징(모두는 아니지만)을 거의 다 갖춘 것으로 나타났다.

- 집중력과 목표 지향성
- 열정
- 창의성
- 자신감
- 도전감으로 에너지가 넘침
- 성실
- 절제
- 동기부여 능력과 지도력
- 혁신적임
- 박식함

- 카리스마
- 모험을 즐김
- 즉각적인 만족보다 장기적인 만족을 선택

자, 그러면 이제 할 일이 생겼다! 이 책의 전반적인 목표가 뇌를 훈련시켜 이들 특징을 촉진하려는 데 있으니, 부를 갈망하는 독자라면 이 책을 읽어라.

부자가 되려면 행복하라!

우리는 부와 행복을 거의 동일시하는 문화에 살고 있다. 부자라고 해서 다 행복하지 않다는 사실을 알면서도 말이다. 심리학자들과

경험하라

콜로라도대학교의 리프 밴 보벤Leaf van Boven과 코넬대학교의 토머스 길로비치Thomas Gilovich는 물질적인 것보다 경험을 선택할 때 더 행복하다는 사실을 발견했다. 이태리에서의 휴가든, 지역 야생동물의 사진을 찍든, 피아노를 치든, 새로운 교과를 배우든, 우리 마음을 완전히 사로잡는 활동은 중요한 자기결정 욕구를 충족시켜 준다. 밴 보벤은 "경험은 자아실현 과정에 기여한다. 인간은 경험을 통해 자신이 바라는 존재가 된다."고 말했다. 이는 우리가 구입하는 물건이 아니라 창출하는 경험이 뇌활동을 촉진하여 궁극적으로 성공에 기여한다는 의미다. 뇌는 참신함과 도전에 적합하게 만들어졌으며, 자극과 몰입을 통해 빛을 발한다.

연구자들은 긍정적 에너지(행복)가 실적을 개선하고, 창의성, 자신감, 에너지 및 브레인파워를 높인다는 사실을 꾸준히 증명해왔다. 이처럼 성취 가능한 요소들이 결합되어 우리가 부를 획득하고 우리가 중요시하는 성공을 이룰 가능성이 더 높아진다. 실제로 우리 뇌가 부정적이거나 우울할 때보다 낙관적이고 열정적일 때 우리 뇌는 당연히 더 원활히 기능할 것이다.

행복을 활용해 부자가 되어라

연구들에서는 일단 욕구가 충족되면(빈곤 수준 이상의 편안한 생활을 하면), 부와 행복이 무관한 것으로 나타났다. 하지만 행복한 이들이 돈을 더 버는 경향이 있다는 연구들도 있다. 어떻게 그런 일이 생길까?

행복을 느끼면 뇌의 화학적 상태가 안정되기 때문에 스트레스 호르몬이 증가하거나 감소하는 등의 기복이 없다. 단순한 이완보다 행복이 더 중요한 이유를 뇌건강과 관련지어 살펴보면 다음과 같다.

- 신경연결의 성장을 자극한다.
- 정신적 생산성을 높인다.
- 사고력과 분석력을 높인다.
- 주변에 대한 관점에 영향을 준다.
- 주의력을 높인다.

요약하면, 행복한 생각은 더 행복한 생각을 유도하고, 행복한 사람은 더 창의적이고 문제해결이 빠르며 정신적으로 기민한 경향이 있다.

행복은 우리가 노력해서 얻을 수 있는 기능으로 부추구 과정에서 우리와 우리 뇌에 자율성과 용기를 줄 것이다.

당신은 부자가 될 운명인가?

우리는 적응 가능한 뇌와 몸을 지녔고, 자신의 인생행로에 영향을 줄 수 있으며, 자기 삶에 큰 영향을 주는 선택을 할 수 있다. 나아가 인간은 스스로 그렇게 할 수 있다는 사실을 의식적으로 인식하는 유일한 종이다. 생물학적으로든 지적으로든 환경적으로든 영적으로든 말이다. 인간인 우리는 자신이 바라는 대로 자신의 존재를 만들어갈 수 있다. 물론 일부의 경우에는 극복하거나 조절하려면 약이나 훈련을 요하는 유전적·생물학적 문제가 있겠지만, 사실상 대부분은 스스로 운명의 주도권을 쥐고 있다.

부를 더 창출할 세 가지를 찾아라

한 연구에서는 자신을 행복하게 하는 구체적인 예를 일주일 동안 매일 세 가지씩 적었던 사람들이 그렇게 하지 않은 사람들보다 더 행복한 것으로 나타났다. 이런 경향은 1개월, 3개월, 6개월 후, 심지어 연구가 종료된 후까지 계속되었다. 연구자들은 행복을 가져다주는 구체적인 세 가지에 집중하는 이들은 기본적으로 자신을 행복하게 해주는 것을 찾는 뇌훈련을 하는 셈이라고 보았다. 이와 같은 이치로 우리는 매일 부를 늘리기 위해 실천했던 세 가지 사항을 찾을 수 있으며, 그 덕분에 부를 더 창출할 기회를 찾는 뇌훈련을 하게 될 것이다.

뇌훈련을 통해 성공하고 인생에서 바라는 것을 이루며 최고의 자신을 만들고 신중한 재정결정을 내릴 수 있다. 물론 꿈의 실현을 위해 뇌기능을 극대화할 수도 있다. 이를 위해 집중, 의도, 전념, 책무성, 행동, 인내력이 요구되지만, 어쨌든 뇌를 바꾸어 부를 창출하고 누릴 수 있다.

이 책에서는 뇌를 조율하고, 의사결정 상황에서 정서와 이성적 사고의 균형을 도모하며, 성장과 확장을 위해 뇌를 자극하고, 뇌에 영양을 공급하는 등 우리가 실천할 수 있는 아주 구체적인 활동을 소개할 것이다. 부자가 되기 위해 살펴봄직한 뇌변화 관련 소식 즉, 나쁜 소식과 좋은 소식을 제시하면 다음과 같다.

나쁜 소식

- 우리 뇌는 느리게 진화하며 아직도 고대의 반응에 의지하곤 하는데, 이 때문에 가끔 온갖 노력이 무산된다.
- 우리 뇌는 공포를 느낄 뿐만 아니라, 그에 신속하고 본능적으로 반응하도록 만들어져 있다. 그래서 극심한 공포가 일고 한참 지난 후에야 사유하게 된다.
- 도전하지 않으면, 우리 뇌는 신경학적 타성에 젖을 것이다.
- 우리 뇌는 퇴화할 것이다. 도전하지 않으면, 사용하지 않는 시냅스는 사라지고 새로운 시냅스도 형성되지 않을 것이다.
- 뇌의 화학적 상태로 인해 문제행동이 유발될 수 있다.
- 약과 알코올이 우리의 뇌기능에 심각한 영향을 끼칠 수 있다.
- 노화와 더불어 일부 뇌기능이 사라진다(새로운 능력을 얻기도 하지만).

좋은 소식

- 우리 뇌를 우리 뜻대로 활용할 수 있다.
- 손상된 뇌도 재생 가능하다.
- 새로운 활동을 할 때에는 그 활동에 필요한 새로운 시냅스가 형성될 것이다.
- 필요시에는 우리 뇌에서 기존의 신경통로를 강화할 것이다.
- 우리 뇌는 재구성도 가능해서, 필요한 과제를 수행하느라 비정형적인 영역을 활용하기도 한다.
- 우리는 무언가를 통해 뇌의 화학적 상태를 개선할 수 있다. 필요할 경우에는 약물을 사용하여 뇌기능과 정서반응을 개선할 수 있다.
- 우리의 마음으로 뇌를 훈련하여 공포를 진정시킬 수 있다.
- 우리는 뇌를 훈련하여 집중하고 새로운 기능을 익히며 성장할 수 있다.
- 우리는 무언가를 통해 뇌의 유연성과 건강에 기여할 수 있다.
- 나이든 뇌는 현명한 뇌이다. 새로운 기법을 배우기에 너무 늦는 일은 결코 없다.

뒷부분의 소식은 꽤 듣기 좋지 않은가? 이는 부자가 되기 위해 뇌를 훈련할 때 할 수 있는 일이 많기 때문이다. 추후 이를 실천하는 여러 가지 아이디어와 방법을 소개하겠지만, 우선 자신의 뇌와 그 작용에 대한 기초지식을 알 필요가 있다. 페이지를 넘기면, 부유한 삶을 향한 여정의 첫 걸음이 시작될 것이다!

2장

놀라운 뇌세계

– 멋진 우리 뇌를 우리 뜻대로 활용할 수 있다. –

2장
놀라운 뇌세계

우리 뇌는 몸에서 가장 복잡한 기관으로, 초당 수만 개의 연산처리가 가능하고 인간이 만든 어떤 슈퍼컴퓨터보다 처리속도가 빠르다. 우리는 이런 연산능력을 활용해 부를 창출할 수 있다. 우리 뇌의 아주 복잡한 기능 몇 가지를 제시하면 다음과 같다.

- 호흡, 심박, 혈액순환, 소화 등 모든 신체기능을 모니터하고 조절함
- 압력, 고통, 각성 등을 느끼고 해석하며 그에 반응함
- 모든 근육의 움직임을 조정함
- 다양한 기분을 느낌
- 무수히 복잡한 기억들을 관찰, 해석, 형성, 저장하고 회상함
- 기억과 사고를 연결하여 복잡한 연합을 형성함
- 추상적 사고를 함
- 정체감을 형성하고 통합함

- 뇌세포를 재생함

이들 목록은 많은 뇌기능 중 몇 가지에 불과하다! 혹시 증권 거래소의 중개인이 하는 말처럼 들렸다면, 딱 맞는 말이다.

다른 신체기관이나 더 익숙한 여느 기계와 마찬가지로, 크든 작든 모든 뇌부위는 원활한 뇌기능에 기여한다. 이 모든 뇌부위들이 얼마나 완벽히 협력하여 건강하고 원활히 기능하며 회복력 있고 발전적인 뇌를 만드는지 알아야 한다. 그때야 비로소 건강하고 행복하며 부유한 자신이 되기 위해 최대로 기능하는 효율적인 뇌를 만드는 방법을 알게 될 것이다. 처음에는 뇌 관련 사항들을 이해하기가 다소 어려울 것이다. 하지만 당신이 이들 내용을 이해할수록, 자신의 에너지를 잘 활용할 뿐만 아니라, 부창출을 위한 나름의 뇌훈련 방법을 찾아낼 것이다!

뇌에 대해 잘 알고 있는가?

뇌에 대해 잘 알고 있다고 생각하는가? 뇌기능을 살펴보기 전에 간단한 진위 문항을 통해 뇌를 얼마나 알고 있는지 알아보자.

뇌 이해 정도 알아보기

다음 질문들에 대해 참 또는 거짓을 쓰시오.

- 인간의 뇌는 지난 200,000년간 크게 진화하였다. (　　　)
- 인간의 뇌는 출생시에 다 만들어져, 생후에는 거의 변하지 않는다. (　　　)
- 인간의 뇌에는 5억 개의 뉴런이 있다. (　　　)
- 뇌에 있는 뉴런의 약 50%는 대뇌 기저핵에 있다. (　　　)
- 인간의 뇌에서 가장 진화된 부위는 대뇌 변연계이다. (　　　)
- 소뇌는 우리 뇌의 CEO이다. (　　　)

이제 답한 것을 확인해 보아라

거짓 : 인간의 뇌는 지난 200,000년간 크게 진화하지 않았다. 이 때문에 종종 본능적인 뇌가 사고 뇌인 전전두피질을 지배하곤 한다. 신피질이 진화하긴 했으나, 막상 현대사회의 문제를 다루기 위해서는 누구나 만회해야 한다.

거짓 : 오랫동안 과학자들도 출생 후에는 거의 변하지 않는다고 믿어왔지만, 최근 들어 인간의 뇌가 평생 변화 가능한 것으로 나타났다.

거짓 : 인간의 뇌에는 1조 개 이상의 세포(1,000억 개는 뉴런, 9,000억 개는 교세포)가 있다.

거짓 : 소뇌에는 뉴런의 50%가 밀집되어 있다.

거짓 : 뇌에서 가장 진화된 부위는 전두엽이다. 이 부위야말로 인간을 인간답게 만드는 곳으로, 그 덕분에 동물과 달리, 인간이 자신에 대해 생각할 수 있다.

거짓 : 우리 뇌의 CEO는 전두엽, 특히 전전두피질로, 이 부위에서 뇌와 마음이 통합된다.

뇌 둘러보기

활동 중인 뇌에서 가장 중요한 것은 그 구성요소인 뇌세포이다. 뇌세포는 뉴런과 이들 뉴런을 지지하는 교세포로 이루어져 있으며, 이 세포들은 상호작용한다. 우리 뇌는 1조 개 이상의 세포로 이루어져 있고(1000억 개의 뉴런과 9000억 개의 교세포), 그 주요 기능은 전기·화학적 정보교류를 위한 시냅스 형성이다.

머릿속으로 뇌를 그려보자!

우리의 뇌크기를 시각적으로 파악하려면, 양 손바닥을 마주 댄 후 주먹을 쥐어 보아라. 그 상태에서 엄지손가락을 내려다보면, 대략적인 뇌크기를 알 수 있다. 구부러진 손가락들은 뇌표면의 주름과 비슷하다. 1조 개에 이르는 신경세포들의 총 무게는 약 3파운드이며, 이들 세포는 1000조 개나 되는 다양한 통로를 따라 서로 연결되어 있다.

다행히도 뉴런들은 아무렇게나 모여 무작위로 정보를 교류하는 어설픈 존재가 아니다. 마치 정교하게 돌아가는 회사처럼, 우리 뇌는 특정 정보를 전담하는 여러 '부서'로 조직되어 있다. 즉, 우리 몸의 전반적인 건강과 현 상태에 대한 기본적인 생존정보를 담당하는 부서가 있는가 하면, 사고, 정서, 반응 등 좀 더 복잡한 정보를 담당하는 부서도 있다.

부가 고이는 자리

각 신경세포에는 세포의 신진대사가 일어나는 중심부인 핵이 있다. 그리고 아주 길게 뻗은 '팔'(축색돌기)과 짧은 '팔'(수상돌기)도 있다. 현미경으로 보면, 이 '팔'들이 마치 파동처럼 보인다. 충분한 힘을 받은 신경 임펄스는 수상돌기에서 축색돌기 말단으로 이동한다. 축색돌기 말단에서는 신경전달물질로 알려진 화학물질이 분비되어 신경 임펄스가 다른 뉴런의 수상돌기에 있는 수용기와 결합한다. 이 연결부위가 시냅스이며, 각 세포에는 약 15,000개의 시냅스가 있다. 이는 약 1000조 개의 시냅스로 구성된 엄청난 네트워크이다.

삼위일체의 뇌

뇌는 크게 세 영역으로 나누어지며, 각 영역에는 공통의 목표를 위해 서로 협력하는 여러 구조들이 있다.

1. **뇌간** 뇌간은 가장 오래된 뇌영역으로, 초기 인류의 뇌 전체에 해당된다. '파충류의 뇌'로도 불리는 뇌간은 무의식적으로 작용하며, 음식, 산소, 심박, 혈압, 생식 등 생존욕구를 조절하는 뇌구조를 다 포함한다. 파충류의 뇌는 신체와 주변 환경을 무의식적으로 모니터하는 조용한 보초병 역할을 한다. 우리의 투쟁-도피 반응, 반사행동, 기타 본능적 행동은 다 이 뇌영역에서 유발된다.
2. **변연계** 변연계는 파충류의 뇌를 위에서 감싸고 있으며, 인류의 진화와 더불어 발달해왔다. 변연계 덕분에 우리는 정서생활과

기억형성이 가능하다. 변연계에는 쾌감-고통이나 행복-공포를 담당하는 뇌구조가 있으며, 모르핀과 같은 아편제와 호르몬에 매우 민감하다. 우리가 꿈을 꿀 때 변연계의 구조들이 크게 활성화된다. 변연계는 강력한 정서기억 형성의 관문으로, 그 덕분에 우리는 행복이나 쾌감을 위한 감각추구가 강력하다.

3. **신피질** 신피질은 '고차적인' 뇌로, 피질이라고도 한다. 신피질은 변연계의 윗부분을 감싸고 있기 때문에 아마 사진에서 수백 번은 봤을 것이다. 신피질은 주름진 젤리로 감싼 버섯머리를 닮았다. 신피질은 계획, 추상적 사고 및 추론을 담당한다. 신피질은 주변세계를 감각하고 지각하는 뇌영역으로, 그 덕분에 우리는 반응을 계획하고 사고에 대한 사고가 가능하다. 우리의 성격, 희망, 심지어 말하는 능력까지 다 이 신피질의 기능이다.

유익한 주름

뇌 사진을 볼 때, 가장 먼저 눈에 띄는 것은 신피질 표면을 덮고 있는 주름이다. 이들 주름은 노화의 증거가 아니라, 진화에 적응한 증거이다. 뇌표면에 주름과 회가 있어 밋밋할 때보다 표면적이 훨씬 더 넓다. 주름 덕분에 우리의 두개골 안에 뉴런이 수백 만 개나 더 들어간다. 그로 인해 나이가 들어가면서, 뇌의 시냅스 연결이 늘어나고 우리의 학습이나 새로운 연결형성이 급증한다.

신피질의 주요 영역과 기능

피질이 뇌간과 변연계를 감싸고 있기 때문에 외과의사들이 그 아래의 다른 구조들을 보려면 피질을 제거하거나 절제해야 한다. 피질은 아주 크고 여러 가지 고차적 기능을 하기 때문에, 신경과학자들은 신피질을 4개의 엽(각 엽에서 다루는 정보유형을 바탕으로)과 소뇌로 나누었다.

1. 전두엽
2. 측두엽
3. 두정엽
4. 후두엽
5. 소뇌

이들 4엽은 뇌중앙에 위치한 깊은 고랑인 중심구에 의해 좌반구와 우반구로 나뉜다. 대부분의 경우 이들 엽의 좌우반구는 유사한 기능을 하지만, 각기 몸의 반대 부위에 영향을 준다. 즉, 좌반구는 우반신을, 우반구는 좌반신을 담당한다.

많은 신경과학자들은 이들 4엽과 더불어 소뇌를 5번째 주요 영역으로 꼽는다.

다소 복잡하게 느껴질지 모르지만, 이들 뇌영역이 하는 일을 소개하는 동안 조금만 인내력을 발휘하라. 이들 뇌영역을 이해할 경우, 이들 영역의 전반적인 기능뿐만 아니라, 뇌기능을 보호하고 촉진하는 방식에 대해서도 알게 될 것이다. 그러다 보면 부가 창출될 것이다!

전두엽

뇌의 맨 앞에는 전두엽이 있다. 전두엽은 가장 큰 엽으로, 대뇌피질 전체의 약 30%에 해당되며 가장 고도로 진화된 뇌영역이다. 우리를 인간답게 만드는 뇌영역은 바로 전두엽이다. 전두엽은 대부분의 실행적 의사결정을 담당하고 인성의 자리이며, 전두엽 덕분에 우리는 자신에 대해 생각할 수 있다. 일부에서는 전두엽을 '뇌의 CEO'라고 하는데, 이는 전두엽이 의사결정과 실천을 재확인하고 외부세계와의 상호작용 직전에 최종 승인을 내리기 때문이다.

연결을 바꿔 부자가 되어라

알버트 아인슈타인 Albert Einstein의 뇌는 그가 사망한 후 오랫동안 보존되어 왔다. 검사를 통해 신경과학자들은 세계에서 가장 유명한 천재의 뇌가 다른 대부분의 뇌와 달리 남다른 변화를 겪었음을 발견했다. 특히, 그의 뇌에는 측두엽을 두정엽과 구분하는 영역이 거의 없었다. 신경과학자들은 이 영역이 다른 일반인들과 다른 그의 독특한 연상능력과 통합적 사고방식을 말해준다고 믿었다. 또한 버클리에 있는 캘리포니아대학교의 한 연구자는 아인슈타인이 다른 사람들에 비해 이 '논리적인' 뇌영역의 신경연결이 더 많음을 발견했다. 아인슈타인의 뇌는 신경연결과 뇌구소를 바꾸면 사고가 남다르고 논리적이며 명석해질 수 있음을 보여준다!

전전두피질

전전두피질은 전두엽의 주요 영역으로, 이 영역 역시 좌우반구로 구분된다. 전전두피질은 이마 중앙 바로 뒤에 위치하며, 성인기에도 계속 발달할 정도로 아주 늦게까지 성장한다. 십대들은 자기 뇌가 다 발달했다고 생각하겠지만, 전전두피질은 여전히 발달중이고 청소년기 후기가 지난 후에야 실제로 빛을 발하게 된다. 대체로 이런 과정은 남아에 비해 여아가 약 1년 정도 일찍 시작되고 일찍 끝난다.

전전두피질은 뇌와 마음을 통합하는 중추이다. 즉, 전전두피질은 뉴런이 다른 뇌영역과 몸으로 보내는 신호를 조절할 뿐만 아니라, 전전두피질 덕분에 우리는 자신의 신체활동에 대해 생각하고 숙고한다. 특히 전전두피질과 변연계의 연결을 통해 우리가 정서반응을 조절한다. 또한 전전두피질이 있어 우리는 자신이 선택한 모든 것에 집중하고 자신의 사고과정을 통찰할 수 있다. 전전두피질은 정서와 행동을 조절하는 유일한 뇌영역으로, 그 덕분에 우리는 자신이 추구하려고 선택한 목표에 집중할 수 있다. 결국 우리는 전전두피질이 있어 한 인간으로서 성장하고, 바꾸고 싶은 것을 바꾸며, 자신이 결정한 대로 인생을 살아간다!

안와전두피질

안와전두피질OFC은 전전두피질의 하위구조이며, 해부학적으로는 전전두피질의 일부로 안구 바로 위에 위치한다. 그동안 이 영역은 인간의 뇌에서 가장 미개척 영역이었으나, 최근 들어 의사결정과 결과예측(좋든 싫든)에 중요한 영역인 것으로 밝혀졌다. 특히, 물체, 사람, 경험에 상대적 가치를 부여할 때 중요하다. 안와전두피질덕분에 우리는 돈의 가치를 인식하고 주관적·객관적 가치를 바탕으로 의사결정을 내린다. 이렇게 좁은 뇌부위가 그렇게 엄청난 기능을 담당할 줄이야!

측두엽

그 이름이 암시하는 바와 같이, 측두엽temporal lobe은 머리 양 옆(그래서 실제로 두 개의 측두엽이 존재함)의 관자놀이temple 아래에 위치하며, 전두엽 바로 뒤편 아래쪽에 있다. 측두엽은 감각, 특히 청각을 담당하며, 말을 구사하고 이해하는 뇌영역이다. 각 측두엽에는 이를 지원하는 해마가 있으며, 양쪽 반구에 하나씩 총 두 개가 있다. 해마는 단기기억을 장기기억으로 전환시키는 영역으로, 새로운 사실기억과 정서기억 형성에 매우 중요한 역할을 한다. 가령, 알츠하이머 반plaque은 해마 근처의 피질에서 시작된 다음, 해마로 들어온다. 기억손상은 알츠하이머 질환의 첫 번째 신호이다.

측두엽은 사고(思考)와 경험에 이르는 관문으로, 마음속에서 사고와 경험이 어떻게 처리되고 저장될지를 결정한다. 많은 기분장애는 측두엽 문제에 기인하며, 기억을 정확히 처리하지 못해 발생한다. 측두엽이 제대로 기능하면, 예리함이 증가한다.

두정엽

좌우 두 개의 두정엽은 뇌의 맨 위에 위치하며, 이는 전두엽의 바로 뒷부분인 동시에 측두엽의 윗부분이다. 두정엽은 다양한 유형의 감각정보(촉각과 같은)를 수용하고 실시간으로 협력하는 원활한 데이터 스트림을 만들어 대부분의 감각을 통합한다. 두정엽 덕분에 우리는 위치감각(신경과학자들에게 자기수용으로 알려진)이 가능하며, 기본적으로 일상생활에서 벽에 부딪히지 않고 걸어 다닐 수 있다.

또한 두정엽은 수와 관련된 지식과 추론의 자리라서, 돈을 더 벌고 싶을 때에도 중요하다. 대부분의 신경과학자들은 다양한 유형의 사실 기반 감각이 두정엽에서 통합되기 때문에(즉, 우리가 어디에 있고, 무엇을 보고 있으며, 어떻게 반응할지) 이 영역이야말로 세계와 상호작용하는 논리적 측면과 관련되며 성공을 추구하는 우리에게 매우 중요하다고 보았다.

후두엽

좌우 두 개의 후두엽은 뇌의 뒷부분에 위치하며, 두정엽 바로 뒤편 아래쪽에 있다. 후두엽은 눈을 거쳐 뇌로 유입되는 모든 시각정보를 처리한다. 우리 인간은 다른 감각에 비해 시각에 많이 의존하기 때문에 상세한 시각정보 처리를 전담하는 후두엽이 별도로 존재한다.

소뇌

종종 '작은 뇌'로도 언급되는 소뇌는 후두엽과 두정엽 아래에 위치하며, 신피질에 있는 4개의 엽과 확연히 구분되는 별도의 세포 집합체다. 모든 뉴런의 50%가 이 작은 영역에 밀집되어 있다. 이 부위는 동작조절과 주의집중 능력은 물론, 기본적인 정서반응(공포나 쾌감)에도 중요한 역할을 한다.

소뇌에 유입되는 대부분의 정보는 주로 외부세계에 대한 우리의 반응을 미세 조정할 때 활용된다. 그 덕분에 우리는 똑바로 걸을 수 있고 손가락의 힘을 조절하여 깨지기 쉬운 달걀을 잡을 수 있다. 소뇌는 아주 좁은 공간임에도 많은 정보를 처리할 수 있다. 최근

들어 신경과학자들은 소뇌가 다른 학습에도 중요하다는 사실을 발견하였다. 소뇌의 역할은 대부분 무의식적이다. 직구를 잡으려고 손을 움직이는 프로 야구선수나 갑자기 들리는 큰 소리에 반사적으로 일어나는 당신이나 소뇌를 거의 비슷하게 활용한다. 이런 반응들은 다 여러 가지 기본적인 정서반응과 마찬가지로, 소뇌에 저장된 행동패턴에서 나온다.

심부의 뇌영역

신피질은 크고 인상적이며, 그 주요 기능 대부분을 다음과 같이 바로 알 수 있다.

- 신피질은 우리의 자기인식이나 외부세계와의 연결에 중요한 역할을 한다.
- 우리가 인간 고유의 기능이라고 일컫는 언어, 사고력, 추리력, 언어적 의사소통, 복잡한 학습, 추상적 사고 등이 다 신피질의 기능이다.

그러나 신피질은 뇌의 $\frac{1}{3}$에 불과하고, 그 아래의 많은 영역들 역시 아주 중요한 기능에 기여한다. 이들 구조는 대개 '심부의' 뇌영역으로 알려져 있는데, 이는 이 구조들을 보려면 신피질 아래로 깊이 들어가야 하기 때문이다. 변연계 또는 정서뇌 대부분이 이렇게 깊은 곳에 위치해 있다.

전대상피질

이 뇌영역의 영어 명칭인 anterior cingulate cortex는 장황스럽지만(예전 이름인 anterior cingulate gyrus 역시 마찬가지다.), 그 위치와 모양을 정확히 묘사해준다는 장점이 있다. 'Anterior(전)'는 전두엽 바로 뒤에 있어서 뇌의 앞부분에 가깝다는 의미이고 'Cingulate(대상)'는 라틴어로 띠'를 의미한다. 그래서 이 말은 이 영역이 뇌량이라는 다른 뇌구조를 어떻게 '감싸'는지를 나타낸다. 'Gyrus(회)'는 라틴어인 gyre에서 유래된 말로, 원 혹은 회전을 의미한다. 결국 다 합쳐보면, 이 명칭은 이 영역이 아래의 다른 뇌구조들을 감싸고 있고 고리처럼 구부러진 앞쪽 영역임을 나타낸다.

전대상피질은 의사결정을 내리는 전두엽과 정서적인 변연계 사이에 위치한 정서전환장치이다. 전대상피질은 아래의 변연계에서 오는 정서, 공감 및 보상과 관련된 정보를 전전두피질로 전달한다. 일단 이 정보들이 전전두피질에서 처리되면, 그 정보에 대한 반응과 실천계획은 전대상피질을 거쳐 변연계로 하달된다.

그래서 피질을 지나는 정보의 양에 따라 정서정보와 이성정보가 증감된다. 전전두피질의 정서반응 조절능력을 강화해서 변연계로 가는 신경연결을 늘리는 뇌훈련을 반복하면, 변연계에서 유발되는 부정적 정서나 원치 않는 정서를 억제할 수 있다. 그렇게 할 경우에 우리 뇌는 공포나 정서 위주의 행동에서 벗어나 목표지향적인 행동을 할 것이다. 전대상피질을 정서적 자아와 이성적 자아 사이의 중개인으로 생각하라. 전대상피질이 우리의 성공과 집중에 결정적 역할을 할 수 있다.

심부의 변연계

전대상피질과 연결된 이 호도 크기의 변연계에는 시상, 시상하부, 편도체가 있다. 이들 각 영역은 다음과 같이 중요한 기능을 한다.

- 시상 : 뇌간의 맨 위에 위치한 시상은 정보를 척수에서 대뇌로 전달하는 동시에 온 몸의 신경계와 연결되는 척수로 보낸다.
- 시상하부 : 시상 바로 아래에 위치한 시상하부는 신체 호르몬의 농도를 유지하고 혈압, 체온, 체중, 식욕 등의 신체기능을 조절한다.
- 편도체 : 변연계 중앙의 깊은 곳에 위치한 편도체의 크기는 아몬드만하다. 편도체는 사랑, 섹스 등 여러 가지 기본적인 정서욕구를 관장한다. 편도체는 분노, 공포, 사랑, 성욕, 질투 등의 강한 감정을 유발한다. 최근에 밝혀진 바에 따르면, 편도체는 우울증, 심지어 자폐증과도 관련된다고 한다. 편도체는 보통 남자가 약간 더 크고 반사회적 인격장애자는 아주 크며, 나이가 들어가면서 다소 줄어든다.

포유동물의 뇌에서 심부의 변연계는 진화의 역사가 길고, 인간과 동물의 정서경험과 정서표현에 아주 중요하다. 이 영역은 열정, 정서, 욕망을 담당하며, 그로 인해 우리의 삶에 긍정적이든 부정적이든 정서적 색채가 입혀진다.

일반적으로 심부의 변연계가 별로 활성화되지 않고 진정되면, 우리의 마음이 긍정적이고 희망적이다. 반면에 이 영역이 활성화되거나 과잉 활성화되면, 우리의 마음이 부정적이다. 일상에서 사건에 대한 정서적 색채는 아주 중요한데, 그 이유는 사건에 부여하는 중요도에 따라 실천하려는 동기(행복을 가져다주는 무언가를 열정적으로 추구하는)가 생길 수도 있고 회피행동(과거에 상처받거나 겁먹었던 어떤 것들을 피하려는)을 할 수도 있기 때문이다.

기저핵

기저핵은 각기 독특한 기능을 수행하는 두 부위로 구성된 '핵'이다.

선조체, 담창구, 흑질, 시상밑부로 구성된 첫 번째 부위는 동작조절에 관여한다. 이 부위는 가능한 몇 가지 반응목록에서 신속한 선택을 하는 행동결정에 관여한다. 예를 들어, 길에서 누군가가 당신 쪽으로 자전거를 타고 올 때, 뒤로 물러서거나 공중제비를 하지 않고 옆으로 한 발짝 빨리 움직이는 것을 들 수 있다.

뭉뚱그려 변연핵으로 부르는 두 번째 부위는 측좌핵, 복측담창구, 복측피개영역으로 이루어져 있다. 이들 세 영역은 보상이나 불안을 판단할 때 중요한 역할을 한다. 특히 복측피개영역과 측좌핵 사이의 연결이 중요하다. 코카인, 암페타민, 니코틴 등 많은 중독성 약물이 바로 이 통로에 영향을 미친다. 물론 훌륭한 음식을 음미하거나 섹스를 즐기는 등의 자연보상도 마찬가지다.

MRI와 fMRI

자기공명영상MRI은 뇌와 같은 연조직을 관찰하기 위해 강한 자기장을 활용하는 방사선기법이다. 기능적 자기공명영상fMRI은 뇌활동과 관련된 혈류변화를 실시간으로 측정한다. 이 기술들은 어떤 활동을 했을 때 반응하는 뇌영역을 규명하고 그 변화를 추적하기에 매우 유용하다.

더욱이 룰렛 테이블에서 돈을 딸 것이라 예측하는 사람의 뇌는 다행감을 위해 약물복용한 사람의 뇌만큼이나 활성화된다. 실제로 도박꾼이나 거액의 판돈을 건 노름꾼들의 경우, fMRI 검사에서 코카인 중독자들만큼이나 변연계의 혈류가 변하였다. 그런 혈류변화는 판돈의 액수에 따라 달랐다. 따라서 변연핵은 돈을 따고 잃는 것에 대한 정서반응을 크게 좌우하기 때문에 이 영역은 우리에게 강력한 원동력이 될 수 있다.

화학적 메신저

우리 뇌는 신경 네트워크로 이루어져 있으며, 이 네트워크는 세포간의 신호전달을 전담한다. 이 신호는 뉴런 안에서는 전기적으로, 뉴런과 뉴런 사이에는 화학적으로 전달된다. 신경전달물질은 화학정보를 전달한다. 신경전달물질의 종류는 아주 많은데, 그 덕분에 단순한 전기신호에 비해 정보의 증감을 전달하기가 용이하다. 물론 일부 신경전달물질은 꽤 직접적이고 단순한 정보를 전달한다.

그런가 하면 다른 신경전달물질들은 좀 더 복잡하며 뇌영역에 따라 기능이 달라지는데, 이런 유형의 신경전달물질을 종종 신경조절물질 neuromodulator이라 한다. 잘 알려진 신경조절물질로는 도파민, 세로토닌, 아세틸콜린 등이 있다. 특히, 도파민과 세로토닌은 쾌감, 행복, 보상, 기분을 조절하는 주요 신경전달물질로 알려져 있다. 아세틸콜린은 잠에서 깨어날 때 중요한 역할을 하며, 주의집중 유지와 특히 해마에서의 기억형성에 기여한다.

뉴런에서 뉴런으로 신호를 전달하는 신경조절물질의 양이 조금만 변해도 우리의 기분, 성향, 사고과정이 크게 달라진다. 예를 들어, 많은 중독성 약물이나 행동은 도파민 체계를 과잉 자극하여 비정상 행동을 유도한다. 즉, 중독성 약물이나 행동으로 인해 도파민 수준이 치솟든 중독성 약물이나 행동이 사라져 도파민 수준이 떨어지든 비정상 행동이 나타난다.

도파민이 너무 많거나 너무 적으면 ADHD장애나 정신분열증 등의 행동장애가 나타날 수 있다. 세로토닌의 균형이 깨지면, 만성우울증, 불안발작, 공포증 등의 기분장애가 올 수 있다. 따라서 신경전달물질의 균형이 적절히 유지될 때 당신의 뇌가 원활히 기능하기 때문에 그때야 비로소 주도권을 쥔 당신과 협력하여 마음껏 능력을 발휘할 것이다.

이제 뇌가 활성화되었으니, 다음 장에서는 '부자! 뇌보다 마음이야'에 대해 살펴보기로 하자.

3장

부자! 뇌보다 마음이야

- 신경과학계에 멋진 신세계가 펼쳐져, 우리는 브레인파워를 극대화하고 부자가 되는 비결을 알게 되었다. -

3장
부자! 뇌보다 마음이야

지난 10년간 신경과학자들은 인간의 뇌와 그 가능성에 대해 놀라운 발견을 했다. 이 장에서는 그런 발견 중 부창출과 관련된 사항을 살펴볼 것이다. 가령, 새로운 회로형성이나 과도한 정서조절은 물론이고, 심지어 상상을 활용해 꿈을 현실화하는 것까지 말이다. 사실, 우리 뇌는 우리가 상상할 수 없을 정도로 유연성과 적응력이 대단하다. 이 책에서 자꾸 반복되겠지만, 마음으로 뇌를 잘 안내하고 이끌어 뇌를 생산적인 성실한 파트너로 만들면 부자가 될 수 있다.

최근까지도 과학자들은 인간의 뇌와 그 구조가 태아기와 영아기에 형성되며 아동기 이후에는 거의 변하지 않는다고 생각했다. 즉, 특정 뇌구조 안에 일정한 수의 뉴런이 있고 그 수는 사람마다 다를 수 있지만, 연결이 이미 다 형성되어 학습과 뇌성장이 끝났다고 본 것이다. 하지만 지난 10년간 연구자들은 그러한 이전의 가정이 틀렸으며 신경가소성이 평생 유지된다는 중요한 증거를 발견했다.

스스로 뇌를 만들어라

신경과학자들에게 있어서 가소성이란 어떤 물질을 다른 형태로 바꿀 수 있다는 의미다. 신경가소성이 있어 뇌의 물리적 구조가 바뀌고 손상 부위가 회복되며 새로운 뉴런이 성장하고 기존의 뉴런이 사라진다. 또한, 어떤 과제를 수행하던 부위가 새로운 과제를 수행하도록 기능이 재편되고, 기억, 느낌, 고통, 사고, 상상, 꿈 등이 일어나는 신경 네트워크가 바뀌기도 한다.

이제 과학자들은 우리 뇌에서 다음과 같은 현상이 평생 계속될 것이라고 본다.

휴면상태였던 회로를 활성화시킬 수 있다. "그것은 마치 자전거를 타는 것과 같다."라는 말이 뇌에 딱 들어맞는다. 한번 배운 기능을 다 망각하는 일은 결코 없으며, 조금만 연습해도 뉴런이 다시 제 기능을 한다.

새로운 회로를 만들 수 있다. 예를 들어, 후각을 담당하는 코의 뉴런은 몇 주마다 새로 생성되고 교체된다. 다른 뇌부위에서도 새로운 뉴런이 생성된다. 또한, 우리가 새로운 무언가를 배울 때마다, 우리 뇌에서 기존의 신경연결이 강화되고 새로운 시냅스가 생성되어 새로운 기능이 극대화된다.

회로를 재구성할 수 있다. 어떤 용도로 사용되던 뇌부위를 다른 용도로 재편할 수 있다. 일부 뉴런이 파괴된 뇌졸중 환자들이 다시 팔다리를 사용하거나 말을 배울 때 이런 현상이 나타난다.

잘못된 회로와 연결(우울증, 외상후 스트레스 장애 PTSD, 강박장애, 공포증 등)을 진정시킬 수 있다. 어떤 뇌부위가 다른 뇌부위를 조절할 수 있고, 그로 인해 조절된 뇌부위가 기분, 의사결정, 사고과정에 미치는 영향이 달라질 수 있다.

부자가 되는데 신경가소성이 이로운 이유

뇌의 신경가소성 덕분에 우리는 나이가 들더라도 뇌를 훈련하여 하고 싶은 것을 다할 수 있다. 그 이유를 제시하면 다음과 같다.

1. 우리의 행동이 여러 뇌부위를 확대시키거나 축소시켜 회로가 활성화될 수도 있고 억제될 수도 있다. 예) 만약 당신의 걱정이 과도하다면, 그런 습관으로 인해 특정 회로가 활성화된다. 그러나 뇌를 재훈련하여 이런 회로를 진정시키고 다른 회로를 강화할 수 있다. 그러면 우리가 문제를 감지할지라도 '고속의 근심회로'가 자동으로 활성화되지 않을 것이다. 우리의 걱정이 지나치면 합리적인 재정결정을 내릴 수 없다.
2. 우리가 뇌에 많은 것을 요구할수록, 별로 사용되지 않는 과제를 담당하는 공간이 줄어들거나 그 기능을 바꾸어 새로운 과제를 다룰 공간이 늘어난다. 예) 재정적 난관에 처해서 우울한 기분이 들거나 '타성'대로 대처한다면, 뇌에서 그렇게 비효율적인 대처방법이 계속될 것이다. 하지만, 수입을 올리거나 현명한 투자결정을 내리는 등 창의적인 방법을 고안하라고 뇌에 요구한다면, 예전의 통로를 사용하지 않아 언젠가는 그 통로가 사라질 것이다. 대신, 뇌에 창의적인 공간이 생기고 점차 그

공간이 늘어날 것이다.

3. 새로운 뇌스캔 기술에서는 실제 경험과 상상이 동일 뇌영역을 활성화시키는 것으로 나타났다. 결국, 당신이 뇌 안에 저장된 과거의 기억을 수정하면(더 정확히 말해, 회로를 재구성하면), 고통스런 기억의 영향을 없앨 수 있다. 그러니 안 좋은 재정결정이나 과거의 실패에 발목이 잡혀있다면, 그런 기억들을 수정하고 밝은 미래를 상상하는데 집중하라.
4. 우리 뇌는 대개 기록된 실제 경험과 내적 상상을 구분하지 못한다. 만약 자기 마음을 '성공적인 자기 이미지'로 프로그램하고 바라는 이미지를 오랫동안 강하게 시각화한다면, 뇌에서는 이런 이미지를 실제로 일어난 일처럼 여기고 이미 성공했다고 생각할 것이다.

다시 말해, 우리가 뇌에 뭘 요구하든(의도, 집중, 연습, 강화를 통해), 뇌는 최선을 다할 것이다. 우리가 적절하다고 생각하는 어떤 방식으로든 뇌를 활용할 수 있다. 뇌에 부창출을 탐색하라고 요구하면, 뇌에서 부와 성공을 가져오는 새로운 신경회로를 구축하거나 기존의 회로를 보강하는 동시에 부창출과 관련된 아이디어를 소진하는 신경연결을 줄일 것이다.

우리 뇌를 훈련하면, 우리 자신과 우리 뇌의 발목을 잡는 비생산적이고 우울한 사고와 습관을 없앨 수 있다. 나아가 동기와 창의력을 부여하는 생산적 사고와 활동을 강조하고 촉진하며 강화할 수도 있다. 사고와 특정 활동을 통해 뇌를 재구성해서 부자가 될 수 있다는 사실이야말로 얼마나 멋진 일인가?

부자처럼 생각하라

최근 신경과학계의 아주 멋진 획기적 발견에서는 생각만으로도 뇌가 재구성되고 새로운 시냅스가 형성될 수 있다는 사실을 보여준다. 우리가 무슨 생각을 하고 어떻게 생각하는지가 중요하다. 즉, 우리의 생각으로 새로운 현실을 창출할 수 있다. 이제 우리가 무언가를 마음속에 그리면(생생하게 자주), 그것이 현실화될 수 있다는 과학적 증거까지 존재할 정도이다.

우리는 생각만으로 우리 뇌를 재구성할 수 있다. 물론 외부의 활동이나 영향이 그 과정을 각인하고 촉진하여 도움을 주긴 하지만, 그런 것들이 꼭 필요하지는 않다. 만약 우리가 절실히 생각(그렇게 하려는 강한 의지를 갖고 우리 뇌가 새롭게 작동하도록 훈련하는)하고 그 새로운 생각을 강화한다면, 우리 뇌와 뇌의 작동방식이 우리 생각대로 바뀔 것이다.

이는 과연 무엇을 의미하는가? 결국 이 말은 우리의 사고, 행동, 말이 매우 중요하다는 의미다. 그리고 이는 우리의 외적·내적 측면과 뇌가 어떻게 바뀔지에 영향을 준다. 이는 곧 대부분의 경우에 우리가 더욱 생산적이고 회복력이 넘치며 신중하고 창의적인 뇌를 만들 수 있다는 뜻이다.

획기적인 연구

새로운 신경과학 연구에서는 뇌의 정교한 작동방식을 꾸준히 규명 중이다. 뇌를 훈련하여 부자가 될 수 있다는 획기적인 연구결과 몇 가지를 살펴보기로 하자.

의사결정에서 가치와 상상의 역할

평가는 우리 사고의 기본적인 과정으로, 물건을 고르거나 어떤 상황에 적절히 반응하거나 인생목표를 결정하는 등 의사결정을 내려야 할 때 꼭 필요하다. 연구에서는 대안을 평가할 때 전전두피질의 일부인 안와전두피질이 중요하다는 사실을 제시하였다. 안와전두피질은 모든 '가치' 이해와 관련된 듯하다. 즉, 우리가 생존과 직결되는 것(음식, 물, 거처 등)을 위해 일하든, 좀 더 추상적이고 보상적인 것(돈이나 토큰)을 위해 일하든 마찬가지다. 정말 중요한 것은 최근의 연구를 통해 상상만으로 안와전두피질을 비롯한 모든 뇌영역을 활성화시킬 수 있다는 사실이 확인되었다는 점이다. 가령, 2002년에 수행된 흥미로운 연구에서 오하이오주 보울링그린주립대학교의 나키아 고든 Nakia Gordon 박사는 사람들이 과거의 경험과 그때의 동작을 상상만 해도 과거의 경험과 정서를 다시 체험할 수 있다고 발표했다. 같은 맥락에서 오하이오 주립대학교 윌 커닝햄 Will Cunningham 박사팀에서는 자신이 아끼는 것을 생각할 때 안와전두피질이 활성화된 것으로 나타났다. 또한 이 영역이 활성화되면, 더 많은 신경회로를 활용하게 되고 가치이해가 촉진되며 바라는 것에 가치를 부여한다!

결과

커닝햄 박사의 연구에서는 젊은 남성들에게 좋아하거나 싫어하는 물건, 사람, 상황을 상상해보라고 했다. 그들은 자신이 상상하는 것 각각의 주관적 가치 즉, 그들이 얼마나 좋아하거나 싫어하는지 그리고 얼마나 바라는지에 집중했다. 그 실험에서 피험자들이 가치 부여한 물건(값어치를 매길 수 있는 것)과 사람에 대해 생각하자 안와전두피질의 여러 영역이 활성화되었다. 이는 가치를 항상 구체적인 수로 나타낼 수는 없지만, 가치가 부여된 서로 다른 두 생각을 안와전두피질에서 비교한다는 사실을 보여주었다.

또한 실험 참가자들에게 '가치'만으로 결정하라고 지시했음에도 그들의 뇌활동에서는 안와전두피질과 더불어 으레 정서유발 영역도 활성화되었다. 물론 이는 '가치'가 주관적이고 감상적인 사고나 좋은 기억과 관련되기 때문이다. 결국 이는 상상활동에서 이것들을 다 고려한다는 말이다.

상상과 정서에 대한 보울링그린주립대학교의 연구에서는 웃거나 우는 신체동작을 상상하는 것만으로도 실제로 웃고 울고 행이나 불행을 느낄 때 활성화되었던 뇌영역이 활성화된 것으로 나타났다. 이는 행복하고 불행한 순간을 상상하는 것만으로도 이들 정서를 실제로 경험할 때처럼 뇌가 반응한다는 의미다.

부자가 되는데 이 연구가 도움이 되는 이유

보울링그린주립대학교와 오하이오주립대학교의 연구결과에서는 외부 자극이 전혀 없는 상태에서 아끼는 물건이나 경험을 떠올리기만 해도 그 물건을 실제로 소유하거나 경험한 것처럼 뇌가 활성화된다는 사실을 보여준다. 그리고 가치와 보상에 대해 생각하도록 뇌를 자극할 수도 있는 것으로 나타났다. 커닝햄 박사에 따르면, 이런 결과는 안와전두피질이 실제로 접한 외부 자극을 평가했던 바로 그 체계로 상상한 자극을 평가한다는 견해를 지지한다는 것이다. 이는 우리가 바라는 일이나 가치 있는 결과를 상상하고 그에 집중하는 것만으로도 금전 관련 결정을 내리는 '뇌근육'을 훈련시키고(신경화학적으로) 뇌에서 평가를 담당하는 연결을 강화할 수 있다는 의미다.

지금 시작해도 부자가 될 수 있다!

신경생성은 '뉴런의 생성'을 뜻하는 것으로, 뉴런이 새롭게 생성되고 뇌 전체에 뉴런 수가 증가되는 현상을 말한다. 이 현상은 우리가 태어나기 전에 가장 활발하지만, 최근의 신경과학 연구에서는 이 과정이 사춘기, 청소년기를 거쳐 성인기까지 계속된다(실제로 새로운 기능을 배우는 한)는 사실을 발견했다. 신경과학계에서 성인의 신경생성에 대한 견해가 수용되기까지는 오랜 시간이 걸렸다. 이는 오래된 기존의 이론을 부정하기가 힘들기 때문이다!

획기적인 신경생성 연구결과

신경생성과 관련된 다양한 연구결과를 제시하면 다음과 같다.

1. 성숙한 포유류의 신경생성에 대한 최초의 증거는 1962년 조셉 알트만Joseph Altman 박사가 제시하였다. 그는 뇌손상을 입은 성숙한 쥐의 뇌에서 새로운 뉴런이 생성된다는 확실한 증거를 제시했다.
2. 이 연구를 진척시켜 1963년 알트만 박사는 성숙한 쥐의 해마에서 신경생성을 보여주는 유사한 증거를 발표했다.

3. 1969년 알트만 박사는 성숙한 쥐의 후각구에서 생성되는 뉴런의 근원을 발견하여 명명하였다. 그러나 알트만 박사의 신중한 연구결과는 과학계 전반에서 아예 묵살당했다!
4. 1980년대 후반에서 1990년대 사이에 알트만 박사의 연구결과가 다시 주목받기 시작했고, 셜리 베이어 Shirley Bayer 박사, 마이클 카플란 Michael Kaplan 박사, 페르난도 노테봄 Fernando Nottebohm 박사가 반복연구를 실시한 후 이전의 연구를 확장하였다. 포유류와 새의 뇌를 연구하던 이들은 그 동물들의 몇몇 뇌영역에서 신경생성이 일어난다는 사실을 제시했으며, 1990년대에는 인간의 신경생성도 확인하였다.

새로운 뉴런은 곧 새로운 돈이다

이들 획기적인 연구에서는 우리 뇌에서 새로운 뉴런이 생성된다는 간단하면서도 심오한 진리를 증명하였다. 초기 연구들 대부분이 뇌손상(뇌졸중과 유사한)이 일어났을 때 새로운 뉴런이 생성된다는 사실을 보여준 반면, 이후의 연구에서는 많은 동물의 경우 경험과 훈련을 통해 새로운 뉴런이 생성된다는 사실을 제시하였다. 게다가, 우리의 뉴런은 '변화 가능하다.' 뉴런은 가소성이 있고 유연하며, 불과 몇 분 내에 연결을 강화할 수 있다. 이 단락을 읽고 있는 이 순간, 당신의 뇌는 영리한 뇌, 부자 뇌로 가는 변화가도에 있다.

함께 활성화되면, 서로 연결되고 부자가 된다

캐나다의 심리학자인 도널드 헵Donald Hebb 박사는 전 세계 신경과학자들에게 알려진 유명한 말 즉, "함께 활성화된 뉴런들은 서로 연결된다."는 말을 창안했다. 이 말은 우리가 어떻게 학습하고 어떻게 사물을 연합시키는지를 간명하게 보여준다. 즉, 이 말은 정신활동을 통해 어떻게 신경구조가 바뀌는지, 사고방식을 통해 어떻게 우리가 바뀌는지를 잘 보여준다. 헵 박사는 뉴런이 활성화되는 바로 그 시점에 새로운 회로가 생성되거나 기존의 회로가 바뀐다는 이론을 주창했다. 1000분의 1초 안에 함께 활성화되는 뉴런들(기본적으로 사고나 경험이 일어날 때 동시에 활성화되는)이 기존의 시냅스를 강화하거나 새로운 시냅스를 만들 수 있다.

헵의 법칙

헵 박사는 20세기 초반에 나온 해부학, 행동과학, 심리학의 분석 결과를 하나의 진술로 결합하였다. 즉, 뉴런 A와 뉴런 B가 근접해 있고, 뉴런 A가 뉴런 B를 흥분시킬 정도의 자극을 반복적으로 받으면, 대사변화가 일어나 뉴런 A(다른 뉴런에 비해)가 뉴런 B를 자극할 가능성이 높아진다. 즉, 그 주변의 다른 뉴런들보다 이들 두 뉴런이 더 강하게 연합된다. 그리고 이 연결이 이전보다 더 유용한 신경공간을 이룬다.

부에 집중하라

헵 박사의 연구는 신경과학의 근간이 되는 지식을 제공했다. 사실, 헵의 법칙은 1949년에 발표되었지만, 이 이론은 60년 이상 무수히 많은 연구와 실험을 거친 후에야 지지를 받았다. 이 이론의 의미는 뉴런들 간의 연합이 지속적일 때 그 연합이 더욱 강해진다는 것이다. 예를 들어, 만약 과거의 재정적 실패, 성공하지 못했던 도전, 자신감 부족, 불안감 및 기타 부정적 패턴을 자꾸 생각한다면, 그런 정신활동과 관련된 뉴런들이 동시에 자꾸 활성화되어 자동적으로 연결될 것이다. 그로 인해 의기소침하고 게으르며 부적절한 느낌을 주는 신경구조가 늘어날 것이다.

반면에, 당신의 성격과 능력의 긍정적 측면에 자꾸 집중하면, 그런 사고와 관련된 뉴런들이 서로 연결되고 더 많은 신경공간을 차지하여 당신과 당신의 뇌에 희망, 자신감, 동기부여 에너지가 늘어날 것이다(부정적 통로의 공간까지 차지해서).

이 말은 우리가 돈이나 부 형성에 대해 생각할수록, 그와 관련된 신경연결이 늘어나 성공형 뇌를 만들 수 있다는 의미다.

부자가 되려면 마음챙김하라

위스콘신대학교의 저명한 심리학자인 리처드 데이비슨Richard Davidson 박사는 마음챙김 명상의 효과에 대해 몇 편의 연구를 실시하였다. 마음챙김 명상은 마음을 지금 이 순간에 온전히 집중하는 불교 수련법이다. 그 중 한 편의 연구에서 데이비슨은 현저히 다른 3집단 즉, 티베트불교 승려집단(1500~15000시간 동안 자비 마음챙김 명상수련을 한 집단), 명상에 접해본 적이 없는 집단, 8주 동안 명상수련에 참여한 집단의 뇌활동을 관찰했다. 데이비슨 팀은 참가자들이 공감과 자비에 바탕을 둔 명상을 하는 동안 뇌활동을 관찰하였다.

전전두피질의 활용 비법

데이비슨의 연구결과는 놀라웠다. 그 중 몇 가지만 살펴보면 다음과 같다.

1. 명상에 접해본 적이 없는 사람들이 처음으로 불교의 자비 명상 수련을 하자, 그들의 변연계(정서 네트워크)가 활성화되었다.
2. 예전에 명상에 접해본 적은 없으나 8주 동안 명상수련을 했던 이들은 수련이 진행되면서 좌측 전전두피질(자비, 공감, 행복 등 긍정적 정서유발을 담당할 뿐만 아니라, 가치를 바탕으로 의사결정할 때나 돈과 같은 보상획득으로 정서적 행복감을 느낄 때 아주 중요한 영역)이 더욱 활성화되었다.
3. 데이비슨이 명상중인 수도승의 뇌스캔을 관찰하자, 좌측 전전두피질이 극도로 활성화되었다. 그걸 보고 연구자들이 다 경악할 정도였으며, 그야말로 일반인과 현저히 달랐다.
4. 또한 수도승들은 기저선 기간(명상을 하지 않는 동안)에도 뇌기능 변화가 유시되었는데, 이는 명상수련으로 그들의 뇌기능이 아예 바뀌었음을 의미한다. 심지어 명상을 하지 않는 동안에도 말이다. 이런 변화는 좌측 전전두피질에서 가장 뚜렷하게 나타났다. 따라서 그들은 명상을 통해 전전두피질의 활성 정도가 아예 바뀌고 증가되어 평가적 판단을 담당하는 연결이 늘어난 것이다. 결국 이를 부와 관련지어 보면, 돈에 대해 생각할 때나 멋진 인생을 위해 돈을 쓸 때 더 합리적인 결정을 내릴 수 있다는 의미다.

부자라 생각하면, 부자가 될 것이다

데이비슨의 연구에서 검증한 것은 비교적 적은 훈련만으로도 다 자란 성인이 다른 사고방식을 배우고 가장 중요한 영역인 전전두피질의 신경연결을 강화할 수 있다는 점이다. 사실, 그들 스스로 이전과 달리 생각하자, 실제로 뇌가 재구성되었다. 불과 8주 만에 말이다!

명상수련을 훨씬 오래 한 수도승의 뇌는 극명하게 달랐다. 극히 높은 좌측 전전두피질의 활성도는 그 영역에 새로운 신경통로가 형성되거나 기존의 신경연결이 강화되었음을 시사한다. 그저 생각만으로 말이다. 이는 명상이 적극적인 사고를 할 때뿐만 아니라, 아무 생각을 안 할 때(기저선 휴식상태에도)까지 뇌를 아예 근본적으로 바꿨다는 의미다. 명상은 24시간 내내 더 나은 의사결정과 명석한 사고가 가능한 뇌를 만들며, 이는 부자가 되려는 우리에게 이로울 것이다! 이는 마음챙김 명상을 하면 돈에 대해 생각할 때나 멋진 인생을 위해 돈을 쓸 때 더 합리적인 의사결정을 내릴 수 있기 때문이다. 또한 금전적 가치와 관련된 의사결정을 내릴 때 아주 중요한 전전두피질을 비롯해 신경회로가 재구성되고 성장하며 강화되기 때문이다. 그러면 긍정적 사고의 위력을 살펴보기로 하자!

우리의 미래가 기다리고 있으니, 당장 실천하라!

4장

부자 뇌를 만들어라

– 우리는 마음으로 뇌의 신경통로를 만들고 신경연결을 강화하여 부추구를 촉진할 수 있다. –

4장 부자 뇌를 만들어라

'당신' 을 표현하는 사고, 인식, 감각, 정서에는 다 전기·화학적 요인이 담겨 있다. 즉, 유전자, 신경 임펄스, 신경전달물질이 결합하여 정서반응, 동기, 기억의 칵테일로 당신의 인성을 나타낸다. 이런 '정서적 칵테일' 덕분에 뇌에 패턴이 생기고 때로는 습관으로 자리 잡는다. 습관은 뇌의 신경통로를 만들기가 쉬운데, 이는 특정 신경통로가 이미 여러 번 자극을 받았기 때문이다. 더구나 대개 원자극은 긍정적으로 인식된다는 점도 또 하나의 이유이다. 사실, 습관은 일종의 중독으로, 꼭 해야 할 것 같은 전기화학적 갈망이다.

새로운 부 형성 습관을 갖거나 자신에게 도움이 안 되는 습관을 버리고 싶다면, 실행과 통제를 담당하는 전전두피질과 정서적인 변연계 사이에 의식적으로 새로운 긍정적 연결을 만들어야 한다. 더 원활한 신경통로 형성을 위해 기존의 신경 네트워크와 새로운 신경 네트워크(신경전달물질들도 이와 관련됨)가 협력하려면, 다양한 활동(종류나 수준에 있어)으로 뇌를 자극해야 한다. 비생산적인 습관을 생산적인 습관으로 바꾸면(그리고 그런 습관을 강화하면), 우리 뇌에 부창출에 용이한 신경통로가 형성될 것이다.

부를 부르는 뇌파

다양한 활동 수준은 대개 활동으로 인해 규칙적으로 발생하는 파동인 뇌파로 나타난다. 어떤 유형의 뇌파든 다양한 전기화학적 활동상태 및 사고의 복잡성과 관련된다. 어떤 뇌파는 부 창출에 기여하는 반면, 다른 뇌파는 그런 노력을 위축시킨다.

카우치 포테이토[1]는 부자가 못되는 이유

정신생리학자인 토마스 멀홀랜드Thomas Mulholland는 텔레비전을 30분 동안 시청한 직후 뇌에서 느린 속도를 반영하는 알파파가 발생함을 발견하였다. 알파파는 멍하게 수용하기만 하는 뇌파인데, 이는 텔레비전 시청이 눈뜬 상태에서 알파파를 유발하는 예임을 의미한다. 신경학적 측면에서 텔레비전 시청은 기본적으로 벽을 응시하거나 눈을 감고 앉아 있거나 아무 것도 하지 않는 상태와 비슷하다

베타파 상태의 활동적인 뇌

대개 베타파와 관련된 정신활동은 우리가 일상에서 일하거나 놀 때 나타나는 활동적인 의식상태이다. 우리가 논리적 사고를 하고

1) 역주: 소파에 앉아 TV만 보는 사람

문제를 해결하며 외부 자극에 접할 때 베타파가 발생한다. 베타파가 유발되면, 근육이 긴장되고 혈압이 증가하며 불안해진다. 이는 조용한 묵상상태라기 보다 오히려 무언가를 해낼 때의 상태이다. 뇌가 베타파일 때 도파민이 잘 분비된다.

알파파 상태의 조는 뇌

알파파는 베타파와 정반대이다. 알파파는 이완, 특히 우리가 눈을 감고 있을 때 현저하게 나타난다. 우리가 공상에 잠길 때나 성찰할 때 뇌에서 알파파가 발생한다. 알파파는 졸음과 관련된 화학물질인 멜라토닌 분비를 자극한다.

세타파 상태의 직관적인 뇌

세타파는 내면의 직관적인 잠재의식과 관련된다. 기억을 떠올리거나 강한 감각과 정서를 경험하거나 정서적 상황을 생각할 때의 뇌는 세타파 상태이다. 또한 우리가 비밀(해결할 준비가 안 됐다고 여겨지는 것을 견디기 위해 고통의 순간에 우리가 차단한 기억)을 묻어둘 때에도 세타파가 활성화된다. 우리가 잘 때에도 보통 세타파가 유발되는데, 이때 정서와 꿈을 담당하는 뇌근육이 유연해진다. 뇌파가 세타파와 베타파 사이인 이들은 대개 매우 외향적이라서 불안이나 신경증 수준이 낮은 것으로 나타났다. 즉, 그들은 정서적 사고와 활동적이고 논리적인 사고가 균형을 잘 이룬 것처럼 보인다. 가바 GABA: Gamma Amino Butyric Acid와 세로토닌이 보통 세타파와 관련된다.

델타파 상태의 공감적인 뇌

느린 델타파는 보통 무의식적인 감정 및 공감과 관련된다. 정상 수준의 델타파는 적절한 공감을 유발하지만, 델타파가 과도할 경우에는 자기 자신과 자신의 욕구를 망각한다. 델타파는 대개 높은 수준의 세로토닌과 관련되지만, 어쨌든 뇌파 중 연구가 가장 미흡한 분야이다.

감마파 상태의 빠른 뇌

25-100Hz(보통 약 40Hz 정도임)의 주파수인 감마파는 확실히 가장 빠른 뇌파이다. 신경과학자들은 아주 최근에야 감마파를 발견했는데, 당시 시각계를 연구하던 이들은 주파수가 약 40Hz에 이르자 연결되지 않은 두 개의 뉴런이 활성화됨을 발견했다. 이는 색소폰 독주를 하던 한 재즈 음악가와 피아노로 다른 곡을 연주하던 음악가가 조화를 이루어 동일한 음을 연주하는 것과 유사하다. 기막히게 조화(調和)가 잘 된 상태로 말이다. 감마파가 강해질수록, 조화가 더 정교해졌다. 다른 뇌파상태에 비해 감마파가 활성화될 때에는 뇌의 일부 영역(또는 뇌 전체)에서 네트워크의 활성화와 연합형성이 더 용이하였다.

감마파 네트워크 형성은 뇌가 어떻게 스스로 변화할 수 있는지를 말해주는 결정적 단서이다. 최적의 속도로 발화할 때, 활성화된 뇌의 연결형성이 아주 용이하다. 감마상태에 이르면, 뇌가 어떻게 스스로 변화할 수 있는지와 우리가 어떻게 그 변화방식을 주도할지에 대한 통찰력이 생길 것이다.

가령, 마음챙김 명상중인 수도승들은 일반 피험자들에 비해 전전두피질, 특히 좌측 전전두피질에서 강하고 지속적인 감마파가 훨씬 더 활발하였다. 전전두피질은 뇌에서 중추적인 역할을 하기 때문에, 이 영역에서 감마파가 발생하면, 행동조절을 담당하는 뇌영역과 정서적이고 무의식적인 변연계 사이의 연결이 더 조밀해질 것이다.

그러므로 우리가 마음챙김을 통해 자기 자신, 자신의 행동 및 반응에 집중하여 뇌활동 수준을 크게 높인다면, 감마파가 발생할 것이다. 그런 뇌파상태에서는 우리가 자신이 바라는 상태에 이를 가능성이 극대화될 것이다. 즉, 새로운 아이디어를 지혜롭게 잘 수용하고 더 효율적이며 민첩하고 건강하며 부를 창출할 가능성이 최고라는 말이다.

성공의 신경통로

뇌 가소성(뇌기능을 변화시키고 성장시키는 기적과 같은 능력) 덕분에, 새로운 집중력과 사고방식을 가질 수 있다. 우리가 제한된 사고방식이나 행동양식 대신 실행 가능한 대안을 볼 수 있고 의식적으로 사고패턴과 행동을 고칠 수 있다면, 점차 신경회로와 신경전달물질을 긍정적으로 바꾸어 우리 뇌가 우리의 목표도달(부를 비롯한 목표)에 크게 기여하는 아주 효율적인 도구가 될 것이다.

정서조절 및 평가적 사고를 담당하는 뇌영역들(좌측 전전두피질, 안와선두피실, 전대상회, 심부의 변연계)을 활용하면, 성공 회로가 형성될 것이다. 이후에 살펴볼 고도의 집중, 마음챙김 명상, 행동수정 등의 기법을 활용하면, 동기유발, 집중 및 창의적 사고와 관련된 신경연결이 강화될 것이다. 동시에 성취하고 부유하며 충만한 삶을 누리는데 방해가 되는 불안통로 등 부정적 정서통로에 대한 반응을 줄일 수 있을 것이다.

부 형성 관련 뇌영역

부를 형성하고 유지할 때 특정 뇌영역이 활성화된다. 복잡한 뇌 기관을 간단히 살펴보는 것만으로도 부(우리가 추구하는 모든 성공을 비롯해) 형성과 유지에 뇌를 집중시키려면 어떻게 해야 할지가 밝혀질 것이다.

전전두피질

전전두피질을 실행적인 뇌영역이라고도 하는데, 이는 다른 대부분의 뇌영역에서 정보를 받아 이를 장단기 목표와 통합하고 나아가 통합된 정보를 바탕으로 실천을 계획하기 때문이다. 전전두피질은 인간의 진화사에서 가장 발달한 영역으로, 인간의 친척벌인 영장류와 현저히 구분되는 영역이다.

과학계에서도 전전두피질을 흔히 뇌의 CEO로 부른다. 이 영역에서는 입력정보를 통합하고 실천방안을 도출하기 때문에 하고 싶은 욕망과 피하려는 공포의 정서적 다툼이 가장 심하다. 전전두피질에는 각기 다른 종류의 의사결정을 다루는 몇 개의 하위영역(잘 나가는 회사처럼)이 있다.

이들 하위영역을 제시하면 다음과 같다.

1. 떼돈을 벌거나 정말 고수입인 직장에 들어가려는 바람을 가지면, 복내측 전전두피질이 크게 활성화된다. 가령, 열정적인 최고의 영업 부사장이 되거나 명예와 두둑한 커미션을 얻느라 주의를 온통 집중하는 사람처럼 말이다.
2. 안와전두피질은 평가적이며 수익에 실질가치를 부여하려 한다. 이 영역은 다양한 대안 중에서 어느 것이 자신에게 최선인지에 대한 의사결정을 담당하며 균형감 있고 합리적인 결정(훌륭한 회계사와 마찬가지로)을 내리려 한다.
3. 내측 전전두피질은 다른 영역을 자극하는 영역에 적절히 두려움을 일으키는 방식으로 위의 두 영역을 억제할 수 있다. 그로 인해 재정적 야망의 싹이 사라질 수도 있다. 우리가 그렇게 하라고 시키기만 한다면!

전전두피질은 뇌의 CEO 역할을 하기 때문에 전전두피질의 모든 하위영역을 교육하고 자극할수록, 우리가 더 유익한 투자를 하고 진로대안을 확대하며 새로운 기능을 배울 것이다. 전전두피질은 정서적·지적 조절자 역할을 하기 때문에 우리가 공포에 쫓겨 성급한 결정을 내리지 않고 유용한 사실을 바탕으로 건전한 재정결정을 내릴 것이다.

편도체

전전두피질이 차분하고 냉정하며 아주 침착한 뇌의 CEO라면,

편도체는 곳곳에 있는 모든 사람을 두려워하며 스트레스를 받는 인턴사원과 같아서 충동적이고 편협한 의사결정을 내리곤 한다. 편도체는 투쟁-도피 충동이 겨루는 곳이다. 편도체에서는 모험감수를 짜릿하고 위험하게 느낀다. 편도체를 진정시키면, 의사결정을 조율할 때 정서에 동요되지 않고 사실에 바탕을 둔다. 편도체가 아주 활성화되어 걷잡을 수 없는 정서를 다스리지 못하면 일상에서 유익한 기회를 놓치거나 그 밖의 기회도 날려버릴 수 있다. 다행스럽게도 편도체를 진정시킬 수 있다는 희소식이 있다.

전대상피질

전대상피질 anterior cingulate cortex에는 '방추세포'라는 뉴런이 있다. 이들 세포의 수는 상당히 많은 편이고, 아주 독특하게 동물세계(인간, 유인원, 몇 종의 고래, 코끼리에만 방추세포가 있는 것으로 나타났으며, 인간에게는 방추세포가 가장 많아 유인원의 두 배에 이름)에서만 발견된다. 방추세포의 진화는 지난 20만년 동안 폭발적으로 이루어졌는데, 그 이유는 이들 세포가 인간의 뇌기능에 중요할 뿐만 아니라, 인간의 뇌를 다른 종과 구분짓는 데에도 아중 중요한 역할을 하기 때문일 것이다.

이 세포들은 뇌 곳곳에서 신호를 모을 수 있다. 그리고 이 세포들 덕분에 정보가 뇌의 뒷부분에서 앞쪽으로, 심부에서 피질로 이동한다. 이 세포는 전대상피질의 주의집중, 고통인식, 오류탐지(동시에 뇌 곳곳에서 오는)에 기여한다는 점에서 아주 중요하다.

일상적인 기대가 깨져 우리가 놀랄 때에도 방추세포가 한 몫을 한다. 사실, 성공을 알아차리는 것보다 실수를 빨리 알아차리는 것이 더 중요하다. 진화적 측면에서, '겨우 탐지 가능한 차이(기준에서 미세

자신의 정서표시기를 주시하라

우리가 대부분 증권시세표시기에는 친숙하지만, 티커링tickering이라는 신경학적 반응이 있다는 사실은 모를 것이다. 이는 기본적으로 우리의 정서가 동일 경험이나 사건에 대한 다른 이의 반응에 따라 최고점에 이르는 현상이다. 가령, 우리가 어떤 금융소식에 대해 불안함을 느끼면, 다른 이들도 대부분 그렇게 느낄 가능성이 높다. 물론 이 현상은 이로울 수도 있고 해로울 수도 있다. 그런데 우리가 '매도' 버튼을 누르기 전에 주식시장이 급락하면, 15분 정도 시간을 갖고 자신의 정서표시기를 체크하려 할 수도 있다. 이는 비합리적인 다른 사람들이 전전긍긍할 정도로 아주 높아지는 근거 없는 공포에 자신이 반응하고 있는지를 파악하기 위해서이다.

하게 벗어난 정도)'에도 크게 놀라며 반응한 인류조상은 생존 가능성이 높았으며, 이는 전대상피질이 1초의 3/10 이내에 반응할 정도의 직관적인 시스템으로 발달한 이유를 말해준다. 이를 통해 긍정적 놀람보다 부정적 놀람에 민감한 이유도 알 수 있다.

금융자산의 기복을 겪었던 피험자들의 뇌를 모니터한 연구에서는 금전이 급감했을 때 방추세포의 38%가 활성화된 반면, 예측한 것보다 더 큰 수익을 올렸을 때에는 방추세포가 13%만 활성화된 것으로 나타났다. 또한 긍정적 놀람에 활성화되었던 방추세포에서는 방출신호도 더 약했다. 정반대여야 할 것처럼 보임에도 불구하고, 긍정적 놀람이 부정적 놀람보다 훨씬 더 약하다.

돈이 전대상피질을 크게 활성화시키는 이유

우리 뇌가 돈의 개념을 잘 모른다는 게 말이 안 될 것 같다. 하지만, 돈 자체가 출현한 것은 진화사에서 그리 오래 되지 않은 현상으로, 이는 우리 뇌가 아직 그 격차를 만회하지 못했음을 의미한다. 사실 우리 뇌는 돈이 상징하는 것 즉, 어느 것과 연합되었는지는 알지만, 돈 그 자체에 대해서는 모른다. 그래서 놀란 상황에서 금전 관련 감각정보 및 그로 인해 유발된 정서는 여전히 독특한 원시반응을 유발한다. 놀람이 전대상피질을 자극하면, 전대상피질이 시상하부를 자극하여 내부 조절계에 문제가 생긴다. 주식인구들 사이에 이런 놀람이 널리 만연되면, 주식시장에 공황반응이 나타날 수 있다. 연구에서는 돈이 걸려 있지 않을 때보다 금전손실이 나타날 때 전대상피질이 훨씬 더 활성화되는 것으로 나타났다. 실제로 실수로 돈을 잃을 때마다 뇌간에 있는 많은 세포들도 활성화되었다. 이는 전대상피질의 방추세포가 광범위한 영향을 준다는 사실을 보여준다. 하지만 같은 실수라 할지라도 금전적 손실이 없으면 뇌간이 거의 반응하지 않는다.

전대상피질은 패턴반복에도 민감하여 3회 연속된 패턴이 깨질 때보다 8회 연속된 패턴이 깨질 때 약 3배 정도 활성화된다. 이런 패턴탐색은 긍정적일 수도 있고 부정적일 수도 있어서 전대상피실에 너무 의지하는 것은 현명하지 않다. 때로는 우리가 의식적으로 전전두피질을 활용하여 패턴의 유용성을 확인하고 반사적으로 패턴화하지 말아야 한다. 우리의 이성적인 뇌는 역사가 꼭 반복되지 않음을 알지만, 전대상피질은 반복될 것이라고 생각한다. 다음 장에서는 이에 대해 자세히 살펴보기로 하자.

측좌핵

측좌핵은 두 개이며 보상센터이다. 쾌감을 예측하거나 경험할 때 측좌핵이 활성화된다. 예측된 결과에 호감이 갈수록, 뉴런이 더 활성화된다.

예측회로 덕분에 우리는 보상이 주어질 가능성에 주의를 기울일 뿐만 아니라, 막상 현실이 되어 실제로 나타난 것보다 미래가 더 좋을 거라고 기대한다. 이는 정서적 공백을 야기하며, 정말 돈으로 행복을 살 수 없는 이유를 말해준다.

측좌핵은 학습한 경험을 미래의 결과와 비교한다. 측좌핵을 과잉 자극하면, 억제 불가능한 탐닉 또는 중독을 초래할 수 있다. 무엇보다도 절제와 신중함으로 과잉 활성화된 보상센터를 억제할 수 있다.

쾌감충족에 대한 측좌핵의 반응 및 과잉자극의 위험에 대해서는 이후의 장들에서 살펴볼 것이다.

해마

해마는 단기기억이 형성되는 자리인 동시에, 중요한 단기기억이 장기기억으로 전환되는 자리이다. 믿을 수 없는 금융 컨설턴트와 거래하다 실패했던 투자기억이나 고통이 해마에 가득하면 새로운 투자상황에서 정신적 마비를 초래할 수 있다. 우리는 금전과 관련된 긍정적 기억을 제공하고 부정적 정서를 논리적으로 반박하여 과잉 활성화된 해마를 진정시킬 수 있다. 이후의 몇몇 장에서는 해마에 저장된 기억을 다루는 여러 가지 방안을 소개할 것이다.

거울뉴런

뇌에는 주변에 있는 사람들을 잘 반영하는 거울뉴런이 있다. 주변 사람들이 긍정적이든, 자신감있든, 활동적이든, 부정적이든, 두려워하든, 소심하든, 우리 뇌도 똑같이 반응할 것이다. 따라서 창의성을 촉진하고 뇌를 강화하는 근무환경과 동료를 선택하면 더 많은 돈을 벌 수 있다.

브로드만 10번 영역

브로드만 10번 영역인 전두극은 그 크기가 유인원의 두 배 정도이고 뉴런의 조밀도는 거의 4배에 이른다. 유인원에 비해 인간은 이 영역과 다른 뇌영역의 상호 연결이 더 정교하다. 전대상피질의 방추세포와 마찬가지로, 이 영역의 진화는 지난 20만년 동안 폭발적으로 이루어졌다.

사회·경제적 의사결정 분야에서 저명한 캘리포니아 공과대학의 제임스 우드먼James Woodman과 존 올맨John Allman 박사는 이 영역이 갑자기 확대되어 유익한 도덕적·평가적 판단이 가능해졌다고 결론지었다. 그들은 전대상피질의 방추세포와 전두극이 직관 출현과 관련된다고 보았다. 그들은 직관이 암묵지식에 바탕을 둔 의사결정 형태라는 이론을 제시했다. 신경학적 의미에서 이는 전두극이 변연계에서 직관적으로 유발된 정보를 등록하고 의사결정 과정에 통합할 전전두피질의 정보를 평가한다는 의미다.

전두극은 우리가 바라는 수익과 실제로 얻은 수익을 평가하는 주요 뇌영역인 전전두피질 및 그 모든 하위영역들과 동일한 신경공간에 있다.

두정피질

두정피질은 수와 언어 정보를 처리한 다음, 평가를 위해 처리된 정보를 전전두피질에 보낸다. 멋진 재정결정에 필요한 기초 산수와 수학기능 중 일부를 이 영역에서 담당한다. 그러니 이 영역을 무시하지 마라.

이제 착수할 때이다

뇌와 그 고유한 능력(그리고 맹점과 한계)을 소개한 지금, 믿음이 뇌기능에 얼마나 중요한 역할을 하는지 살펴보기로 하자. 또한 더 부자가 되려면 어떻게 부정적 정서를 철저히 다스리고 사고를 다시 프로그램할지도 살피면서 말이다.

5장

부자가 될수 있다고 믿어라

- 우리 뇌는 우리가 믿으라는 대로 믿는다. 만약 우리가 자신을 믿는다면, 재정적 꿈을 실현하는 과정에서 뇌가 중요한 역할을 하도록 훈련할 수 있다. -

5장
부자가 될 수 있다고 믿어라

당신은 부자가 될 수 있을까? 물론 당신과 당신의 뇌가 가능하다고 믿지 않으면, 불가능하다. 사고는 곧 뇌의 활동으로, 당신이 자신에게 보낸 메시지, 당신이 취한 행동 및 세계관의 영향을 크게 받는다. 그런데 우리는 그런 사실을 모른 채 우리 자신과 환경에 대해 부정적 사고를 할 수 있다. 이 장에서는 이런 유형의 자동적인 부정적 사고와 이들 부정적 사고를 유발하는 핵심 신념을 살펴볼 것이다. 이러한 유형의 사고를 긍정적이거나 중립적인 사고와 행동으로 바꾸면, 금전 스크립트[2]가 낙관주의와 성공을 유도하는 쪽으로 바뀔 것이다.

2) 역주 : 정형화된 상황에서 통상 일어나는 일련의 사건들에 대한 도식적 지식. 즉, 일상적인 사건들에 대한 도식(경험을 통해 형성된 전형적인 지식의 덩어리).

부에 대해 어떻게 생각하는가?

부, 진로 및 목표에 대한 자신의 자동적 사고를 인식하면 어디에 가장 많은 노력을 기울여야 할지를 바로 알게 될 것이다. 그러니 돈에 대한 자신의 사고방식을 알아보는 것으로 출발하자.

부에 대한 사고방식 알아보기

1. 부에 대한 지식을 어떻게 얻었는가? (　　　)

A. 돈을 많이 날리고 나서
B. 그 동안의 실수를 통해
C. 부모님의 조언을 통해
D. 재정 관련 서적을 읽고

2. 돈에 대해 어떻게 생각하는가? (　　　)

A. 더 필요하다고 생각한다.
B. 돈이 부족해 걱정이다.
C. 소비를 줄일 방법을 생각한다.
D. 돈을 더 벌 새로운 방법을 궁리한다.

3. 돈을 생각하면 어떤 느낌이 드는가? (　　　)

A. 재정관리 방법에 대해 자신이 없다.
B. 돈 쓸 데가 많아 속상하다.
C. 돈을 더 벌 새로운 방법을 꼭 찾고 싶다.
D. 돈을 더 벌 새로운 방법을 찾을 자신이 있다.

4. 돈을 어떻게 생각하는가? (　　)

A. 바로 즐거움을 가져다주는 것

B. 항상 술술 새서 부족한 것

C. 열심히 일해서 벌어야 하는 것

D. 내 성공을 측정하는 잣대

5. 자신이 부자라고 여겨질 때는? (　　)

A. 2개월 동안 쓸 돈이 넉넉할 때

B. 휴가를 가고 고급 식당에서 식사할 수 있을 때

C. 빚이 없고 부담없이 청구서 요금을 납부할 수 있을 때

D. 빚이 없고 제때 청구서 요금을 납부하며 저축예금계좌와 투자대금을 계속 늘려 갈 때

6. 사업에 대해 어떻게 생각하는가? (　　)

A. 예상보다 위기가 훨씬 더 많을 것이다.

B. 평생 내가 가질 수 있는 액수보다 더 많은 돈이 필요할 것이다.

C. 아이디어만 있다면, 아주 재미있을 것이다.

D. 아주 매력적이다.

7. 봉급을 받으면 어떻게 하는가? (　　)

A. 몇 주 동안 눈여겨봤던 물건을 바로 구입한다.

B. 청구서 요금을 좀 납부한 후에 물 쓰듯 쓴다.

C. 제때 청구서 요금을 납부한 후에 나 자신을 위해 쓴다.

D. 청구서 요금을 납부한 후에 세 개의 계좌(저축, 투자, 즐길 거리)에 나누어 넣는다.

이제 체크한 것을 계산해 보아라

- 대부분 A에 체크했다면, 재정의식이 살얼음 위를 걷고 있을 만큼 아슬아슬하다. 조치를 취하기는커녕 아무것도 몰라 오히려 속 편할 정도이다. 재정결정이 잠재력을 턱없이 밑돌지만, 이 책을 읽고 조언에 따라 행동하면 장족의 발전이 있을 것이다.

- 대부분 B에 체크했다면, 재정의식이 들쑥날쑥하다. 약간의 구체적 지식이 있으나, 여전히 정서적 가정을 바탕으로 대부분의 재정결정을 내리는 편이다. 그런 정서유발 요인을 떨쳐낼 수 있다는 사실을 알고 상황을 좀 더 현실적으로 평가하면, 적극 대처하게 될 것이다.

- 대부분 C에 체크했다면, 합리적으로 재정을 관리하고 있으나, 마음껏 큰 꿈을 못 꾸고 있다. 즉, 자신을 가로막는 제약을 스스로 부과하고 있다. 부가 눈앞에 있음에도 두려워서 문을 못 열고 있다. 일단 부자가 될 수 있다고 믿으면, 멋지게 그 문을 열 것이다.

- 대부분 D에 체크했다면, 더 이상 뭘 기다리는가? 선견지명적인 신념이 있고 재정적 현실을 잘 관리하고 있다. 어떤 난관이 와도 헤쳐 나갈 수 있다는 사실을 알고 있지만, 실천하길 망설이고 있다. 생각을 조금만 정리하면, 내면의 잠재력을 발휘해 보는 꿈을 실현할 것이다. 어쨌든 자신의 재정적 삶을 주도할 준비가 되어 있다.

부에 영향을 주는 세 가지 사고

우리 뇌는 기본적으로 세상을 세 가지 사고패턴(자동적 사고,

가정 및 핵심 신념)으로 해석한다. 뇌를 훈련하여 부자가 되려면, 이런 사고가 어떻게 형성되고, 자신의 생활방식에 어떤 영향(긍정적으로든 부정적으로든)을 주며, 부 형성을 위해 어떤 행동을 선택할지(또는 의식적으로 선택하지 않을지)를 알아야 한다. 또한 부자가 되기 위한 뇌훈련에 기여할 사고조절 방식을 어떻게 개발할지도 알아야 한다.

자동적 사고

자동적 사고란 의식적이든 무의식적이든 우리가 사실로 받아들인 사고이다. 이는 대개 신중한 분석을 거치지 않고 유발된다. 아래에서 자신에게 익숙한 사고를 찾아보아라.

- 난 내 직업이 싫어.
- 난 내 상사를 믿을 수 없어.
- 난 창의적 사고력이 전혀 없어.
- 난 사태파악이 느려.
- 난 특별히 잘하는 게 없어.
- 난 새로운 것을 배우는 게 별로야.
- 난 사는 게 따분해.
- 난 숫자계산이 안 돼.

이런 사고는 생각거리를 줄여서 삶을 단순화시켜 주지만, 그런 사고가 사실이 아니거나 스스로에게 제약을 가하는 것이라면 손해가 될 수도 있다.

당신은 자동적 반응에 얽매여 있는가?

온종일 자동적 반응에 따라 자신을 바라본다면, 재정에 대해서도 마찬가지일 것이다. 다음과 같다면, 재정적으로 자동적 사고에서 벗어나지 못한 상태이다.

- 현재의 재정상황에 직면하길 거부한다.
- 부인(否認) 등의 방어전략을 사용한다.
- 확인되지 않은 신념이 자신의 재정결정에 영향을 줘도 내버려둔다.
- 확고한 재정결정을 위해 뭘 알아야 할지를 모른다.
- 건전한 재정결정을 위해 모든 뇌 자원을 활용하지 못한다.
- 정서를 바탕으로 결정을 내린다.
- 실수를 하고도 깨닫는 것이 없다.
- 모든 재정적 책임을 다른 사람에게 떠넘긴다.

자신이 언제 자동적인지를 알면, 의사결정 과정에 뇌의 CEO를 개입시킬 방안을 강구할 수 있을 것이다.

가정

의식적이든 무의식적이든 부정적이거나 두려운 자동적 사고는 우리 몸에 스트레스를 유발시켜, 뇌에서 스트레스 관련 호르몬이 분비된다. 뇌에서 스트레스 호르몬이 자주 분비될수록, 고도의 경계 상태를 유지하는 회로가 늘어나 아무런 위험이 없을 때마저도 위험을 예측한다. 이는 호르몬과 뉴런에 부정적 영향을 주어 괜찮은 재정적 판단을 방해할 수 있다.

우리가 뇌를 훈련하여 자동적인 부정적 사고를 줄이고 뇌를 재구성하면, 좀 더 긍정적인 자기대화를 유도할 수 있다. 그러면 뇌가 재구성되어 자신의 목표를 위축시키지 않고 오히려 지지하는 사고에 집중할 것이다. 마음챙김(이미 일어난 일이나 앞으로 일어날 일보다 현재 상태에 집중하는)은 자동적인 부정적 사고를 긍정적 사고로 바꾸기에 유용한 방법이다. 마음챙김을 배우고 수련하기에 아주 효과적인 '마음챙김 기반 명상'에 대해서는 9장에서 자세히 살펴볼 것이다.

가정(assumption)은 생활경험에서 나오거나 다른 사람의 영향을 받아 생긴 사고이다. 자동적 사고와 마찬가지로, 가정 역시 우리 뇌가 현재 일상에서 일어나고 있는 일이나 미래에 일어날 수 있는 일을 해석하는 방법이다. 가정은 감각인식, 다른 사람이 믿으라고 한 것, 자동적 사고(현실을 해석하기 위해 우리의 핵심 신념과 상호작용하는)의 결과를 바탕으로 형성된(또는 우리 뇌가 해석한) 의식적·무의식적 사고일 것이다.

우리가 흔히 하는 가정

- 나에게 멋진 아이디어가 떠올랐지만, 내 상사가 그것을 거부할 게 뻔하니 아무 말도 안 할 거야.
- 승진하고 싶지만, 내 상사가 나를 별로라고 생각하기 때문에 괜히 승진을 부탁했다가 우스워지고 싶지 않아.
- 의사가 되고 싶지만, 의대에 못 들어갈 거라고 생각해.
- 내 남동생은 항상 귀염을 독차지했고, 이미 부모님이 그를 사장으로 앉힐 게 뻔한 마당에 내가 왜 열심히 일하냐고요?

부정적 가정에 도전하기

부정적 가정은 대개 불필요한 걱정을 일으켜, 안전한 상황에서도 두려움을 느끼며 자신의 능력을 마음껏 표현하지 못한다. 간혹 최악을 가정하는 습관이 생길 수 있는데, 이는 창의적 해결책을 모색하고 긍정적 방안을 도출하려 할 때 뇌를 무력화시킬 것이다.

사고를 명명하라

평생 이름 없는 말horse(이 경우에는 방해가 되는 모종의 사고가 다 해당됨)에 끌려 다니지 말고, 제멋대로인 사고를 명명해서 두려움을 없애라. 성공하지 못할 것이라는 두려움을 자아내는 사고를 구체적으로 명명할수록, 그 사고가 자신이나 자신의 뇌에 더 확실히 와 닿을 것이다. 그래서 일단 그런 사고를 명명하고 나면, 뇌의 풍부한 자원을 활용해 해결책을 찾을 수 있다. 때로는 부정적 사고를 의식하는 것만으로도 부정적 사고의 영향을 줄일 수 있다. 그게 안 된다면, 그런 사고 뒤에 도사리고 있는 두려움을 떨쳐내고 그런 사고를 반박할 새로운 사고를 유도할 수 있다.

우리 자신과 우리 뇌를 부정적으로 밀어붙이는 가정에 도전하는 것이야말로 새로운 신경회로 형성을 위해 뇌를 준비시키는 것이다. 명상은 부정적 사고를 막고 이를 긍정적 사고로 대체한다. 현재에 온전히 존재하는 명상을 통해 맨 날 똑같은 결론을 되풀이하지 않고, 현재 진행중인 현상에 대해 어떻게 생각할지를 의식적으로 선택할 것이다. 긍정언어를 만들어 활용하면, 우리 뇌가 상황을 긍정적이고 희망적으로 '보도록' 훈련하는 셈이다.

핵심 신념

핵심 신념은 자신에 대한 광범위한 일반화이다. 또한 세계가 어떻게 돌아가는지에 대한 광범위한 일반화로, 우리 뇌는 이를 사실로 받아들이는 동시에 이를 바탕으로 일어난 일을 해석한다.

부자가 되려 할 때 부정적 영향을 주는 핵심 신념의 예를 제시하면 다음과 같다.

- 여자는 남자만큼 똑똑하지 않아.
- 난 정말 성공할 자질이 없어.
- 연줄이 있어야만 성공할 수 있어.
- 부자들을 신뢰할 수 없어.

핵심 신념(설사 비논리일지라도)의 근간이 되는 각자의 이론은 이미 자신이 믿고 있는 것을 강화하여 사실상 사고과정에 제약을 가한다. 이로 인해 우리 뇌가 예전의 신경회로를 악화시키고 기존의 핵심 신념을 지원하는 시냅스를 결집시킨다.

핵심 신념은 우리 뇌가 새로운 경험에 대해서도 이전처럼 반응하게 뇌를 연결하며, 이는 우리가 의문을 제기할 틈이 없을 정도로 아주 신속하게 일어난다. 일상에서 뭔가가 끔찍하게 잘못되거나 자신의 핵심 신념을 의문시할 일을 겪지 않는 한 말이다. 물론 그런 경험은 수준 높은 일자리 제의일 수도 있고, 상사가 당신을 해당 부서에서 가장 똑똑하다고 생각하는 것처럼 긍정적일 수도 있다. 긍정적 사건으로 부정적 핵심 신념에 도전하면, 우리 자신과 우리 뇌가 혼란스러울 것이다. 부디 그런 혼란을 좋게 여기고, 이를 활용해 부정적 가정에 도전하여 부정적 핵심 신념을 긍정적 핵심 신념으로 대체하길 바란다.

안타깝게도, 핵심 신념은 자동적 사고와 가정보다 뿌리가 깊어 제거하기(동일한 신경회로를 따라 이동하는데 익숙한 전하를 없애는 것처럼)가 더 어렵다. 하지만 자동적 사고와 가정을 수정하려고 노력하면, 마침내 핵심 신념이 재구성되어 더 현실적이고 긍정적으로 바뀔 것이다. 우리는 부정적 핵심 신념을 줄이고 이를 긍정적 핵심 신념으로 대체할 수 있으며, 그로 인해 우리 뇌와 인생이 바뀔 것이다.

나는 내가 생각하는 대로이다

우리의 사고는 우리의 인격, 살아가는 방식 및 정신적·신체적·영적 성숙도를 결정한다. 우리는 자신이 생각하는 대로이고, 모든 행동은 사고에서 비롯된다. 내면의 사고는 항상 외부의 상황에 반영되는데, 이는 항상 뭔가에 대한 사고방식이 변한 다음에야 비로소 인생이 변하기 때문이다.

긍정적 사고의 위력

생각할 때마다 뇌에서 화학물질이 분비된다. 부정적 사고에 집중하면, 실제로 뇌의 긍정적 힘이 약화되고 처리속도가 둔화되며 뇌기능이 약해져 우울증까지 발생한다. 하지만 긍정적이고 행복하고 희망적이고 낙관적이며 기쁨이 넘치는 생각을 할 경우에는 코르티솔이 감소되는 반면, 행복감을 유발하는 세로토닌이 분비된다. 그로 인해 우리 뇌가 최고의 능력을 발휘하게 된다. 일반적으로, 행복한 긍정적 사고는 뇌성장 특히, 전전두피질의 새로운 시냅스 형성과 강화를 지원한다.

낙관주의자가 되면 더 좋은 이유

낙관주의자들은 부 형성에 대해 자신과 자신의 능력(그리고 행운)을 믿기 때문에 유리하다. 대개 낙관주의자들은 자신감이 높고 직감을 믿을 가능성이 높은 반면, 비관주의자들은 자신의 직감과 자신을 의심할 가능성이 높다. 실제로, 과학자들은 이 두 성격 간의 중요한 차이를 발견했다.

낙관주의자들이 돈을 버는 이유

낙관주의자들은 좋은 일을 자신의 지속적인 요인 덕분으로 보고, 그런 특성과 능력 덕분에 좋은 일이 생겼다고 보는 반면에, 나쁜 일은 일시적 요인(부정적 사안에 대해 '때로는'이나 '최근'이라는 말을 사용하면서)에 불과하다고 본다. 그들의 생활방식이 부 추구를 지원하며, 그런 방식 덕분에 그들은 다음과 같다.

- 재정적 기복을 더 수월하게 잘 헤쳐 나간다.
- 실패를 극복 가능하다고 보고, 그런 일이 자기 때문이 아니라 외부 문제나 다른 사람 때문에 생겼다고 생각한다.
- 그들은 행복하고 부유하며 충만된 삶을 누리길 기대하기 때문

긍정적 측면을 바라보기

부정적 사고(와 공포)로 인해 열정이 꺾인 순간이야말로 부정적 상황의 긍정적 측면을 찾을 시점이다. 가령, 최근의 경제하락으로 인한 부정적 영향에 집착하지 말고, 다음과 같이 정반대의 긍정적 측면을 생각하라.

- 대부분의 사람들이 수입 범위 내에서 생활한다.
- 대부분의 사람들이 부채상환 중이다.
- 대책없이 신용카드로 물건을 사대는 사람들은 극히 적다.
- 상환능력이 없는 사람들은 융자받기도 어렵다.
- 대부분의 사람들이 적어도 수입의 5%를 저축한다.
- 대부분의 사람들이 새로운 사업을 시작한다.
- 대부분의 사람들이 먹거리를 직접 재배한다.
- 대부분의 사람들이 집에서 가족과 함께 시간을 보낸다.
- 대부분의 사람들이 양보다 질에 집중한다.
- 여윳돈이 있거나 수십 년 기다릴 여유가 있는 사람이라면, 투자할 절호의 기회다.

이런 긍정적 사고만으로도 전전두피질을 긍정적으로 활성화시켜 두려움의 정반대인 자신감이 생긴다. 우리가 부정적 사고를 긍정적으로 재구성할수록, 우리 뇌는 우리가 이끄는 대로 따라올 것이다.

에 행복하고 부유하며 충만된 삶을 영위한다.

- 혼자 지내는 시간을 최소화하고 사교와 네트워크 형성에 대부분의 시간을 투자하여 부 형성에 필요한 유대를 형성한다.
- 좀 더 건전한 관계를 형성하며, 이는 직장, 가정 및 더 넓은 세계에서 자신에게 도움이 된다.
- 자신과 자신의 뇌를 잘 보살핀다.

- 비관주의자들에 비해 더 부자이고 오래 산다.

비관주의자들이 가난한 이유

반대로, 비관주의자들은 좋은 일이 자신의 지속적 특성 때문이 아니라, 외적 요인(분위기)이나 일시적 요인(노력)때문이라 생각하는 반면에, 나쁜 일은 지속적('항상'이나 '결코 아냐')으로 여긴다. 더구나 그들은 다음과 같은 특징이 있다.

- 실패는 지속적이고 만연된 것이고, 자기 문제 때문이라고 자동적으로 가정해버린다. 이는 이들이 재정적 기복을 극복하는데 전혀 도움이 안 된다.
- 낙관주의자들에 비해 우울증에 걸릴 가능성이 8배나 높다. 우울한 사람들은 당연히 적극적이지 못한데, 사실 부자가 되려면 적극적인 노력이 필수적이다.
- 학교와 직장에서 성공하지 못하는데, 이는 그들의 생계유지 능력에 직접적인 영향을 준다.
- 인간관계가 불안정한데, 이는 유대를 형성하고 고소득 직장을 유지하며 부자가 되는데 필요한 노력을 방해한다.
- 그들은 근근이 부자가 된다 할지라도 더 일찍 죽는다.

마음을 잘 활용해서 비관주의를 유도하는 부정적 사고를 줄이는 동시에 낙관주의를 유도하는 긍정적 사고를 촉진할 수 있다는 희소식이 있다. 설사 가계에 냉소주의나 비관주의가 유전될지라도, 부정적 사고를 막는 신경 방어벽을 만들고 부정적 사고와 관련된 신경패턴을 줄인다면 뇌기능이 바뀔 수 있다. 유전적인 비관적 사고성향을 아예 없앨 수는 없으나, 그 영향을 상당히 줄일 수 있다.

부정적 사고가 뇌에 미치는 영향

부정적 사고는 뇌의 협응력을 떨어뜨리며, 그로 인해 사고처리와 해결책 도출이 어려워진다. 일반적으로 부정적 결과에 집중할 때 나타나는 두려움 때문에 대뇌활동이 떨어지면, 뇌에서 새로운 정보처리 능력이 감소될 뿐만 아니라, 창의적 문제해결력도 발휘되기 어렵다. 게다가 두려움은 기분, 기억, 충동조절을 관장하는 좌측 측두엽에 영향을 준다.

전두엽, 특히 전전두피질은 우리가 무언가에 기울이는 주의의 양과 그에 대한 느낌을 바탕으로 어떤 것이 중요한지를 결정한다. 그래서 부정성에 집중할수록, 부정적 사고과정을 지지하는 시냅스와 뉴런이 더 생성된다.

해마는 저장된 기억에 맥락을 제공하는데, 이는 마음에서 형성된 정서적 색채와 해석이 더 강한 신경회로와 시냅스를 형성하여 뇌를 재구성할 수 있음을 의미한다. 특정 상황이나 사물에 대한 생각과 느낌은 아주 깊이 자리 잡는다. 따라서 공포를 줄이는 동시에 긍정적으로 사고하고 꿈이 실현될 수 있다고 생각하며 그간의 노력이 성공할 거라고 믿으려면, 부정적 연결을 없애고 뇌를 재구성하려는 노력을 다해야 한다.

기분의 역할

기분은 자신의 사고과정과 뇌의 작동방식에 영향을 줄 수 있다. 우리가 긍정적으로 느낄 때에는 해결책을 찾고 긍정적 행동을 할 가능성이 높다. 우울할 때에는 무력감을 느끼고 사실상 뇌가 멈추어 아무 일도 못한다.

'함께 활성화되는 뉴런은 서로 연결된다.'라는 말을 기억하라. 만약 취업 면접을 할 때마다 불안해하면, 취업 면접이 더 어려울 것이다. 결국 불안이 구직 관련 사고나 기억과 아예 하나가 되어 버릴 것이다. 또한, 불안해할수록, 불안성향이 더 높아지는데, 이는 호르몬과 화학반응이 맨날 똑같은 신경 고속도로를 지나서 편도체를 진정시키기는커녕 과잉 활성화시키기 때문이다. 어떤 측면에서 보면, 일상적인 스트레스에 과민하고 과잉 반응하도록 우리 스스로 뇌를 훈련시키는 셈이다.

부정적 기분이 다 나쁜 것은 아니다. 실제로 우리는 부정적 정서 덕분에 언제 우리가 자신의 요구나 가치와 잘 안 맞는지, 언제 사랑받지 못하는지, 언제 욕구충족이 안되는지, 언제 위험한지를 알게 된다. 그런 부정적 감정을 정보로 생각하라. 즉, 각 상황에서 어떻게 느끼고 있는지를 제대로 인식하는 방법 말이다. 이때 우리는 시정조치를 유도하는 부정적 감정과 목표도달(개인적이든 재정적이든) 능력을 훼손하는 부정적 감정을 반드시 구분해야 한다. 공포 상황을 확실히 조절할수록, 공포감을 더 줄이고 공포를 담당하는 뇌부위인 편도체를 진정시킬 수 있을 것이다.

부정적 사고를 로드맵으로 활용하기

부정적 사고를 이정표로 본다면, 이는 부자가 되는 길목에서 유용한 도구가 될 것이다. 부정적 사고는 두려움을 해결하고 긍정적 행동으로 나아갈 때 우리가 해결해야 할 두려움에 대한 정보를 준다. 또한, 학습된 부정적 사고패턴을 긍정적 사고패턴으로 바꿀 수 있는데, 그 덕분에 뇌가 재구성되어 더욱 긍정적인 사고가 가능해진다. 일단 우리가 자신에게 손해가 되는 부정적 사고를 확인하면, 그런 신경회로와 연결을 줄이는 동시에, 부정적 사고를 반박하는(결국 없애는) 세련되고 낙관적인 새로운 신경회로와 연결을 만들 수 있을 것이다.

부정적 사고의 수정방법

만약 우리가 부정적 사고에 사로잡혀 있거나 자존감이 낮거나, 아니면 거의 모든 상황에서 최악을 예측하는 경향이 있다면, 자신이 주도권을 잡고 형세를 바꾸어야 한다. 다행히 몇 가지 간단한 기법으로 부정적 사고패턴을 상당히 줄일 수 있다. 여기에서는 절대적 사고에 도전하기, 부정적 자기대화를 없애기, 사고를 전환하기, 긍정언어 만들기에 대해 살펴볼 것이다.

자꾸 연습하면, 시간이 지나면서 뇌가 재훈련되어 더 생산적으로 사고하고 대부분의 상황에서 최상의 결과를 예측할 것이다. 우리는 우리 뇌가 사건을 인식하고 감정을 느끼며 기대를 형성하게 훈련할 수 있는 주체이다. 자동조종장치의 스위치를 끄고 뇌를 부 추구에 적극 참여시킬 준비를 하라.

기법 1: 절대적 사고에 도전하라

우리는 누구나 절대적으로 생각하는 경향이 있다. 가령, "만약 내가 이것을 못하면, 상사가 나를 해고할거야."나 "내가 이 거래를 성사시키지 못하면, 나는 빈털터리가 될 거야."와 같이 말이다. 극심한 공포가 가라앉은 후에 자기가 얼마나 피해의식이 심했는지를 생각하면 웃음이 나올 것이다. 하지만 이처럼 파국적인 흑백사고는 우습다기보다 비생산적이라서, 반드시 그 패턴을 깨뜨려야 한다. 당신이 또 그런 상황에 처한다면, 교묘한 마음에 맴도는 절대적 사고에 도전할 시간을 가져라. 절대적 사고를 쭉 적어보면, 마음속에서 결과를 얼마나 편협하게 규정했는지 알 수 있다. 십중팔구 그 상황과 그로 인한 결과를 과장하고 있었을 것이다. 당신이 흑백논리식 사고에 빠져들 때마다 상상 가능한 결과를 다 적어 보아라. 그러면 당신의 뇌에서 더욱 창의적인 해결책을 제시하고, 바라는 긍정적 결과를 마음속에 그릴 것이다.

기법 2: 부정적 자기대화를 없애라

사람들은 대부분 나름대로 독특한 부정적 자기대화를 한다. 가령, "이건 다 내 잘못이야. 나는 실수투성이거든. 나보다 못한 사람은 없을 거야."와 같이 말이다. 잡념 때문에 부정적 대화를 많이 하는 사람이라면, 이제 내면에서 반복되는 소리를 찾아 그에 도전해야 한다. 우리가 새로운 무언가를 배우려 할 때 대개 이런 생각이 떠오

긍정적 사고를 자극하는 방법

우리는 긍정적 정서를 관장하는 좌측 전전두피질을 자극하여 긍정적 정서를 활성화할 수 있다. 우리가 할 수 있는 몇 가지 행동을 제시하면 다음과 같다.

- 문제를 명명하라. 좌측 전전두피질은 언어표현과 언어이해에 중요하므로, 문제를 명명하면 전전두피질이 활성화된다.
- 긍정적으로 사고하라. 스스로 문제의 긍정적 측면을 보면, 편도체의 활동이 줄어들고(부정적 정서를 대수롭지 않게 여겨) 전전두피질의 활동이 증가하여 해결책 도출이 용이할 것이다.
- 자신에게 동기를 부여하는 무언가를 찾아라. 정서적 보상이 형성되면, 당신의 바람을 문제해결을 위한 실천욕구와 관련지을 것이다.
- 긍정적 행동을 하라. 행동을 하면, 좌측 전전두피질의 신경회로와 시냅스가 강화된다.

문제를 확인하고 이를 시정하는 행동을 취하며 행동의 대가로 오는 보상을 확인하면, 부정이 긍정으로 변하고 전전두피질이 개입되어 두려움과 부정성을 고조시키는 뇌부위들이 진정될 것이다.

르며, 마음속에서 자신 없고 회의적인 소리가 다음과 같이 속삭이기 시작한다.

- 너는 새로운 고객을 설득하는 방법을 몰라.
- 너는 사람들에게 새로운 것을 시도해보라고 설득하지 못해.
- 네가 거래를 망치게 되어 모두 화날 걸.

바로 이런 사고에 직면한 후에, 다음과 같이 더 현실적인 긍정언어로 진술해서 그 사고를 바꿔라.

- 내 생각을 따르도록 감독과 상사를 설득시켰어.
- 감독과 상사는 내 능력에 깊은 인상을 받았어.
- 정말 준비를 잘해서 이번 거래가 성사될거야.

이런 말을 자주 하라. 그러면 내면의 소리가 더 지원적이고 낙관적으로 바뀔 것이다.

기법 3: 사고를 전환하라

걷잡을 수 없는 사고가 쇄도해 집중을 못하는 사람이라면, 사고전환이 아주 유익할 것이다. 특히 조절하지도 바꾸지도 못하는 것에 대한 집착을 버려야 할 경우에 말이다. 오레곤대학교의 한 연구에서는 한 번에 네 가지 이상을 생각하기는 극히 어려운 것으로 나타났는데, 이는 우리가 잡념을 줄일 수 있음을 의미한다.

이는 "빨리 한 가지에만 집중해야 하는 다른 무언가를 하라."와 같이 아주 간단하다. 상사에게 필요한 파워포인트 자료를 만들어라. 당장 처리해야 할 스무 가지 업무와 이들 업무를 처리할 때 따라야 할 단계를 적은 세부 목록을 만들어라. 아니면 체육관에 가서 운동하라. 즉, 집중을 요하는 무언가를 하거나 아예 잡념을 없앨 신체활동을 하라.

9장에서는 그 밖의 방법들 특히 마음챙김에 대해 살펴볼 텐데, 이는 사고를 조절하는 유익한 방법이다.

기법 4: 부 만트라를 만들어라

밀려드는 부정적 사고가 자기 삶을 지배하게 내버려 둘 것이 아니라, 부정적 사고를 반박하는 긍정적 사고목록을 만들어라. 각 상황에 딱 맞고 시각적으로 상세한 부 만트라를 생각해보아라. 그러면 우리 뇌는 부 만트라가 이미 이루어진 것처럼 생각할 것이다. 자신의 상황을 부정적으로 생각하지 말고, 다음과 같은 긍정언어를 사용하라.

- "생각보다 이 프로젝트를 수행하기가 더 수월하네. 알아야 할 사항을 이미 다 꿰뚫고 있어."
- "생각보다 저축하기가 더 수월하네. 난 여러 가지 절약방법을 이미 알고 있어."
- "생각보다 판촉전화하기가 더 수월하네. 나에게는 이미 내 상품을 구입하고 기뻐할 유효 잠재고객의 명단이 있어."

부 만트라 덕분에 우리는 우리 뇌를 이완시킬 수 있다. 그런데 뇌가 이완되면, 우리가 최선의 수행을 하는데 필요한 아이디어와 해결책 도출이 훨씬 더 용이하다.

온종일 이런 만트라를 자꾸 반복하면, 마음속에 성공 만트라가 생길 것이다. 우리 뇌가 해내고 기뻐할 것이라는 심상 말이다. 적어도 긍정언어 진술은 불안을 진정시키고 행복한 결과를 위한 바탕이 될 것이다. 그 다음에는 제때에 최선을 다하여 보고서를 작성할 것이고, 그 덕분에 추후 고도의 스트레스 상황에 대한 긍정적 상상이 강화될 것이다. 이후에 계속 그런 식으로 하라. 다양한 상황에서 긍정언어를 실험하라. 그 후에 멋진 결말을 지으라는 지시를 받을 때 자신의 뇌기능이 얼마나 원활한지 가만히 주시하라.

부 만트라를 써 가지고 다녀라. 그러면 부정성을 인식하는 순간 바로 긍정언어를 볼 수 있다. 이를 통해 뇌에서 부정적 사고를 없애는 동시에 바라는 것에 집중하고 이를 인증할 것이다. 항상 볼 수 있도록 부 만트라 목록을 욕실 거울에 붙여놓아라.

부정적 사고를 긍정적 행동으로 바꿔라

뇌를 훈련하는 최선의 방법 중 하나는 우리가 이루고자 하는 사고를 강화하는 긍정적 행동을 취하는 것이다. "함께 발화하는 뉴런들은 서로 연결된다."는 헵Hebb의 법칙을 기억하라. 부정적 사고패턴을 긍정적 행동으로 바꾸려 할 때 우리가 취할 수 있는 여섯 가지 단계를 제시하면 다음과 같다.

1. 의식적이거나 무의식적인 자신의 사고 특히, 마음을 계속 비생산적으로 붙잡아두는 부정적 사고를 확인하라.
2. 모순된 증거를 모아 이들 부정적 사고를 진정시켜라.
3. 부정적 사고를 믿는 자신을 반박하라.
4. 원래의 부정적 사고를 반박할 다른 논리를 만들어라.
5. 자신과 다른 사람들에 대한 판단을 줄여라.
6. 검증을 통해 긍정적 사고를 지지하고, 필요할 경우 재 경험할 수 있는 시나리오를 만들어라.

기본적으로 당신은 다음의 목표를 향해 나아가길 바랄 것이다.

- 당신이 기분이 안 좋은 이유를 알아보아라, 아니면 도움도 안 되고 목표와 정반대로 생각하고 행동하는 이유를 찾아라.
- 당신이 그렇게 생각하는 이유에 대한 통찰을 얻어서, 자기 자신, 다른 사람 및 환경을 바라보는 잘못된 방식의 바탕이 되는 근본 신념을 다루어라.
- 당신의 부정적 사고와 이를 촉진하는 모든 비현실적 신념을 수정하라.
- 상황과 문제를 더 객관적으로 평가하도록 하라.

이제 당신의 상황을 파악하고 정반대의 긍정목록을 만든 다음, 의도적으로 긍정적 측면에 초점을 맞춰라. 이를 통해 우리 뇌가 훈련되어 더욱 긍정적으로 생각할 것이다.

긍정적 사고를 긍정적 행동으로 전환하는 방법

이제 긍정적 사고를 위한 뇌훈련에 착수하였으니, 다음 단계로 나아가기로 하자. 즉, 긍정적 사고를 긍정적 행동으로 전환해야 할 때라는 말이다. 우리가 긍정적 행동을 하면 할수록, 우리 뇌는 그 자원을 활용해 우리의 아이디어(우리가 부와 성공을 얻는데 유익한)를 실천할 것이다. 물론 우리 뇌는 우리를 위해 존재하지만, 부자가 되기 위해 마음으로 뇌를 훈련하는 것은 우리 몫이다. 그러면 우리가 선택할 만한 방법들을 살펴보기로 하자.

잠재의식을 조절하라

우리는 자신의 잠재의식이 알고 있는 내용을 조절할 수 있다. 정보는 감각을 통해 입력되지만, 우리가 의식을 활용해 정보처리 방법을 잠재의식에 알릴 수 있다. 모든 상황에서 의도적으로 긍정적 관점을 택하라.

바라는 결과에 집중하라

집중력을 온통 발휘하여 매일 자신의 목표에 집중하라. 목표를 확실히 하려면 따라야 할 행동목록을 써서 밤에 잠들기 전이나 아침에 일어날 때마다 읽어라. 책상 주변이나 욕실 또는 냉장고에 쪽지를 붙여두고 목표를 확실히 하는데 심혈을 기울여라. 그러면 우리 마음이 바라는 목표도달에 고정될 것이다. 자주 반복되는 생각은 다 우리의 잠재의식에 스며든다. 결국, 우리의 잠재의식은 그것이 마치 사실인 양 받아들이고 그에 따라 행동한다.

바라는 결과를 시각화하라

잠재의식을 속여 이미 목표에 도달한 것처럼 여겨지는 심상을 만들어라. 가령, 잔고가 100,000원이라는 입출금 내역서를 그려볼 수도 있고, 1000달러짜리 지폐 더미가 탁자 위에 펼쳐져 있는 것을 그려볼 수도 있다. 정서가 담긴 심상은 더 효과적이고, 긍정적 정서가 개재될 경우에는 더 그렇다. 우리가 자신의 잠재의식에 꿈이 실현될 것이라는 확신을 주고 그 믿음을 고수하면, 아무리 많은 우여곡절(꿈이 실현되지 않을 것처럼 보이게 하는)이 있어도 우리의 잠재의식이 신념을 현실로 전환될 것이다. 우리의 잠재의식은 꿈을 실현시킬 힘이 있다.

전문지식을 얻어라

어떤 시도에서든 성공하려면, 자신이 일하는 분야와 자신이 제공하는 제품이나 서비스에 대한 지식이 풍부해야 한다. 우리는 그런 지식을 활용하여 사업을 성공으로 이끌 것이다. 지식획득에 많은 시간을 투자할수록, 우리 뇌가 더 도움이 될 것이다. 이유인즉, 그런 지식을 쌓고 처리하는 기존의 시냅스가 활성화되고 새로운 시냅스가 형성될 것이기 때문이다. 더욱이 학습과정이 즐거우면 긍정적 감정과 긍정적 행동의 연결이 수월하다. 공부해야 할 때 불평하지 말고, 그 과정을 통해 목표에 더 근접한다는 점을 생각하라. 그러면 신이 날 것이다. 우리 뇌 역시 거기에 맞게 변할 것이다.

상상력을 활용하라

새로운 작업방식을 도출하려면, 진부한 지식을 마냥 받아들이지만 말고 개념, 아이디어, 계획을 재구성해서 뇌를 훈련시켜라. 이런 창의적 행동은 창의성을 촉진한다. 우리가 무언가에 집중하면 할수록, 우리 뇌에서 더 많은 아이디어가 나올 것이다. 박차를 가하라. 그리고 그 문제에 대한 열정으로 노력을 촉진하라. 창의적 상상력은 대개 높은 바람이나 욕구에서 나오며, 이는 마음을 자극하고 최적의 뇌기능에 기여한다. 창의성을 자극하는 과외활동에 참여하라. 창의성과 관련된 그림그리기, 글쓰기, 연극 등에 대한 강의를 들어라.

사고를 실천하는 방법

이제 사고를 행동으로 전환하는 방법을 익혔으니, 다음에는 새로운 긍정적 사고를 더 확실한 행동계획으로 전환해야 한다. 해야 할 일을 제시하면 다음과 같다.

- 가장 강한 바람을 확인하라.
- 목표도달에 집중하고 그 상태를 계속 유지하라.
- 자신이 바라는 구체적인 사항에 집중하라.
- 악착같이 목표를 추구하라.
- 장애물이 생기면, 극복할 방법을 찾아라.
- 절대 포기하지 마라.

신경회로를 만들려면, 목표를 자꾸 강화하고 긍정적 행동을 하려는 의식적인 노력이 필요하다. 그렇게 한다면, 우리 뇌가 판에 박혀 비생산적인 타성에 빠지지 않고 새로운 신경회로를 만들고 유지할 것이다. 우리가 지원적인 뇌활동을 안하면, 느긋한 뇌는 편한 길을 택할 것이다.

사고를 보살펴라

정원을 보살피는 것처럼, 사고(思考)도 보살펴야 한다. 사고로 인해 꿈을 이룰 수도 있고 두려움에 굴복할 수도 있다. 병적으로 부정적 사고를 하는지, 아니면 꾸준히 긍정적 사고를 하는지에 따라 미래가 달라진다. 부자가 되려면, 혐오적 사고를 없애고 장황한 사고를 정리하며 앞서갈 사고의 씨앗을 뿌려라. 그 씨앗이 자라는 동안 잘 보살피고, 보상이 나올 때까지 기다렸다가 거두어라.

이제 정원의 잡초를 뽑고 사고의 씨앗을 뿌려 부자가 될 수 있다는 믿음이 생겼으니, 페이지를 넘겨 부자가 되려는 의도형성에 집중하자.

6장

부자가 되려면 의도를 가져라

– 가치와 진정한 의도가 분명하면, 뇌가 목표도달(성공추구를 지원하는)에 집중하고 이를 지원하며 모니터하고 보상한다. –

6장
부자가 되려면 의도를 가져라

리포터가 무일푼에서 거부(巨富)가 된 경영자와 자선가에게 "성공을 위해 어떻게 하셨나요?"하고 묻자, 경영자는 "그 말은 첫 질문으로 적절치 않아요. 첫 질문으로는 '왜 성공하려고 했는지?'를 묻는 게 적절하지요."라고 말했다.

우리는 대부분 '왜'라는 질문을 제기하지 않는다. 특히 자신에 대해 더 그렇다. 부자가 되려고 할 때, 자문해 보아야 할 중요한 질문은 다음과 같다.

- 나는 왜 부를 원하는가?
- 부자가 되는 것은 나에게 어떤 의미일까?

이 두 질문에 대한 답은 의도형성에 도움이 될 것이다. 3-4장에서 설명한 바와 같이, 우리 뇌는 우리가 믿으라는 대로 믿을 것이다. 따라서 부를 추구하려는 의도를 가지면, 우리 뇌가 따를 강력한 지침이 마련될 것이다.

진정한 의도

앞 장에서 살펴본 바와 같이, 우리가 무언가를 아주 생생하게 상상하면 우리 뇌가 그것을 기정사실로 받아들인다. 이는 부자가 되는데 필요한 신경회로 형성에 의도형성 및 의도강화가 아주 강력하고 효과적임을 의미한다. 따라서 모든 수준에서 진정성 강한 바람을 충분히 담은 의도를 가져야 한다. 아래의 테스트는 우리가 그 과정을 시작하는데 도움이 될 것이다.

의도 인식 정도 알아보기

1. 부자가 되고 싶은 진짜 이유는? (　　　)

A. 원하는 것을 다 살 수 있어서

B. 자녀들을 대학에 보낼 수 있어서

C. 가족의 안전과 자녀에게 남길 유산을 위해서

D. 돈이 많으면 새로운 사업을 시작할 수 있어서

2. 재정적·직업적 목표설정에 있어 자신은 어떤가? (　　　)

A. 장기적이든 단기적이든 아예 목표를 정하지 않는다.

B. 인생에서 뭘 바라는지를 잘 모르겠다.

C. 몇 가지 주요 목표가 있으나, 그에 도달할 현실적인 전략이 없다.

D. 장단기 목표를 정하는 습관이 있으며, 이를 6개월마다 검토한다.

3. 목표설정의 가장 큰 이점은? (　　　)

A. 목표에 도달하지 못하면 죄책감이 생긴다.

B. 다음에 무엇을 해야 할지를 안다.

C. 목표는 우선순위를 정하는 지침이다.

D. 목표 덕분에 집중력과 주도성이 유지된다.

4. 자신의 주요 재정목표는? (　　　)

A. 외식비를 줄이겠다.

B. 소비를 줄여 매달 250달러를 저축하겠다.

C. 세목예산 대로 생활해서 올해 수입의 10%를 저축하겠다.

D. 사업계획을 세워 올해 말에 새 사업을 시작하겠다.

5. 자신의 대표적인 진로목표는? (　　　)

A. 상사와의 관계를 개선하겠다.

B. 능력향상을 위해 야간학교를 다니겠다.

C. 좀 더 나은 새 직장을 위해 이력서를 내겠다.

D. 일하고 싶은 곳을 찾아 원하는 직장을 결정하겠다.

6. 목표에 도달하면 어떤가? (　　　)

A. 10분 정도 기분이 아주 좋다.

B. 목록을 체크하고 다음 목표로 넘어간다.

C. 스스로 격려한다.

D. 재미있는 뭔가를 해서 목표도달을 축하한다.

이제 체크한 것을 계산해 보아라

- 대부분 A에 체크했다면, 자신과의 오랜 대화를 통해 인생에서 자신이 무엇을 원하고 거기에 도달하려면 어떻게 할지 알 필요가 있다. 일단 자신에게 맞는 부 형성에 기여할 진정한 의도를 알고 도달 가능한 목표를 세우면, 인생을 힘있게 헤쳐 나갈 수 있을 것이다.

- 대부분 B에 체크했다면, 자신의 진로 측면에서 원하는 것을 파악하려고 다소 노력중이나, 브레인파워를 총가동하지 못하고 있다. 당신의 뇌는 멋진 협력자가 될 준비가 다 된 상태이며, 이 장에서는 그 힘을 모아 당신을 위해 활용할 멋진 아이디어를 제시할 것이다.

- 대부분 C에 체크했다면, 다소 진전을 보이고 있으나 멋진 뇌의 복잡한 사고력을 제대로 가동하지 못하고 있다. 시간을 더 투자해 구체적인 목표를 정하고 도달계획을 세운다면, 좋은 성과가 나타날 것이다.

- 대부분 D에 체크했다면, 당신은 자신이 무엇을 원하고 왜 원하며 어떻게 해야 할지가 중요함을 이미 알고 있다. 하지만 당신의 뇌가 지닌 자산을 십분 활용하려면 해봄직한 일이 여전히 많다. 조금만 노력해도 엄청난 성과가 나타날 것이다.

열정을 파악하라

아무 기회나 붙잡는다고 해서 다 성공하는 것은 아니다. 성공은 대개 무엇이 자신에게 가장 중요한지, 자신의 소중한 삶에서 무엇을 하고 싶은지, 꿈의 실현을 위해 기꺼이 투자할 시간과 에너지가 어느 정도인지를 파악하느라 자신을 깊이 탐구한 산물이다. 이처럼 인생의 목적과 열정을 파악하면, 정말 중요한 것에 집중하고 성공에 이를 기회를 추구하고 찾으며, 자신의 목표에 더 많은 에너지를 투자할 것이다. 만약 우리가 자신의 일을 즐긴다면, 제약이 사라지고 잠재력을 발휘하여 더욱 개방적이고 창의적이며 생산적(성공적으로)이게 될 것이다.

일단 우리가 삶의 이유whys(지리를 열정적으로 좋아하는 이유, 세계여행 계획으로 들떠 흥분하는 이유, 새로운 업무처리 방식을 즐겨 찾는 이유, 새로운 지역을 탐험하고 조사해야 한다고 느끼는 이유 등)를 알면, 진정한 의도 즉, 삶에서 무엇을 하고 싶은지를 알기가 쉬울 것이다. 그리고 바로 거기에 답이 있을 것이다.

위의 예에서처럼 생각하는 사람이라면, 지구를 여행하고 미지의 곳을 탐험하며 새로운 지역을 조사하면서 자신의 능력과 열정을 발휘하는 기구나 기업에 근무하면 가장 행복할 것이다. 이런 경우에

돈을 벌려는 의도

위스콘신대학교의 리처드 데이비슨 등은 자비행동을 하는 자신의 모습을 상상하는 티벳 수도승들의 뇌를 측정했다. 대체로 티벳 수도승들은 온종일 명상을 하며 지내기 때문에 의도의 달인으로 여겨진다. 그들의 뇌를 측정한 결과는 다소 충격적이었는데, 이유인즉 자신의 미래 행동을 상상하기만 해도 그들의 뇌에서 두 영역이 크게 활성화되었기 때문이다. 그 두 영역은 바로 안녕감을 담당하는 전전두피질과 행동을 취하기 전에 운동계획을 담당하는 뇌영역이었다.

의도는 세계여행을 하면서 인생을 살아가는 것으로, 외지인의 방문이 드문 지역을 탐험하면서 정체감과 목적의식을 얻을 것이다. 의도가 표현되면, 인도의 이색기름 판매에 관심을 갖거나 아프리카의 난민에게 현대 기술을 가르칠 자선활동에 관심을 갖는 등 예기치 않은 일을 하게 될 것이다. 그러나 삶의 의도를 파악하지 못한 사람에게는 그런 일이 일어날 리가 없을 것이다.

사명서를 작성하라

우리에게 필요한 것은 자신이 누구이고, 무엇을 가장 소중히 여기며, 무엇을 이루고자 하는지를 전하는 인생의 사명서이다. 우리의 의도(그리고 우리의 가치와 목표)를 규정할 때에는 크게 생각하라. 하지만 4×6인치 크기의 색인카드나 테이프에 써서 욕실 거울, 냉장고, 계기판 등 매일 눈에 잘 띄는 곳에 붙일 정도가 될 때까지 계속 검토하고 다듬고 정교화하라. 의도는 고정된 것이 아니라서 우리가 한 인간으로 살아가면서 바뀌기 마련이다. 하지만 의도(현재의, 다음 달의, 내년의, 인생의)를 인식하면 뇌의 모든 자원을 모아 성공에 이르는 길을 발견하고 극대화할 것이다.

인생의 의도를 규정하면 진로가 아주 자연스레 구체화될 것이다. 사실 명확하고 뚜렷한 의도가 목적, 의미, 동기에 엄청난 영향을 준다는 신경과학자들의 말을 구태어 빌릴 필요도 없다. 만약 무엇이 자신에게 가장 큰 행복과 성취를 가져다줄지를 전혀 모른다면, 부를 향해 나아가기가 힘들 것이다. 만약 당신이 그걸 안다면, 당신은 이미 부를 향한 길에 첫걸음을 내디딘 것이다.

흥미롭게도 불교에서는 현명한 의도가 고통 없는 행복에 이르는 팔정도의 두 번째 단계이다. 불교도들에게는 정서와 동기가 의도를 유도하고, 의도가 행동에 앞선다. 의도가 없이는 아무 일도 일어날 수 없다. 모든 게 마음에서 먼저 형성된 다음, 외부에서 형성된다. 모든 생각은 그야말로 의도(우리 뇌가 이미 알고 있는 것)이다.

돈을 벌려는 의도를 명확히 하라

당신의 뇌는 당신의 의도와 진정한 바람이 당신의 세계를 창조한다는 사실을 이미 알고 있다. 의도는 곧 높은 이상으로, 우리가 특정 목표에 도달할 수 있는 동기를 부여한다. 사람들이 새로운 관계를 형성하고, 많은 돈을 벌며, 몸매를 유지하는 등의 목표 자체만을 위해 그렇게 하는 경우는 드물다. 그들은 인생에서 새로운 관계, 많은 돈, 멋진 몸으로 인해 자신이 누리게 될 거라고 여겨지는 것 때문에 그런 동기가 유발된다. 다시 말해, 우리는 평화, 감사, 기쁨, 사랑(주고받기), 충만, 건강, 재정적 안정을 향한 바람 덕분에 목표도달을 향해 나아간다. 우리는 의도에서 시작하여 진정 원하는 것의 근원에 이른다. 의도는 핵심으로, 모든 가치, 목표 및 바람을 이끄는 마력이다.

의도와 부 추구

명상(9장에서 살펴 볼), 내면관조 또는 반성을 통해 의도를 의식하면 힘이 생긴다. 그 덕분에 우리는 부 형성을 위한 우리의 노력을 왜곡할지 모르는 미확인된 가정과 사고습관을 무시하게 된다. 일단 의도를 의식하면, 강한 목적의식과 명쾌함을 얻게 될 것이다.

의도는 부 추구에 매우 중요한데, 그 이유는 다음과 같다.

- 그 덕분에 뇌가 부에 집중한다.
- 인식의 장을 좁혀 뇌가 에너지를 부 형성에 쏟는다.
- 자기인식뿐만 아니라, 마음에서 일어나는 현상에 대한 인식이 높아진다.
- 그 덕분에 현재 상태에서 자신의 재정개선에 필요한 사항에 집중한다.
- 그 덕분에 효과적인 것과 비효과적인 것에 대해 생각한다.
- 그 덕분에 돈벌이에 장애가 될 요소를 찾아 문제를 해결한다.

위에서는 주로 의도가 마음에 어떤 영향을 주는지를 살펴보았다. 그러면 이제 의도가 뇌에 어떤 영향을 주는지를 구체적으로 살펴보기로 하자.

부에 주목하라

뇌의 망상피질은 의식적인 뇌와 무의식적인 뇌에 유입자극을 전달하는 문지기로, 중요하고 주의를 기울일 필요가 있는 자극은 수용하는 반면, 사소하고 주의를 기울일 필요가 없는 자극은 무시해버린다. 이런 과정을 이해할 경우에는 적절한 사항 즉, 부 형성에 도움이 되는 사항에 확실히 주의를 집중하게 된다.

망상피질을 활성화시켜 정보를 제대로 분류하려면, 바라는 것에 집중하라. 가능한 한 구체적으로 말이다. 또한 바라는 내용과 이유도 알아라. 더 집중할 경우에는 망상피질이 과도한 사고와 산만한 자극을 차단해서, 바라는 생각을 넘어 의도가 표현될 것이다.

동기유발 요인

재정적 성공을 바라는 것이 꼭 돈 문제만은 아니다. 즉, 몇 가지 동기유발적인 목표로 성취감, 자부심, 권력, 통제력, 안전, 소유의식, 자유 등을 들 수 있다. 금전 관련 정서나 사고는 가족사, 개인사, 문화에 기인한 많은 사고나 감정의 영향을 받기 때문에 아주 복잡하다. 부자가 되기 위해 뇌를 열심히 가동하려면, 동기유발 요인을 확인하고 거기에 집중할 필요가 있다. 그럴 경우에는 중요한 결정을 하거나 도전적인 상황이 발생했을 때 뇌가 그런 동기를 활용할 것이다.

이를 부와 번영을 적극 수용하는 마음을 개발하는 것으로 생각하라. 의도를 확인하고 거기에 집중하며, 의도에 따라 행동하겠다는 명확한 결정을 내려라. 그러면 마음에서 보편적인 제약이 사라져 꼭 필요함에도 불가능해보이던 모든 자원이 생길 것이다.

금전의식을 다져라

의식이 분산되면, 실제로 마음에서 바람이 표현되기 어렵다. 미온적인 의도와 모호한 관점은 바람을 표현하는데 필요한 에너지와 창의성을 제공할 정도의 잠재의식을 깨우지 못한다. 바람형성을 위해 의식을 활용할 때의 한 가지 핵심 요소는 사고의 일관성이다.

사고가 일관적일 때, 목표가 분명해질 것이다. 하지만 인생에서 바라는 사항과 관련된 사고가 아주 비일관적이라면, 에너지가 너무 낭비되어 결국 좌절하고 실망할 것이다. 의도표현을 위해 마음과 공조하는 뇌를 만들려면, 계획을 분명히 하고 주의를 집중하며 정신적으로 만반의 준비를 갖출 필요가 있다.

꿈을 이루기 위해서는 의도를 명확히 한 다음 그런 의도를 지원할 행동을 취해야 한다. 목표설정은 행동계획을 세우고 실천하기 위한 이상적인 방법으로, 그 덕분에 우리는 돈을 더 벌어 재정적 안정을 얻으려는 의도실현에 더욱 근접할 것이다.

가치를 이해하라

뇌는 우리 인생의 목적과 의도를 규정할 뿐만 아니라, 명확성을 크게 요구하므로, 자신의 가치를 구체적으로 확인할 시간이 필요하다. 이는 도달 가능한 목표설정의 다음 단계이다.

결국 가치는 의미 있는 기쁨을 가져다주는 정신적 요체다. 우리의 가치는 우리가 얼마나 행복한 시간을 보낼지를 규정한다.

사람마다 다른 가치

돈이 모든 사람에게 동일한 의미와 목적을 갖는 것은 아니다. 돈보다 서비스를 중시할 수도 있고, 큰 회사의 CEO가 되는 것보다 어린 영혼을 가르치는데 가치를 부여할 수도 있으며, 주식으로 떼돈

> **실제로 많이 해봐라**
>
> 크게 성공하고 줄곧 다작을 했던 화가인 파블로 피카소Pablo Picasso는 "우리는 계획이라는 수단을 통해서만 목표에 도달할 수 있다. 우리는 계획을 열렬히 믿고 그에 따라 필사적으로 행동해야 한다. 성공을 위한 다른 방법은 없다."고 말한 적이 있다. 피카소의 철학은 성공을 부르는 훌륭한 역할모델이다.

을 버는 것보다 사업가가 누리는 자유에 가치를 부여할 수도 있다. 만약 근면에 가치를 부여한다면, 당신은 이미 근면이 요구되는 무언가를 하고 있을 것이다. 만약 자연과의 유대에 가치를 둔다면, 이미 자연 사진가, 정원사, 아니면 포도주 상인이 되어 있을 것이다. 만약 현재 하고 있는 일이 이미 자신의 가치나 인생의 목적과 일치한다면, 아직 가치나 목표가 없는 많은 이들보다 나은 것이다. 많은 이들은 아직 자신의 가치와 목표를 의식하지 못하여, 가치와 목적을 지원하고 키우며 확장하는 삶을 누릴 행동에 착수하지 못하고 있다.

거부들은 자신과 자신의 가치를 잘 알고 자기 일에서 성취감을 느낀다. 그것이야말로 그들이 아주 열심히 즐겁게 일하는 이유이자, 그들의 열정이 혁신, 실험, 구현으로 이어지는 이유이다. 열정을 부로 전환하는 방법이 떠올랐다면, 이는 아주 두둑한 보너스이며, 가치와 생활방식이 일치할 경우에 훨씬 더 수월할 것이다.

가치를 확인하라

너무 생각만하지 말고 빨리 가치목록을 만들어라. 떠오르는 대로

다 적은 다음, 마음속으로 자신의 생활방식과 생계유지 방식에 중요하다고 여겨지는 핵심가치를 다섯 개 정도 찾을 때까지 계속 다듬고 정교화하라. 물론 자신의 가치와 다른 일을 할 수는 있겠지만, 그럴 경우에는 결코 통합되고 행복한 삶을 누리기 어려울 것이다.

일단 사명서와 다섯 가지 핵심가치가 있다면, 이제는 그런 요소들을 구체적이고 도달 가능한 목표로 전환할 시점이다.

목표를 정하라

목표를 정하지 못하면, 해답 없는 질문과 후회에 사로잡힐 가능성이 높다. 자신의 가치와 일치하는 동시에 정말 하고 싶은 무언가를 확인할 시간이 있고 이를 실행할 구체적인 계획이 있다면, 우리의 내면에서 항상 무엇을 할지 생각할 것이다. 목표를 정하지 못했다는 것은 곧 자신의 잠재력을 제대로 발휘하지 못하고 당연히 누릴 수 있는 삶을 누리지 못할 가능성이 높다는 의미다. 또한 세상에 명성을 남겼다는 느낌을 주는 삶도 절대 누리지 못할 것이다.

목표는 목적에 이르는 수단으로, 꿈을 이루기 위해 우리가 따라야 할 로드맵이다. 목표는 우리가 나아갈 가까운 미래의 가시적 단계이다. 가치와 인생의 목적(또는 직접적인 의도)을 실현하는 목표를 정하면, 목표도달을 위해 에너지를 집중할 것이다. 성공적인 장기목표는 곧 꿈과 삶의 목적을 표현한 것이고, 성공적인 단기목표는 단계적인 청사진이 될 것이다.

부를 추구할 때 뇌가 능력을 최고로 발휘하게 하려면, 아주 명확한 목표를 정해야 한다. 자신이 원하는 사항과 그것이 이루어지길 바라는 시점을 정확히 인식할 경우에는 분명한 의도가 뇌에 전달되어 그 일과 관련된 뉴런이 활성화된다. 성공 가능성을 크게 높일 목표설정을 위해서는 따라야 할 절차가 있다. 그러면 그 절차를 하나씩 살펴보기로 하자.

주도적인 사람이 되어라

항상 긍정적인 목표를 정하라. 아니면 적어도 목표를 긍정적으로 진술하라. 가령, "주식시장이 몇 포인트 떨어져도 무모한 결정을 하거나 전전긍긍하지 않을 거야."라고 말하지 말고, "투자대상을 탐색하는데 하루에 10분 정도 할애할거야. 그러면 사소한 시장변동쯤은 좀 더 마음 편히 지켜보겠지."와 같이 목표를 진술하라. 우리는 스스로 세운 목표가 자신의 약점을 비난하기보다 자신의 재정에 긍정적 변화를 촉진하길 바란다. 이는 긍정적 사고를 할 때 뇌가 한층 더 원활히 기능하기 때문이다. 공황매도를 피하겠다는 등의 부정적 사

의미있는 목표를 정하라

연구에서는 즉각적이고 단기적인 쾌감을 위해 일할 때보다 가치 있다고 여겨지는 일을 위해 일할 때 생활 만족도가 더 높은 것으로 나타났다. 의미 있는 목표에 기여할 활동을 의식적으로 선택하면, 긍정적인 주관적 경험을 하고 그로 인해 행복감을 느낀다. 쾌락적 목표를 좇으면, 의미 있는 개인적 경험을 하기가 어렵고, 결국 행복을 위해 우리가 할 일이 별로 없을 것이다.

고를 할 경우에는 무언가를 하지 말자는데 초점을 두어 결국 긍정적인 무언가를 할 기회를 놓치고 만다.

우리가 우리 마음에 "하지 마라."는 메시지를 전하면, 그 메시지가 마음에 남는다. 가령, 만약 "분홍색 코끼리에 대해 생각하지 마라."는 말을 들었다면, 바로 마음속에 어떤 이미지가 떠오를까? 당연히 분홍색 코끼리이다. 농구선수가 시합 중에 결정적인 시점에서 자유투를 던지려 할 때, 그는 자기 뇌에 "골 넣는 것을 실패하고 싶지 않아."라는 메시지 대신, "골인할거야."라는 메시지를 전해야 한다. 이처럼 목표진술 방식만 바꿔도 크게 달라질 것이다.

다른 사람이 할 수 있다면, 당신도 할 수 있다

<이웃집 백만장자 여인 Millionaire woman next door>의 저자인 토마스 J. 스탠리 Thomas J. Stanley 박사에 따르면, 자수성가한 백만장자 여성의 2/3가 명확한 목표를 정하곤 했다고 한다. 사실, 대부분이 매일, 매주, 매월, 매년 목표를 정했을 뿐만 아니라, 생애 목표도 정했다. 이 여성들은 그런 목표에 도달한 경험이 있고, 그런 과거의 성공이 이후의 성공에 동기유발 요소로 작용하였다. 일부이긴 하지만, 그들이 성공한 것은 포괄적인 목표를 더 작은 단계로 나누어, 하루 목표, 한 주 목표, 한 달 목표, 한 해 목표와 같은 형태로 위계화할 필요가 있음을 알았기 때문이다. 뇌에 순차적 단계를 제시하는 목표를 정하면 성공하기가 더 쉽다. 또한 뇌에서 각 성공(아무리 사소한 성공일지라도)은 성공적인 경험으로 기억될 뿐만 아니라, 이후의 성공에 기여할 신경연결 발달을 촉진한다.

구체적이고 실천 가능한 목표를 정하라

만약 우리가 뇌에 요구하는 사항을 뇌가 인식한다면, 뇌는 우리에게 기적을 안겨줄 것이다. 목표를 정할 때에는 이루고 싶은 목표를 아주 구체화하라. 가령, "내 사업을 키우고 싶어."라고 말하지 말고, "인센티브에 바탕을 둔 새로운 판매전략을 개발하여 영업직원들이 일주일에 새로운 고객을 10명씩 더 유치하도록 격려할거야. 아주 효과적이면서 지출을 5% 이상 늘리지 않을 인센티브에 대한 아이디어가 필요해."라고 말하라. "겨우 자금투자 방법을 배웠어(업무수행에 부족하다는 느낌이 드는)."라고 말하지 말고, "아주 중요한 세 가지 자금투자 방법을 배울거야(훨씬 더 성취 가능하다는 느낌이 드는)."라고 말하라. 탁월한 뇌가 올인하여 부 형성에 기여하도록 하라.

일정을 만들어라

실행계획 일정이 없이 목표만 염두에 있을 뿐이라면, 방향감없이 앞길이 막막한 아이디어가 뇌에 맴도는 것이나 마찬가지다. 목표를 정할 때에는 목표도달을 위한 일정을 만들어라. 가령, "다음 목요일까지 새로운 생산라인에 대한 아이디어를 세 가지 고안하겠다."와 같은 일정 말이다. 아니면 "매일 아침 30분씩 신제품 개발에만 집중하겠다. 그리고 2주 후에는 가장 전망이 좋을 듯한 세 가지를 선택하여 동료들에게 피드백을 부탁할거야."와 같이 말이다. 연구에서는 목표도달을 위해 실천할 시기나 장소를 알면, 성공 가능성이 2~3배나 높아지는 것으로 나타났다.

현실적으로 접근하라

"세상에 거저 얻는 것은 없다."라는 오래된 속담이 있다. 애당초 목표에 도달하려면, 시간이 걸리고 많은 사전 준비, 심지어 얼핏 쓸모없이 보이는 일도 해야 한다는 사실을 인식하라. 비현실적인 기대를 하거나 모든 일이 마법처럼 이루어질 것으로 기대하면 실패하기 마련이다. 목표를 정할 때에는 목표도달에 용이한 세부목표로 나눌 시간을 마련하라. 그 이유는 이후에 그런 세부목표가 필요하기 때문이다. 그 다음에는 각 목표에 대한 일정을 정하라. 또한, 예상 가능한 장애물을 예측하고 이를 극복할 방법에 대한 아이디어를 개발하라. 이는 부정적 사고라기보다 시나리오 계획이다. 그 덕분에 우리 자신이 만반의 준비를 하고, 설사 불가피한 장애물이 생기더라도 우리와 우리 뇌가 놀라거나 포기하지 않을 것이다.

진보를 모니터하라

아이디어 도출시에 뇌의 지원을 유도하려면, 뇌에 책임감을 부여하라. 뇌에 마감시간을 정해주면, 진행 중인 일을 잘 해낸다. 목록을 만들든 일지를 쓰든, 아니면 달력에 아이디어만 적어놓든 진척 상황을 기록해둔다면, 우리 뇌가 항상 기민성을 유지할 것이다. 가령, 2주 내에 새로운 아이디어를 세 가지 도출하기로 했다면, 우리 내부에 진보상태를 모니터하는 시스템이 있어 뇌가 꾸준히 아이디어를 탐색할 것이다. 매일 목표와 관련된 생각을 모조리 기록할 시간을 마련하라. 그러면 우리 뇌는 좀 더 나은 서비스를 위해 최대한 가동할 것이다.

매일 뇌에 보상하라

몸에 좋은 음식과 운동으로 기민성을 유지시켜 뇌에 보상하라. 13장에서는 뇌에 영양을 공급하는 몸에 좋은 음식과 브레인파워 촉진제를 자세히 소개할 것이다. 운동 중에서도 심장박동을 높여 뇌에 산소와 혈액을 공급하는 활동을 선택하라. 섹스는 멋진 운동이고, 즐거움을 주는 스포츠나 기타 신체활동은 보상을 두 배로 준다. 음악 감상, 좋아하는 소설 읽기, 피아노 연주, 전화로 친구와 수다 떨기, 애완견과 산책하기 역시 우리 뇌에 보상이 될 것이다. 기분이 좋으면서 뇌가 졸지 않는 무언가(TV 시청과는 다른)를 하도록 하라. 뇌를 이완시키고 뇌에 영양을 공급하는 무언가를 선택하라. 효과를 더 높이려면, 일할 때 사용되지 않는 뇌부위를 자극할 무언가를 하라.

뇌에 관심을 가져라

일단 뇌에 관심을 가졌으면, 나타나는 모든 신호를 기민하게 파악하라. 아이디어가 떠오르는 대로 관심을 갖고 적어라. 우리 뇌는 우리가 결코 예기치 못한 상황에서 보물을 주기 때문에 주변에서 일어나는 일에 관심을 가져라. 기민한 뇌는 일상에서 과제와 관련된 일에 주목하여 기억, 지각, 아이디어를 연결한다는 사실을 명심하라. 주변에서 일어나는 일에 주목하는 것은 우리의 몫이다. 설사 2주 후에 아이디어가 전혀 떠오르지 않았다 할지라도, 자신이나 자신의 뇌를 탓하지 마라. 최선을 다했음을 인식하고 크게 말하라. 그러면 새로운 아이디어가 무르익어 바로 솟아날 것이라는 자신감이 생길 것이다. 또한 우리는 자신이 수행한 업무목록을 만들거나 다음 목표를 위해 자신을 준비시킬 새로운 습관을 적으면서 자기 뇌의 성취도 알 수 있다. 그 다음에는 목표도달이나 새로운 전략개발을 위해 진행 중인 일을 꾸준히 진행하라.

이러한 목표설정과 목표도달 과정에서 성공경험을 할수록, 성공이 뇌의 습관이 될 것이다. 성공을 이루고 인식하며 그에 보상하는 방법을 아는 것이야말로, 멋진 성과를 위해 우리 뇌를 훈련하는 것이다.

어디에 집중하는가?

부자가 되려면, 기회를 극대화하고 실수를 피하는 일에 집중할 필요가 있다. 여기에서는 부를 추구하며 기업을 운영하는 사업가에게 집중이 미치는 영향과 관련된 몇 가지 예를 제시하려 한다.

- 만약 사업가가 생산성에 집중한다면, 그는 그의 뇌덕분에 생산성을 높이고 새로운 방식으로 직원들의 동기를 유발하며 새로운 생산라인을 개발할 것이다. 이때 그의 뇌는 자나깨나 그가 생산성을 높이고 직원들을 격려하며 동기를 부여하는 혁신적인 방법을 탐색할 것이다.
- 만약 사업가가 직원들에게 집중한다면, 그는 그의 뇌덕분에 직원들의 주요 사안과 그들을 잘 섬기는 방법에 딱 맞는 리더십 기능을 개발할 것이다.
- 만약 사업가가 혁신에 집중한다면, 그의 뇌는 상황을 새롭게 바라보고 새로운 사고능력을 개발하며 비전 있는 아이디어를

소비보다 저축에 집중하라

최근까지 미국인의 약 59%가 저축보다 소비에 집중하였다. 불경기로 많은 이들의 태도가 바뀌어, 분수에 맞게 생활하고 신용카드 빚을 줄이며 수입에 맞게 현실적인 예산 범위 내에서 생활하고 있다. 연구에서는 저축인들이 예산 작성, 지출 기록, 월별 수표장의 균형 유지, 신속한 청구서 계산, 수입 이하의 생활 등 건강한 재정습관을 개발하고 강화하는 것으로 나타났다. 또한 저축인들은 자신감과 행복감을 느낀다고 보고한 반면, 낭비자들은 자신의 상황에 대해 좌절감과 불행감을 느낀다고 보고하였다. 긍정적 흐름에 맞추어 성실한 저축인이 되어야 할 시점이다.

도출할 것이다.

그러면 당신은 자신이 원하는 성공과 부를 위해 어디에 집중하고 있는가? 엉뚱한 것에 집중해 왔는가? 그런 경우라면, 이 장에 제시된 절차를 적용해 볼 필요가 있다. 당신 자신과 당신의 뇌가 꼭 이루고 싶은 것에 집중하거나, 아니면 바라는 성공을 위해 집중해야 할 것에 집중하면서 말이다.

단기목표에 집중하기

부를 얻으려면, 단기목표가 아주 중요하다. 단기목표는 훨씬 더 행동 지향적일 뿐만 아니라, 장기목표처럼 포괄적이지도 않아서 도달하기가 훨씬 더 수월하다. 단기목표는 예측 가능한 미래에 뇌가 집중해야 할 사항을 알려주는 명확한 길잡이다. 그 효과를 극대화하기 위해서는 단기목표를 정할 때 다음과 같은 간단한 지침을 따르길 바란다.

- 아주 구체적인 목표를 정하라 : 목표를 아주 구체화하라. 가령, '매달 수표장의 균형을 맞춘다.'를 들 수 있다. 1개월 동안 살림살이에 필요한 예산을 계획하고 월말에 예산 범위 내에서 생활했는지 확인하라.
- 측정 가능한 목표를 정하라 : 어떤 기간 내에 일어난 결과를 측정할 수 있어야 한다. 가령, 다음 달 말쯤 개인의 신용기록과 신용점수를 받아서 검토하라.
- 도달 가능한 목표를 정하라 : 좋은 목표란 모름지기 다소 유연하면서도 일단 도달해서 기쁨을 느낄 수 있어야 한다. 그런 예로는 '지난 달 나는 예산에 맞게 생활하였다.'나 '지난 해 말부터 신용점수를 10% 올렸다.'를 들 수 있다.
- 가치 있는 목표를 정하라 : 장기목표와 마찬가지로, 단기목표 역시 자신의 핵심가치나 의도와 일치해야 한다. 가령, 매달 돈이 어디서 들어와 어디로 나가는지 모른다면, 부자가 될 수 없다. 부자가 되려면, 재정규율을 스스로 익힐 필요가 있다.
- 점진적인 목표를 정하라 : 우리는 단기목표 도달을 통해 장기목표 도달에 한 단계 더 근접해야 한다. 그 예로는 '매월 투자 관련 단어를 열 개씩 배운다.'나 '저축액을 올해 말까지 10% 늘린다.'를 들 수 있다.
- 중요한 목표를 정하라 : 도달할 때까지 그 목표가 해야 할 일 목록에서 최우선이어야 한다.

뇌가 단기목표를 좋아하는 이유

단기목표는 우리가 매일 해야 할 업무목록과 다르다. 업무는 우리가 단기목표 도달을 위해 따르는 절차인 반면에, 단기목표는 우리를 소중한 생애목적과 부 형성으로 유도하는 무언가를 이루기 위해 스스로 정한 기준이다.

단기목표는 이해하기가 쉬울 뿐만 아니라, 뇌가 매일 어디에 집중해야 할지를 알려주기 때문에 뇌는 단기목표를 좋아한다. 이는 단기목표 목록과 단기목표 도달에 필요한 목록을 가지고 검토하면 아주 효과적인 이유를 말해준다. 뇌가 총감독이긴 하지만, 중요한

뇌섬을 아껴라

어떤 이들은 천성적으로 저축에 소질이 있는 것처럼 보이고, 다른 이들은 돈을 쓰면서 기쁨을 느끼는 것처럼 보이는 이유는 무엇일까? 우리 뇌가 그 차이를 말해줄 것이다. <소비자연구저널 Journal of Consumer Research>에 실린 한 연구에서는 연구 참가자들이 구매 결정을 내리는 시늉을 할 때, 뇌섬이라는 부위가 활성화된 것으로 나타났다. 우리가 불쾌한 무언가를 경험할 때 뇌섬이 활성화된다. 이를 돈과 관련지어 보면, 소비행위로 인해 우리가 불쾌해지기 때문에 결국 뇌섬을 자극하면 소비를 멈출 것이다. 이 연구에서는 금전소비를 생각할 때 뇌섬이 더 활성화된 이들은 저축인이 될 가능성이 높고 별로 활성화되지 않은 이들은 낭비자가 되는 경향이 있다는 결론을 내렸다. 소비하지 않으면 뇌섬이 활성화되지 않기 때문에, 기본적으로 저축인들은 쾌감을 느낀다. 뇌섬의 활성화와는 별도로, 재정결정시에 전두엽이 돈에 대한 육감을 억제할 수 있다.

과제를 도출하고 과제해결을 위해 뇌의 기민함과 집중을 유지하는 것은 바로 우리의 몫이다.

진정한 용기

동기 심리학자이자 <성공 : 우리는 어떻게 목표에 도달할 수 있는가? Succeed : How we can reach our goals>라는 책의 저자인 하이디 그랜트 할버슨 Heidi Grant Halvorson에 따르면, 용기가 있으면 극도의 어려움에 직면하더라도 기꺼이 장기목표에 헌신한다. 그녀는 용기 있는 사람들이 교육을 더 받고 더 높은 점수를 받는다는 연구들을 인용하면서, 용기야말로 올림픽대회에서든 철자법대회에서든 사람들이 최고를 지향하게 이끈다는 점에 주목했다. 최근의 영화 <더 브레이브 True grit>에서는 목표가 아주 명확하고 열정이 대단하며 무서우리만큼 용기 있는 열네 살짜리 소녀의 완강한 투지를 잘 보여준다. 진정한 용기를 지닌 대부분의 사람들과 마찬가지로, 그 소녀는 자신의 목표도달 능력을 결코 의심한 적이 없고 완전히 집중하였으며, 포기 자체를 거부하였다. 아직 진정한 용기가 없다면, 지금이라도 자기 안의 진정한 용기를 인식하고 일깨워라.

즉각적인 만족이 목적과 잘 안 맞는 이유

인생을 살아갈 때와 마찬가지로, 목표를 정할 때에도 우리는 끊임없이 즉각적인 만족과 만족지연의 기로에 선다. 연구에서는 즉각적인 작은 보상(당장 5$를 받기)과 지연 후의 큰 보상(두 시간 기다린 후에 10$를 받기) 사이에서 선택해야 할 때 대부분의 사람들이 지연 후의 큰 보상보다 즉각적인 작은 보상을 선택하는 것으로 나타났다. 신경과학자들은 이러한 경향을 '할인 discounting'이라고 하는데, 이는 보상이 주어질 것으로 예측한 시간지연과 맥락 때문이다. 더구나 우리 뇌는 두 가지 대안을 비교하여 의사결정을 내릴 때 전혀 다른 두 가지 시스템을 활용하는 것 같다.

프린스턴 대학교의 조나단 코헨 Jonathan Cohen 박사는 fMRI를 통해 즉각적 보상을 선택하면 변연계의 쾌락센터가 활성화되고 기분 좋은 도파민이 쇄도하여 참기 힘들 것이라는 사실을 발견하였다. 그러나 지연 후의 큰 보상을 선택하는 이들은 전전두피질과 후두정엽 posterior parietal(수를 비교할 때 활성화되는)이 활성화되는 것으로 나타났다. 이들은 합리적인 재정결정을 선호하여 정서센터를 조절하였고 그 덕분에 부자가 되었다.

이 연구결과는 결정의 실질가치를 고려할 때 만족지연뿐만 아니라 전전두피질의 중요성을 보여준다. 만족지연 능력은 부 형성에 아주 중요하다. 성공한 사업가에게 회사를 설립할 때의 느낌을 물어보면, 누구나 다 아주 불안하고 걱정스러웠다고 말할 것이다. 하지만 그들은 상당 기간 만족을 지연하고 집중하여 회사가 크게 성공하고 회사의 재정목표에 도달할 수 있었던 것이다. 그들은 일확천금을 노리지 않았고, 자신의 의도실현을 위해 즉각적인 쾌락보다 절제와 이성에 의지했다.

의도와 목표설정을 통해 뇌가 받는 혜택

꿈에 다가갈 기회를 극대화하려면, 의도적인 집중을 못해 브레인파워를 낭비하지 말고 최고의 능력을 발휘하도록 뇌를 훈련하라. 뇌가 의도와 목표에 집중하는 훈련을 할수록, 도전감이 더 높아질 것이다. 명확한 의도를 정하고 목표를 설정할 때 우리 뇌가 받는 혜택을 제시하면 다음과 같다.

- 의도는 우리 뇌에 기정사실로 해석되는 심상을 제공하는데, 그 덕분에 바라는 결과를 얻기가 수월하다. 또한 의도는 '잠자고 있는 뉴런'을 깨우며, 시냅스 활동을 강화하고 증가시킨다.
- 의도는 목표설정을 유도하는데, 그 덕분에 우리 뇌가 집중하고 목표도달에 필요한 모든 뉴런의 활동과 새로운 연결형성이 계속된다.
- 의도를 모니터하면 우리 뇌가 꾸준히 과제에 집중한다. 심지어 잠자는 동안에도 말이다.
- 의도를 보상하면, 신경회로의 성장과 발달이 강화되고 쾌감과 목표도달이 연결되어 편도체를 긍정적으로 자극한다.

만약 우리가 뇌기능을 촉진하고 확장하기 위해 뇌를 훈련하면, 우리 뇌는 그런 기회를 찾아 강화하는데 익숙해질 것이다. 우리가 문제점이 아니라 효과적인 것에 집중하도록 뇌를 훈련하면, 뇌가 긍정적으로 변할 것이다.

의도를 명확히 확인하고 일상의 좋은 일에 집중하면, 우리 뇌가 의도와 좋은 일에 완전히 집중할 것이다. 그러면 우리가 더 행복하고 부유해질 방안(우리가 뇌에 요구하기만 하면)을 제시하는 큰 성과가 나올 것이다.

이제 학습에 집중할 때이다

이제 의도를 확인하고 명확히 했을 뿐만 아니라, 의도실현을 지원하고 촉진할 목표를 정했으니, 확고한 재정결정을 위해 뇌를 훈련할 구체적인 방법을 살펴보자.

7장

부자가 되려면 공부하라

– 아직도 진화중인 우리 뇌는 현대문제에 대해서도 원시적으로 반응할 때가 있는데, 이는 우리가 그런 반응을 조절할 필요가 있음을 의미한다. –

7장
부자가 되려면 공부하라

우리 뇌는 경이 그 자체이자, 재정적 성공가도에서 활용 가능한 경이로운 도구이다. 하지만 우리 뇌에는 이상한 작동방식과 다소 구식인 회로도 있는데, 그로 인해 성공과정에 문제가 생길 수 있다. 재정적으로 성공하려면, 선천적인 그런 뇌기능이 부자가 되려는 목표에 문제가 될 수 있음을 알아야 한다. 또한 그런 기능을 극복하기 위해 우리가 할 일에 대해서도 알 필요가 있다.

비상버튼을 누르지 마라

부자가 되는데 있어 한 가지 장애물은 비상버튼의 작동으로, 이는 과잉 활성화된 편도체에 기인한다. 비상버튼을 자주 누르든 중대한 결정시에 누르든 자칫 부자가 되려는 과정에 문제가 생길 수 있다. 먼저 재정적 위기와 관련된 자신의 심리적 안정수준을 알아보기로 하자.

비상버튼 작동정도 알아보기

1. 주식시장 관련 뉴스를 접하는 방법은? (　　　)

A. 온종일 컴퓨터 화면 하단을 지나는 자막뉴스

B. 하루에 3~4회 보는 온라인 뉴스

C. 야간 뉴스

D. 몇몇 신문이나 잡지의 금융 섹션

2. 어떻게 주식을 매수하는가? (　　　)

A. 아무것도 모른 채 매수한다.

B. 뭘 사라고 권하는 투자 상담자를 믿는다.

C. 육감으로 산다.

D. 회사의 재무상태를 조사한다.

3. 언제 마음 편히 모험을 감수하는가? (　　　)

A. 승산이 있을 때

B. 많은 돈이 걸려있지 않을 때

C. 예측된 모험일 때

D. 좀 더 안정적인 수입원으로 모험을 상쇄할 수 있을 때

4. 주식시장의 급락으로 모두가 전전긍긍할 때, 당신은 어떤가? (　　　)

A. 그들과 마찬가지로 공포를 느낀다.

B. 뉴스를 끈다.

C. 급락한 이유를 파악하기 위해 몇몇 신문을 확인한다.

D. 정말로 급락한 것인지, 아니면 전체 시장에서 1~2% 하락한 것뿐인지 알아본다.

5. 소유한 주식이 10% 떨어질 때 어떻게 하는가? (   )

A. 바로 매도해버린다.

B. 그 날 전체 시장이 어땠는지 알아본 다음, 전반적으로 떨어졌으면 매도한다.

C. 그 주식의 실적이 지난 2년 동안 어땠는지 비교하고, 반등할 거라면 보류한다.

D. 그 회사의 장기적인 성장, 자산, 수익성을 평가한 다음, 견고하다면 기다린다. 그렇지 않으면 실적이 더 좋은 주식으로 갈아타기 위해 소유 주식의 25%를 매도한다.

6. 주식 포트폴리오의 재조정에 대해 자신은 어떤가? (   )

A. 아예 주식 포트폴리오가 없다.

B. 회사의 펀드 매니저에게 자신의 포트폴리오를 맡겨버린다.

C. 6개월마다 재조정하거나 주식시장이 크게 요동칠 때마다 재조정한다.

D. 성장형 주식은 1년에 한번, 장기투자는 5년에 한번 재조정한다.

이제 체크한 것을 계산해 보아라

- 대부분 A에 체크했다면, 뇌가 공포로 가득 찬 나머지 충동적으로 반응하는 사람이다. 이는 뇌의 잘못이 아닌데, 그 이유는 뇌를 열받게 한 것은 자기 자신이기 때문이다. 당신은 이 장에서 제시하는 경고로부터 도움 받을 수 있다. 경고 덕분에 우리는 뇌를 진정시키고

더욱 합리적인 결정을 내릴 수 있다.

- 대부분 B에 체크했다면, 쉽게 흥분하고 군중심리를 따르는 사람이다. 가끔 뇌에 휴식을 주고 결정수정 방법을 배울 필요가 있다. 뇌를 조금만 바꿔도 다시 뇌가 협력할 것이다.
- 대부분 C에 체크했다면, 뇌가 가끔 비정상적으로 활성화되는 사람이다. 하지만, 뭘 강화해야 할지와 어떻게 강화할 수 있는지를 알면, 훨씬 더 현명한 결정을 내릴 것이다. 사실 당신의 뇌는 도울 준비가 다 되어 있다.
- 대부분 D에 체크했다면, 적절한 뇌관리 방법을 알고 있다. 이는 재정적 성공에 큰 도움이 될 것이다. 조금만 더 연습하고 노력해도 큰 성과를 얻을 것이다.

문제를 일으키는 뇌영역

우리 뇌는 아주 멋진 도구임에도 왜 그렇게 가끔 형편없는 결정을 내릴까? 그 이유는 우리 뇌가 원시적인 문제는 잘 다루지만, 아주 복잡한 현대사회를 따라잡지 못할 때가 있기 때문이다. 즉, 아직두 우리 뇌는 큰 이빨을 드러내며 다가오는 위협을 예측한 나머지, 도피나 투쟁을 탁월한 대처전략으로 생각한다. 당연히 이런 전략이 부 형성에 최선일 리가 없다. 따라서 여기에서는 구식의 뇌기능으로 현대의 새로운 기술을 다루기가 얼마나 어려운지를 살펴보기로 하자.

- 원시적이고 본능적인 뇌가 고차적이고 반성적인 뇌를 압도한

나머지, 정서가 고조되어 성급한 결정을 내린다.

- 뇌는 언제나 가능한 한 쉽게 결정을 내리려 한다. 최소한의 정서적·인지적 노력만으로 말이다. 또한 급히 마무리하려는 경향 때문에 재정결정에 꼭 필요한 새롭고 중요한 정보를 통합하지 못할 수 있다.
- 뇌는 패턴에 집착한 나머지, 아무런 패턴이 존재하지 않거나 패턴과 무관할 때마저도 패턴을 탐색하려 할 것이다. 또한 패턴에 너무 많은 가치를 부여한 나머지, 아주 사소한 재정적 경향마저도 영원한 현실로 해석한다.
- 뇌는 나무검색처리(온갖 자료를 모으기 위해 사고흐름을 계속 추적하는)를 선호하기 때문에 말 그대로 우리가 생각에 빠져 실천하지 못한다.
- 우리 뇌는 공포, 흥분 및 기타 정서에 아주 민감한데, 속임수, 프레이밍 framing(우리 자신이나 우리가 믿는 누군가가 현재의 현상을 해석하는 방식) 및 말로 인해 이런 정서가 바로 유발될 수 있다. 이때 정서가 이성을 완전히 압도할 수 있다. 그 말은 곧 우리가 부정적 재정정보(주식시장의 하락세)를 접하면, 우리 뇌가 그 사실을 진중하게 고려하거나 그 사태를 해결할 계획을 세우기보다 그 정보로 인해 두려움에 빠질 것이라는 의미다.
- 우리 뇌는 안전을 추구하므로 당연히 모험을 싫어한다. 하지만 재정적 보상을 얻으려면, 종종 모험을 감수해야 한다.
- 우리 뇌는 나름의 고정된 방식이 있어서, 새로운 상황에 유연하게 반응하지 못한다.
- 우리 뇌는 주의범위가 너무 좁아 전체적인 모습을 못본다.

- 우리 뇌는 즉각적인 보상에 빠져 더 중요한 다른 보상보다 즉각적인 보상(심지어 잘못된 보상일지라도)을 추구할 수 있다. 이는 알코올 중독이나 약물 중독이 누군가의 삶을 파괴하는 이유를 말해준다.
- 우리 뇌는 시각적·청각적·정서적 연상을 형성할 뿐만 아니라, 그런 연상에 민감하다. 그런 연상이 실제로 근거가 있는지, 또는 새로운 상황과 관련이 있는지 여부와는 무관하게 말이다. 우리 뇌는 주변 사람들의 생각이나 느낌에 아주 민감해서 집단의 압력에 취약하다. 심지어 구성원들의 선택이 자신에게 최선이 아님에도 말이다. 그 중 일부는 무의식상태에서 이루어진다.

이제 우리 뇌가 자신에게 불리하게 작동할 수 있다는 점을 잘 알았으니, 자신과 자신이 이루고 싶은 사항에 유익하게 뇌를 훈련시켜라.

희소식!

인간의 신피질은 우리가 생존과 번영을 위해 극복해야 할 도전에 부응하기 위해 지난 200,000년간 진화해왔고, 지금도 계속 진화중이다. 우리 뇌는 적응 가능하고 우리는 자신의 사고를 주도할 수 있다. 심지어 우리는 우리가 바라는 사고처리(思考處理) 방식을 뇌에 가르칠 수도 있다. 우리 뇌가 우리 자신을 위해 기능한다는 사실을 명심하라.

두 개의 뇌

사실상 우리 뇌가 두 개가 아니라, 뇌의 정보처리 방식이 두 가지이다. 여기에서는 이를 확실히 하기 위해 아예 두 개의 뇌로 부르기로 한다.

본능적인 뇌

이 뇌는 우리 뇌의 원시적이고 본능적이며 반사적인 부위로, 특히 기저핵과 변연계(편도체와 측좌핵)에 해당된다. 반사적인 뇌(반성적인 뇌와 혼동하지 않길 바람)는 해로운 것으로부터 우리를 보호하기 위해 내·외적 감각정보를 수용하고 본능적으로 반응한다. 좀 더 정확히 말해, 위협적인 자극(가령, 거대한 맹수)에 즉각 대처하는 투쟁-도피 반응을 통해 인간의 생존을 유지하는 것은 반사적인 뇌이다. 본능적인 뇌의 중요한 특징 몇 가지를 제시하면 다음과 같다.

- 외부로부터 메시지를 수용하고 전달하며, 매순간 일어나는 일에 대해 첫 '인상'을 형성한다.
- 주로 우리의 생명, 안전 및 안정을 유지시킬 수 있는 것을 찾는데 주력한다. 이런 식으로 모험을 피하는데 주력하고, 그런 목표에 기여할 법한 상황을 찾는데 집중한다.
- 주관적이고 감정 위주이다.
- 불확실성을 싫어해서 문제를 쉽게 이해하고 처리할 때까지 문제를 계속 재구조화할 것이다. 흑백논리나 양자택일식 사고를

하는 경향이 있다.

통찰하는 뇌

좀 더 고차적인 뇌영역, 특히 전전두피질과 그 연합영역(반성적인 뇌로도 알려진)은 본능적이고 반사적인 뇌로부터 정보를 받아 처리한다. 또한 추가 정보를 얻기 위해 자신의 기억 데이터베이스를 검색하고 이를 관련 기억과 연결하며 각 상황에 가치와 긴급성을 부여한다. 시간이 있을 경우에는 뭘 해야 할지 결정하기 전에 가능성과 확률을 평가한다.

통찰하는 뇌의 몇 가지 주요 특징을 제시하면 다음과 같다.

- 본능적이고 반사적인 뇌로부터 메시지를 받아 처리한 다음, 새로운 정보를 평가하고 거기에 적절성과 긴급성의 순위를 매기는데 활용할 연결을 찾기 위해 자신의 기억 데이터베이스를 검색한다.
- 복잡하고 분석적인 사고에 주력한다.
- 미래 예측 및 미래 계획에 관여한다.
- 주로 객관적이고 사실 위주이다.
- 수와 언어에 반응한다.

우리 자신이 주도권을 가져야 하는 이유

오래 전에는 동물과 마찬가지로 인간도 본능적이고 반사적인 뇌기능에 의존했다. 원시인들은 근처에 출몰하는 호랑이나 얼어붙을

현대사회에서 원시뇌의 위험요소

우리가 물려받은 본능적인 뇌는 위험을 안고 있다. 변연계에 있는 편도체와 시상이 감각정보(시각, 청각, 후각)를 수용하면, 이들 영역에서는 1/10초 내에 그 정보의 쾌-불쾌를 판단한다. 이처럼 메시지에 본능적으로 반응한 다음, 그 메시지를 통찰력 있는 대뇌피질로 보낸다. 그 메시지가 처리되었든, 그 이상의 평가가 요구되는 상황(본능적인 뇌는 특정 자극이 우리의 안전과 생존에 어떤 의미가 있는지를 판단할 수 없기 때문에)이든 말이다. 자극유입 과정에서 초기 평가는 수백만 년의 진화에 뿌리를 두고 있고 그 영향을 받았기 때문에 현대의 상황에는 잘 안 맞을 것이다. 그러기에 우리는 우리의 본능적이고 반사적인 뇌가 모든 결정을 내리지 않길 바라며, 특히 부 형성과 같이 복잡한 결정일 경우에는 더 그렇다.

것 같은 한기가 임박했다는 위협 등의 감각정보를 처리하기 위해 뇌를 활용했고, 반대 방향으로 달아나든 불을 피우든 해서 그런 정보에 본능적으로 반응했을 것이다. 아직도 우리는 매일 본능적인 뇌에 의존하는데, 그 이유는 그런 기능이 우리의 생존에 필수적이기 때문이다. 그러나 문명이 형성되고 점점 더 복잡해지면서, 우리 뇌의 진화가 불가피해졌다. 그로 인해 통찰하는 뇌(특히 전전두피질)의 크기와 영역이 엄청나게 늘어났고, 이 영역은 우리 현대세계의 복잡한 사회문화적 상황을 평가할 때 중요한 역할을 한다.

하지만 원시적이고 본능적인 뇌가 고차적이고 반성적인 뇌를 지배하기 십상이다. 그래서 우리는 수백만 년 동안 해온 대로 가끔 정서가 고조되어 성급한 결정을 내리고 만다. 결국 아주 최근(진화사

차원에서)에야 필요해진 지식, 논리, 통합적 평가를 바탕으로 결정을 내리지 못한다. 따라서 우리가 이런 위험을 조절할 수 있음을 알고 재정 결정시에 본능적인 뇌 대신 통찰하는 뇌를 활용하는 것은 우리의 몫이다.

부 형성 과정에서 통찰하는 뇌

부를 창출하려면, 우리가 본능적인 뇌가 아니라 주로 통찰하는 뇌에 의지해야 한다. 우리의 환경(주식시장이 곤두박질칠 때, 사업에 심각한 문제가 생길 때, 투자를 잘못한 후 그 결과를 지켜볼 때, 친구들이 계속 경제현황을 한탄할 때)이나 내부 자극(상사가 사무실에 난입해서 두렵고, 그로 인해 부정적 실패도식이 자꾸 떠오를 때)으로 인해 우리의 반사적이고 본능적인 뇌가 주도하면 문제가 생긴다.

아래의 시나리오와 같이 진지한 반성과 조절이 필요할 때, 문제가 더 심각해진다.

- 상사가 모욕을 줄 때 반격여부를 판단하기
- 회사의 도산을 막기 위해 신용거래를 추가하기
- 시기적으로 부적절하게 들락거리지 않고 주식시장의 흐름을 타기
- 기분이 좋지 않아 기분을 풀 즉각적인 만족이 필요하다는 이유만으로 예산을 초과해 비싼 물건을 사려는 유혹을 참기

재정관리와 관련된 다른 여러 상황에서와 마찬가지로, 이런 상황에서 고차적이고 통찰하는 뇌를 활용하지 않으면 우리가 큰 대가를

치르게 될 잘못된 결정을 내릴 수 있다. 따라서 이런 사실에 대한 이해를 바탕으로 부를 형성하는 재정결정을 내리기 위해 고차적이고 반성적인 뇌를 의식적으로 활용할 방법을 찾아보자.

뇌를 주도하라

의사결정 과정은 뇌기능의 불균형을 유발한다. 그런데 우리 뇌는 종결을 선호하기 때문에 평형상태로 돌아갈 가장 효율적인 방식(정서적·인지적 대가가 가장 적은)을 추구한다.

또한, 우리 뇌에 스트레스 호르몬이 과도하여 신중하고 반성적인 결정에 투자할 에너지가 없다면, 더 쉽고 본능적인 반응에 의지할 것이다. 우리가 개인적으로든 재정적으로든 과도한 압력이나 시간제약을 안 받으면, 반성적이고 통찰하는 뇌가 내면의 소리를 들을 것이

본능적인 뇌의 이면

본능적이고 반사적인 뇌가 항상 공포를 비롯한 부정적 정서의 영향만 받는 것은 아니다. 정반대인 경우도 있다. 본능적인 뇌가 요란한 광고의 자극을 받아, '이게 좋은 기회'라는 메시지를 통찰하는 뇌에 보낼 수도 있다. 그 메시지의 강도가 너무 큰 나머지, 모순된 증거가 아주 뚜렷하거나 심지어 다른 이들이 아주 위험하다고 보는 경우에도 그 모순을 인식하지 못한다. 이런 경우에는 마음을 느긋이 하고 통찰하는 뇌를 의식적으로 개입시켜 그 상황을 신중하게 평가해야 한다.

다. 그러나 스트레스 지수가 증가하고 통찰하는 뇌가 신속한 답을 제시하지 못하면, '쉽고 빠른 것을' 선호하는 우리 뇌는 그 과제를 다시 본능적인 뇌에 보내어 결국 미묘한 차이나 주관 대신 감각적이거나 정서적인 단서에 의지할 것이다.

이는 가장 중요한 사항을 제대로 이해할 필요가 있을 때, 급히 서둘러도 안 되고 다른 사람이 재촉하게 내버려둬도 안 되는 이유이다. 만약 재정교육을 받은 적이 없다면, 학습곡선이 당연히 더 완만하고 교육시간도 더 필요할 것이다. 물론 그런 정보를 자기 나름의 학습양식으로 처리할 시간도 필요할 것이다. 우리는 통찰하는 전전두피질이 금전과 관련해 그런 능력을 조절하길 바란다. 스트레스를 줄이는 활동, 예컨대, 명상, 마음챙김, 호흡수련, 긍정적 시각화, 정신적 시연 및 사고조절(이 책에서 논의되는)을 통해 우리 뇌의 반성적 처리가 강화될 것이다. 그 밖의 실행 가능한 아이디어는 <부록 A : 부자가 되기 위한 구체적인 뇌훈련 방법>에 제시할 것이다.

뇌의 패턴집착을 차단하라

당신은 "모든 일이 세 번은 일어난다."는 말을 들어본 적이 있을 것이다. 그런데, 그 말이 사실이라는 객관적 증거가 거의 없음에도 우리가 바로 믿어버리는 이유가 있다. 그것은 패턴이 존재하지 않음에도 패턴을 찾고 인과관계를 보도록 프로그램된 좌반구의 모듈 때문이다.

이런 과제에서는 본능적이고 반사적인 뇌가 우세하기 때문에 우리는 무의식적으로 패턴을 탐색한다. 그리고 패턴을 찾으면, 우리 뇌는 이를 사실로 받아들이는 경향이 있다. 예를 들어, 전혀 새로운

무작위 활동이 불안함을 주는 이유

많은 연구에서는 사람들이 엄밀한 의미에서 무작위 패턴을 그리기가 힘든 것으로 나타났다. 가령, 한 선을 따라 무작위로 그리라고 요청받을 경우, 무작위로 표시하려면 정말 많은 노력이 요구된다. 그래서 무작위로 그리려고 아무리 노력해도 결국 어떤 종류든 패턴을 그리고 만다. 이는 우리 뇌가 패턴을 보도록 만들어졌기 때문이다. 실제로 우리가 무언가를 무작위로 잘 그렸다 할지라도, 우리는 그것이 패턴처럼 보인다고 생각한 나머지 그것을 고쳐, 결국 패턴을 그리고 만다! 실제로 완벽히 패턴을 벗어날 수는 없는데, 이유인즉 우리 뇌는 무작위가 어떤 모습인지조차 모르기 때문이다.

일이 처음으로 일어날 때(가령, 처음으로 고객에게 미소를 지었는데 팁을 5달러나 더 받았다면), 우리 뇌는 인과관계(그런 일이 또 생기게 하려면, 내가 또 웃으면 될까?)가 있을 거라고 생각해 버린다. 만약 또 웃었는데 동일한 반응을 얻으면, 우리 뇌는 반사적으로 반응해버린다(아하! 내가 옳았어!). 그리고 그것이 논리적 결론이라고 비약해서 생각한(웃으면 팁을 받는구나!) 나머지, 자신이 지각한 패턴에 인과성을 부여한다. 그래서 우리는 통찰하는 뇌에서 나온 '추측성' 반응이 아니라, 본능적인 뇌에서 나온 '확인성' 반응을 한다. 그래서 우리는 사고하지 않고 기대하게 된다.

패턴을 인식하고 이를 과거의 일과 관련짓는 것은 원시인의 생존에 유익하였다. 결국 패턴을 관찰하고 주목하며 그에 주의를 기울였던 원시인들이 살아남아 본능적이고 반사적인 뇌(우리가 선천적으로 지닌 뇌)의 생존기능과 관련된 유전자를 전달하였다.

안타깝게도 우리는 패턴과 연결을 자동적이고 무의식적으로 탐색한다. 우리가 패턴탐색을 막을 수는 없지만, 무작위한 것에도 으레 패턴과 의미를 부여하지 않으려면, 그런 현상이 언제 일어나는지를 인식하고 통찰하는 뇌의 평가기능을 활용해야 한다.

무의식적인 동조성향을 최소화하라

우리 뇌는 패턴탐색을 원하는데, 이는 예측 가능한 삶이 우리의 생존 가능성 및 유전자의 전달 가능성을 더 높여주기 때문이다. 이는 인간이 동조성향을 지녔기 때문인데, 동조성향이란 우리 뇌가 정한 패턴에 맞게 우리가 정보를 해석한다는 의미다. 동조성향이 나타나는 이유는 그렇게 하면 더 편하고 기존의 신념을 재확인하기 때문이다. 가령, 앞의 예를 확대하여, 식당 안으로 들어오는 세 번째 고객에게 미소를 지었는데 팁을 못 받았다고 가정해보자. 우리는 "아, 팁을 준 게 미소 때문이 아니었나봐."라고 생각하지 않고 "저런 무례한 사람을 보았나! 다른 사람들에게 미소를 지어 팁을 받아야지!"라고 생각하기 쉽다.

정서반응을 진정시키기

뇌가 반응을 예측 가능하다고 판단했을 때 예측이 빗나가면 뇌는 깜짝 놀란다. 심지어 패턴이 정말 없었던 경우에도 말이다. 일단 정서반응이 일어나면, 반사적인 뇌가 주도하여 불필요한 공포와 과잉반응이 유발될 것이다.

또한 본능적이고 반사적인 뇌는 아주 재빠르게 유사성을 인식해서, 설사 색다른 점이나 맥락에 안 맞는 것을 보더라도 바로 유사성에 집중해 버린다. 그렇게 되면, 본능적인 뇌가 대소동을 일으켜 우리는 하던 일을 멈춘 채 아주 두려운 것에 집중하고 만다.

어차피 본능적인 뇌도 세계를 이해하기 위해 사건과 자료를 해석하는 뇌영역임을 알아라. 그 뇌가 상황을 파악할 수 있고 또 그러겠지만, 무작위 자료나 복잡한 자료에서 시종 의미와 패턴만을 찾다보면 결국 어설픈 재정결정을 내리고 말 것이다.

우리가 중요한 재정결정에 직면할 때 반사회로를 조절하는 방법을 제시하면 다음과 같다.

- 정서가 개입된 흥분된 말을 조심하라.
- 이전과 동일한 수익이 나올 것으로 기대하고 자동적으로 계속 투자하지 마라.
- 아무리 좋다는 소문이 있어도 투자액수를 제한하라.
- 요동치는 정보에 노출되지 마라(인터넷 탐색을 하지 말고 컴퓨터 화면 아래의 자막뉴스를 없애라).
- 어떤 투자에나 적용 가능하고 따를 만한 기준 체크리스트를 만들어라.
- 확률을 예리하게 관찰하라.
- 두 번 생각하고, 세 번 생각하라.

나무검색처리를 멈춰라

우리 뇌가 기억을 저장하고 정보를 연결하며 복잡성을 이해하는 능력만큼은 탁월하다. 하지만 우리 뇌는 안타깝게도 나무검색처리(온갖 자료를 모으기 위해 사고흐름을 계속 추적하는)를 선호하여, 쓸모없고 때로는 주체할 수 없는 우유부단함을 유발한다.

기본적으로 반사적인 뇌가 소중한 정보를 수용하고 처리하며 연결할 때, 뉴런의 가지가 늘어나고 서로 강하게 연결된다. 새로운 정보가 들어와 기존의 정보와 연결될 때, 반사적인 뇌의 가지가 늘어난다. 이후에 우리 뇌는 정보를 처리해야 할 때 지식 저장고를 다 검색할 정도로 이용 가능한 가지(각 가지의 아주 사소한 부분까지 빠짐없이)를 샅샅이 검색해야 한다고 생각한다.

그것은 바로 어떤 사람들이 세부사항만 보는 이유이다. 그런 사람들은 모든 가지를 검색하여 아주 작은 정보라도 찾아내라고 뇌에 지시하는데, 그 때문에 뇌가 교착상태에 빠져 의사결정이 어려워진

산만요인을 줄여라

연구에서는 머리를 써야 하는 다른 과제에 집중하면서 의사결정을 내리면 반사적인(본능적인) 뇌가 반성적인(통찰력 있는) 뇌를 압도하는 경향이 있는 것으로 나타났다. 이는 선택이 장기적인 재정적 영향을 줄 때 의사결정에 꼭 집중해야 하는 이유를 말해준다. 뇌의 CEO가 상황을 평가할 뿐만 아니라, 반사적인 뇌의 소동을 다 무시하려면 집중해야 한다. 집중하지 못하는 뇌에서는 충동성이 나타나기 쉽다.

다. 그 상황에 적합한 정보와 불필요한 정보를 파악하려면, 이런 본능을 극복할 시간과 훈련이 필요하다. 마음챙김 명상수련은 주의와 에너지를 더욱 적절한 정보로 유도하는데 기여하기 때문에 우리 뇌에서 정보의 과부하를 예방할 것이다.

위험을 신중하게 평가하라

우리는 선천적으로 불확실성을 싫어하는데, 이는 우리 조상들이 생명을 위협하는 신체적 어려움에 처해서 겪은 고통 때문이다. 그들은 비가 산발적으로 내리는 곳이나 근처에 많은 맹수가 우글거리는 숲으로 이동할 때, 식량이 금방 동나거나 마실 물이 부족하거나 죽을

우리가 불안보다 안정을 선택하는 이유

모든 동물들과 마찬가지로, 개들은 임박한 위험에 아주 민감하다. 그것은 개가 시각, 청각, 움직임, 후각에 아주 민감하기 때문이다. 감각정보가 위험할 것같으면, 동물의 뇌든 인간의 뇌든 다 즉각 반응한다. 동물에게 돈이나 금전적 보상에 대한 개념은 없어도, 동물의 뇌는 음식과 물의 존재여부에 반응한다. 연구에서는 대부분의 개들이 음식이나 물을 얻기가 어려움을 감지하면 당장은 넉넉해도 불안한 쪽보다 꾸준한 쪽을 선택하는 것으로 나타났다. 대부분의 인간 역시 이와 마찬가지라서, 모험적인 것보다 안전한 것을 좋아한다. 심지어 위험 대비 보상 비율이 상당히 승산이 있는 경우에도 말이다.

것이라 예측했을 것이다. 이런 불확실성 때문에 비상경계 태세에 돌입한 뇌에서, 계속 두려운 예측(다운쉬프팅 downshifting된 상태)을 유도하는 화학물질을 분비하고 위협에 대한 즉각적인 반응에 의지했을 것이다. 정말로 그리 편안하진 않을지라도, 이런 과민성 덕분에 생존율은 높았다.

물론 그 당시에는 손실보다 이익에 집중했던 사람들이 더 행복했겠지만, 그래도 안전에 집중했던 사람들이 귀중한 자원의 손실을 막거나 야생동물, 질병 또는 기아로 사망하는 자손의 수를 최소화하여 대를 더 오래 유지하고 위험 대처 유전자를 전달할 수 있었다. 우리 뇌는 거처, 음식, 또는 안전을 돈과 동일시하는 경향이 있기 때문에, 금전손실에 대해서도 기근이 갑자기 들었을 때나 집이 붕괴되었을 때처럼 반응한다. 그래서 금전적 위기에 직면했을 때, 본능적인 뇌는 그 생각만 해도 움찔할 것이다.

또한, 생명의 위험에 반응하는 뇌영역에서 재정손실을 처리하는

우리가 가끔 모험을 즐기는 이유

우리 뇌는 진화를 통해 위험상황에서 보상에 연연하도록 선천적으로 만들어졌다. 우리 뇌는 잠재적 이익을 따로따로 평가하지 않는다. 즉, 일어난 일뿐만 아니라, 일어날 뻔했던 일에 대한 잠재적 결과도 평가한다. 그래서 우리가 돈을 잃었던 확률 때문에 돈벌이에 더 구미가 당긴다. 즉, 이번 주 복권에서 다섯 자리 숫자 중 네 자리가 일치한 경우에, 우리 뇌는 다음 주에 복권을 두 배로 사라고 촉구할 것이다. 이는 마지막 숫자만 맞으면, 당첨될 '뻔'했기 때문이다.

데, 이는 재정손실이 예측될 때 정서가 고조된다는 의미다. 하지만 두려움이 지나치면 기회를 잃는다. 위험에 처했을 때의 심리적 안정 수준은 사람마다 다르지만, 위험을 피하는 경향이 훨씬 더 많으며, 이는 무의식적으로 작용하여 재정선택의 폭을 줄일 것이다. 투자할 때 너무 조심하다보면, 설사 주식을 매수한다 할지라도 절대 재정초과(돈을 벌기 위해 투자하는)를 안 할 것이다. 이런 재정초과야말로 부자가 되는 비결인데도 말이다.

위험에 대해 알아야 할 사항

우리는 뇌가 위험을 어떻게 평가하고 분석하는지 모른다. 뇌가 위험을 어떻게 평가하는지 안다면, 통찰하는 뇌가 위험을 더 현실적으로 평가할 정보를 제시할 것이다. 우리가 알아야 할 사항을 제시하면 다음과 같다.

- 우리 뇌는 백분율로 표현된 확률과 빈도로 표현된 확률에 전혀 다르게 반응한다. 이는 백분율을 시각화하기가 어려울 뿐만 아니라, 프레이밍이 정서반응을 유도할 수 있기 때문이다. 가령, 누군가가 당신에게 새로운 사업의 실패확률이 6대 1이라고 말하면, 성공확률이 16%에 불과하다고 말할 때보다 위험이 적어 보인다. 좀 더 나아가 다른 누군가가 당신의 실패확률이 84%라고 말하면, 당신은 그 아이디어를 아예 포기해버릴 것이다.
- 돈이 적을수록, 모험 가능성이 높을 것이다. 연구에서는 판돈이 아주 클 때 뇌섬이 훨씬 더 활성화되는(우리에게 혐오감을 주는) 것으로 나타났다. 결국 돈이 더 적을 경우에는 잃을 것도 더

적기 때문이다.

- 뇌는 잃는 것을 좋아하지 않으며, 뇌섬은 백분율보다 절대수치에 민감하다. 가령, 10000달러를 잃는다는 느낌이 1000달러를 잃는다는 느낌보다 항상 더 나쁠 것이다. 비록 그 수가 당신 수입이나 수익의 몇 %를 나타내든 말이다.

공포를 억제하면 나은 결정을 내리는 이유

착한 사람이든 아니든 우리 몸은 화학물질로 넘쳐난다. 우리가 분노와 특히 공황수준의 공포를 느낄 때, 본능적인 변연계에서 코르티솔 분비를 자극한다. 코르티솔은 위협과 대안 평가를 위해 조절계를 통해 상향식 경계신호를 보내는 스트레스 호르몬이다. 그로 인해 투쟁-도피 반응이 시작되고 합리적인 사고력이 떨어져, 사실상 차분한 논리적 의사결정이 불가능하다. 한편, 낙관주의, 희망, 자신감은 세로토닌 분비를 자극하여 진정을 촉진하고 뇌가 충분히 생각할 시간을 준다. 신중한 사고를 통해 공포를 억제할 방법을 선택하라.

위기관리

철저한 위기평가를 위해 의식적으로 과거의 본능적 두려움을 없애고 평가적이고 통찰하는 전전두피질을 활용하는 것은 우리의 몫이다. 우리가 그렇게 하면 결정시에 많은 공포가 사라질 것이다. 물론 위기가 심각할 때도 있지만, 본능적인 뇌는 두려워할 필요가 없을 때에도 경계신호를 보낸다. 따라서 최종적인 의사결정을 내릴 때 뇌의 평가기능을 극대화하는 것은 우리의 몫이다.

공포에 좌우되지 마라

공포는 본능적인 반응을 유발하고, 감기 못지않게 전염성이 강하다. 연구에서는 폭력범죄, 전쟁, 경제적·환경적·의학적 재앙 등의 나쁜 뉴스를 보기만 했던 사람이 금방 본 나쁜 뉴스와 전혀 무관한 위기 가능성을 2배 높게 예측하는 것으로 나타났다. 가령, 당신이 최근 세계 도처에서 발생한 지진 뉴스를 보았다면, 갑자기 당신의 건강, 결혼, 자녀에 대해 걱정할 것이다. 위기가 터무니없고 그 발생 가능성이 희박할지라도, 나쁜 뉴스로 인해 우리는 위기를 상기시키는 모든 일에 과민해진다. 마찬가지로 연구에서는 국가대표 축구팀이 큰 시합에서 진 다음 날, 그 나라의 증시가 하락하는 것으로 나타났다.

때로는 의사결정을 기다려야 하는 이유

연구에서는 일반인의 약 50%가 부정적 뉴스에 동요된 적이 있음을 인정함에도 그런 동요 때문에 자신의 위기대응 방식이 달라질 것을 인정한 사람은 3%에 불과한 것으로 나타났다. 이 증거는 우리가 분명히 나쁜 뉴스의 영향을 받는다는 사실과 정반대임을 입증한 것이다. 이는 곧 우리 뇌가 우리를 속여 스스로 그 영향을 잘 조절했다고 생각한다는 의미다. 만약 당신이 방금 나쁜 소식을 접했다면, 정서가 진정될 시간을 갖고 뇌가 스트레스 호르몬으로 대응하지 않을 때까지 중요한 결정을 보류하라.

공포가 뇌에 미치는 영향

원시 뇌가 공포를 느끼면, 공포가 뇌를 지배하여 사실상 뇌의 비판적 사고기능이 마비된다. 유전적으로 공포를 가장 중시하게 만들어진 편도체는 공포상황이 종료될 때까지 다른 감각정보를 다 무시해 버린다. 특히 공포가 무의식적으로 일어나 전두엽의 기능이 중단되었다는 사실을 인식하지 못할 경우에는 아주 심각하다. 그것은 가끔 낮은 불안수준에 의한 마비처럼 여겨질 수도 있으며, 특히 ADD 환자(주의집중이 어려운)들이 취약하다.

공포를 느끼고 있음을 인식하든 못하든, 또는 그렇게 두려워할 실제적인 이유가 있든 없든 편도체는 전전두피질에 고통신호를 보내어 비판적 사고를 차단해 버린다. 그럴 경우에는 간단한 과제에도 집중하기 어렵다. 대신 우리 뇌는 공포의 원인과 주변에서 위협을 줄 만한 요소를 탐색한다. 다시 말해, 원시 뇌는 고도의 경계상태인 반면, 의식적이고 사고하는 뇌는 기능을 멈춘 상태이다.

편도체를 진정시키는 방법

이런 경향을 극복하려면, 공푸에 집중하는 편도체를 진정시켜야 한다. 시각화, 명상, 정신적 시연, 재명명화, 진정용 자비 만트라 등 활용 가능한 방법들이 많다. 공포(또는 공포나 무의식적인 공포를 야기하는 상황)를 인식하면, 과잉 활성화된 편도체를 진정시킬 기회가 생긴다. 공포상황을 예측하고 성공적인 결과를 상상(시각화, 명상, 또는 정신적 시연을 통해)하면, 공포유발시에 뇌가 따라야 할 신경통로를 만드는 셈이다.

상상은 기본적으로 다음과 같은 영향을 준다.

- 시각화는 기존의 본능적인 신경회로에 대응하는 신경회로를 만들어 미래의 사건이 아주 원활히 진행된다.
- 명상(9장 참고)은 공포가 일어날 때 이를 인식하는 능력을 높인다. 또한 자신의 사고와 정서 인식은 물론, 그 조절방법에 대한 인식도 높인다. 명상을 통해 신뢰를 촉진하는 옥시토신도 증가된다.
- 정신적 시연(8장 참고)을 통해 우리는 어떤 상황에서든 준비되었다는 느낌을 갖는다. 또한 정신적 시연은 자신감을 높이고 성공을 위한 신경회로도 만든다.
- 상황을 재명명하여 자신의 정서반응에 영향을 줄 수 있다. 우리가 '문제'에 처하면, 압도되었다고 느낄 수 있다. 하지만 우리가 동일한 상황을 '도전'으로 보면, 경쟁적인 특성을 이용해 난국에 대처할 것이다.
- 자비명상은 긍정적 정서를 유발하기 때문에 스트레스 상황에서 편도체를 진정시킨다.

냉정하게 행동하라

대성한 사람들은 공포를 피하는 동시에 혁신적인 해결책을 찾아내기 위해 자신의 뇌활용에 집중하는 경향이 있다. 그들은 공포를 내려놓고 비상한 지적 능력을 발휘하여, 앞으로 나가는데 필요한 아이디어, 자원 또는 돈을 구할 것이다. 그들은 비관적 관점에 빠지지 않는다. 다른 사람은 극복 불가능한 문제를 볼 때에도 그들은 기회를 본다.

뇌를 재구성하여 공포반응을 멈출 수 있다. 공포반응을 피하기 위해 긍정적 행동을 취하면, 우리가 손실보다 수익에 집중하는 신경 네트워크를 만들 수 있다. 공포는 반사적인 뇌의 본능적 반응을 부추긴다. 이런 초기 반응을 막으려면, 공포의 원인을 분석해야 한다.

작동기억의 한계를 알아라

작동기억은 현재 진행중인 사항 즉, 일정 시간에 머릿속에 보유 가능한 네 가지 정도의 사실과 관련된다. 작동기억은 진행중인 사항(즉각적인 해결책 또는 추가 자극을 찾거나 정서반응에 얽매이는)에만 너무 집중한 나머지, 뇌가 제 기능을 못해 결국 우리는 합리적 사고를 보류한다. 우리 기억의 작동방식과 그 한계를 제시하면 다음과 같다.

- 단기기억은 2-3분 전에 일어난 기억이다(우리는 이를 기억할 필요가 있는지 계속 판단중임).
- 장기기억은 우리가 5분 이상 유지하기로 판단하고 이를 유사한 정보와 연결하기 위해 뇌로 보낸 기억이다.
- 작동기억은 우리가 순간순간 보유하는 새로운 사실로, 매 순간 일어나는 두려움이 다 해결되어야 비로소 제 기능을 한다. 그래서 맥락이나 진정신호 등 다른 형태의 정보를 등록하기 어렵다.
- 기저핵이 두려움과 극심한 공포에 반응하느라 분주하고 뇌에 코르티솔이 넘칠 때에는 통찰하는 뇌가 창의적인 아이디어와 해결책을 마음껏 찾기가 어렵다.

이런 한계를 이해할 경우, 우리는 다양한 상황에서 우리를 지원하는 작동기억에 시간과 공간을 제공할 뿐만 아니라, 기억할 필요가 있는 사실에 더 집중할 것이다.

반성적이고 통찰하는 뇌 덕분에 우리는 습관적인 공포 중심 패턴에서 벗어나, 있는 그대로의 사실을 바탕으로 의사결정을 내릴 것이다.

투쟁-도피 반응에 빠지지 마라

앞에서 제시한 바와 같이, 우리 뇌는 나름의 방식이 정해져 있어서 새로운 상황에 유연하게 대처하지 못한다. 공포상황에서 코르티솔이 분비되면 그런 문제가 급증하고 악화되어, 아이디어를 공정하게 고려하기는커녕 억압해 버린다. 공포가 전면적인 공황상태로 악화되면, 혁신적인 해결책에 대한 모든 바람이 강력한 정서에 휘말리고 심각해질 수 있다. 이는 기저핵이 과거의 공황발작 에피소드를 기억해서, 코르티솔을 비롯한 기타 스트레스 호르몬에 더 민감해졌기 때문이다. 이는 우리가 이후에 소량의 코르티솔(공포)만으로도 투쟁-도피 반응을 한다는 의미다. 그로 인해 우리는 비교적 안전한 모험을 감수하기도 어려워진다. 이때 창의성마저 사라져 자칫 그런 상태가 습관화되면, 우리 뇌는 이를 쉽게 수용하고 강화한다.

해결책

만약 당신이 공포 사이클에서 벗어나지 못하면, 신이 나고 다소 모험적인 새로운 상황을 마련하라. 그러면 자신의 공포를 극복하고 작동기억을 재훈련하여 그런 상황에서도 정서적으로 반응하지 않고 사실에 집중할 것이다. 만약 당신이 여전히 공포에 떨고 있다면, 심호흡을 하고 공포를 명명하며 자신의 가정에 반박하라. 그리고 그 상황을 새롭게 볼 때까지 기다리는 등 다양한 진정방법을 사용하라.

집중해서 연습하면, 우리 뇌가 기존의 반응패턴을 진정시킬 것이다. 그러면 평가와 사고가 요구되는 상황에서 공포를 객관적으로 바라보고 통찰하는 전전두피질이 작동할 것이다.

뇌가 동일한 실수를 되풀이하지 않게 하라

우리 뇌가 예측 가능한 패턴을 추구하다보니, 우리가 동일한 재정적 실수를 반복하여 부자가 되려는 노력이 수포가 될 수 있다. 심지어 우리 뇌는 부정적 결과가 뻔한 상황에서도 예측 가능성과 패턴을 선호한다.

이런 경향을 예방하려면, 뇌가 이런 실수를 제대로 인식하게 하

검소한 사람들이 하는 대로 하라

몇몇 행동연구에서는 쇼핑목록을 만들거나 쇼핑 전에 어떤 형태든 준비를 하면 과소비를 예방할 수 있는 것으로 나타났다. 연구자들은 전략을 세우면 소비의 30% 정도를 줄일 수 있다고 말한다. 물론 그것이 허리띠를 졸라매는 이들과 똑같이 행동하는 것처럼 간단할 수도 있다. 검소한 사람들은 구매 전에 돈의 기회비용을 계산하면서 자신의 선택을 신중히 고려할 것이다(만약 오늘 100달러짜리 물건을 산다면, 다음 데이트에서 여자 친구를 감동시키는데 쓸 100달러가 없어지잖아. 또는 장사꾼이 아니라 나를 위해 투자계좌에 넣을 여윳돈 100달러가 없어지잖아.) 이런 양자택일 전략은 우리 뇌의 반성적 처리와 반사적 처리를 좀 더 생산적으로 조정하는 예이다.

라. 종종 자신의 재정적 실수목록을 만들 시간을 가져라. 다음과 같이 자문하라. "나의 재정 전반에 백해무익한 부정적 금전습관은 어느 것인가?" 그 중 몇 가지를 제시하면 다음과 같다.

- 집중하지 못함
- 성급히 결정함
- 강박적으로 조사함
- 공포에 쫓겨 선택함
- 실천이 필요하다는 신호를 무시함
- 문제에 직면하지 못하고 스트레스를 받음
- 합리적 사고 대신 잡념에 빠짐

일단 목록을 만들었으면, 그런 실수로부터 배우기 위해 의식적인 결정을 내리고 실행계획을 작성하라. 그러면 금전 관리자인 동시에 투자자로 성장하게 될 것이다. 또한 뇌 덕분에 당신은 해결책에 집중할 뿐만 아니라, 당신의 노력을 지원할 아이디어를 탐색할 것이다.

어디에 집중할지 선택하라

우리 뇌는 우리가 집중하는 대로 집중한다. 우리는 우리 뇌가 창의적 사고를 하고 커지며 성장하게 훈련할 수도 있고, 두려움에 빠져 모험을 피하게 훈련할 수도 있다. 후자일 경우에는 우리가 기회를 놓치고 침체를 면치 못할 것이다. 그것은 다 우리가 우리 뇌에 무엇(매 순간 생각하는 네 가지)을 요구하는지와 그것들 각각에 대해 우리가 어떻게 반응하느냐에 따라 달라진다. 우리는 뇌를 그냥 내버려 둘 수도 있고 뇌의 도전감을 촉진할 수도 있다. 우리 뇌는 예전대로 투쟁-도피반응을 해서든 자동적으로 부정적 관점을 강화해서든, 아니면 도전(우리가 뇌에 요구하는)에 부응하는 새로운 신경회로를 만들어서든 항상 우리가 하는 일에 협조적이다. 그러니 결국 뇌가 어떻게 할지를 결정하는 것은 우리 자신이다.

장기적으로 봐라

경제학자들은 소위 행동격차behavior gap라는 현상을 확인했는데, 이는 재정적 투자수익을 낮출 수 있다. 연구에서는 평균 투자자의 실제 수익이 평균 뮤추얼 펀드의 수익보다 현저히 낮은 것으로 나타났다. 그것은 개인 투자자들의 경우 객관적인 전문가 훈련이 부족하고 두려움 등의 정서가 사고를 앞서기 때문이다. 이는 주식이 하향세일 때 주식을 매도하여 다시 회복됐을 때 장기수익을 놓치고 만다는 의미다. 이들은 계속 활황주를 찾으며 수익을 쫓는 경향이 높다. 이들은 반성적 사고가 아니라 반사적 사고를 한다. 뮤추얼 펀드 매니저들은 장기수익 창출에 집중하는 훈련을 받아 반사적 반응을 억제한다. 우리 뇌가 꾸준히 장기적 관점에 집중하고 단기수익에 급급하지 않게 하려면 다음과 같은 전략을 실천하라.

- 장단기 목표가 포함된 자신의 투자전략을 작성하라.
- 장기적으로 일어날 일을 바탕으로 재정결정을 내려라. 자신의 시간적 여유가 얼마나 되는지에 따라 십년이 될 수도 있고 몇

십 년이 될 수도 있다.

- 자신의 투자전략에 적합한 자산배분전략을 골라 적절한 펀드에 돈을 넣어라.
- 거래를 줄여 수수료를 줄여라.
- 매년 계좌를 조정하라.

이런 것들이 간단해 보일지 모르지만, 자신의 계획을 고수하면서 무서운 하락세, 유망세, 큰 수익 가능성에 동요되지 않으려면 훈련이 요구된다.

중독경향을 주시하라

큰 수익을 얻으면 기분이 아주 좋아져 우리 뇌는 바로(그리고 강박적으로) 또 그럴 기회를 찾을 것이다. 스릴의 유혹(그리고 뇌에 넘치는 도파민과 세로토닌)때문에 큰 수익에 병적으로 집착하거나 큰 돈과 높은 명성을 위해 계속 새로운 방식을 탐색할 것이다. 우리는 말 그대로 부 추구에 너무 몰두한 나머지 추구 자체에 중독되어 버린다. 진중하게 해결하지 않으면, 재정적 안정이 완전히 위기에 처할 것이다. 이는 큰 돈을 긁어 모을 때의 뇌활동이 중독성 마약을 복용할 때의 뇌활동과 똑같기 때문이다.

도박이 중독적인 이유

돈은 보상이다. 그래서 돈에 대한 반응은 반사적인 뇌에서 신속하게 처리된다. 반사적인 뇌는 내기에 걸린 보상의 양에는 민감하지만, 보상확률의 변화에는 둔한 편이다. 그 좋은 예로 도박, 특히 슬롯머신을 들 수 있다. 가령, 슬롯머신을 돌릴 때마다, 대박날 확률이 1/1000이라 하자. 또 슬롯머신을 돌리면, 여전히 확률이 1/1000이다. 하지만 우리 뇌는 그 확률이 더 높아진다고 생각하는 경향이 있다. 즉, 잃을 때마다 성공에 더 가까워진다고 생각하는 경향이 있다. 실제로는 그 확률이 동일한데도 말이다. 그 확률은 항상 1/1000이다.

도박꾼들은 임의의 보상과 연합된 황홀감과 추후 보상을 더 받을 것이라고 기대하며 계속 흥분된다. 그럴 경우에는 바로 반성적 판단이 줄어든다. 그것은 바로 도박꾼이 아니라 카지노업자가 웃는 이유이다.

속임수 전략을 인식하라

우리 뇌는 부추기는 말에 반응한다. 증권시장 분석가들은 청자들의 정서반응을 유도하려고 '상승중이다'와 같은 행위동사나 '치솟는다'와 같은 표현들을 사용한다. 이들은 노련한 시장 전문가들을 고용하여 전하고 싶은 메시지만 전달한다.

중립적인 말과 달리, 부추기는 말은 정서반응을 일으켜 본능적인 뇌의 주의를 포착한다. 뇌는 중립적인 말에 좀 더 천천히 반성적으로 반응하여 평가기능을 활용한다. 만약 투자사 직원이 우리의 정서에 호소한다면, 이는 우리의 통찰하는 뇌로 그들의 제안을 평가하길 바라지 않기 때문이다. 정서적 상황, 심지어 발끈하는 순간에도 기민성을 유지하면, 전전두피질의 평가기능이 작동할 것이다.

TV를 꺼라

주가가 치솟거나 급락할 때에는 본능적이고 반사적인 뇌가 반성적이고 통찰하는 뇌를 압도할 가능성이 훨씬 더 크다. 과민한 주식 전문가들이 시시각각 분석한 내용을 유혹적인 말이나 그래프로 접할 때에도 마찬가지다. 1999년과 2000년에 닷컴 투자자들은 전문가들이 유망할 것이라고 떠벌렸던 기술 분야 뮤추얼 펀드를 서둘러 구입해서 최소한 300억 달러의 손해를 보았다. TV의 금융 프로그램은 유익한 정보도 주지만, 높은 시청률도 유지해야 한다. 그러다보니 채널고정을 위해 자꾸 과장할 것이다. TV, 라디오, 인터넷을 끄고 매도나 매수 버튼을 누르기 전에 결정에 대해 조용히 숙고하라.

군중심리를 피하라

인간은 군중심리에 민감해서 주변 사람들의 시각적·언어적 단서를 알아차린다. 다시 말해, 우리가 한숨 돌리고 실제 상황을 평가하든, 심사숙고한 결정을 내리든, 우리는 다른 사람이 하는 대로 따라하는 경향이 있다. 이제는 우리가 군중 속에서 생활하지 않음에도 우리에게 여전히 그런 행동이 남아있다. 그래서 사업을 부추기는 중매인들은 "대세에 순응하라."는 말을 한다. 이 현상은 매도프 Madoff 사건에서 확실히 나타났다. 친구, 동료, 그리고 기타 세간의 이목을 끄는 명사들이 매도프 투자증권에 투자했다는 사실에 투자자들이 발목을 잡혔던 것이다. 그들은 거의 신경쓰지 않았으나, 그 결과는 처참하였다. 일반인보다 돈을 더 벌고 싶을 때, 군중심리를 따르면 소기의 목표에 도달하지 못할 것이다.

얼마 전 집을 되팔아 떼돈을 벌겠다고 생각하던 수백만 명이 부동산 거품을 겪었다. 똑같은 경제위기가 똑같은 심리를 갖고 있던 거대한 투자사들을 도산시켰다. 모든 호조가 포화상태에 이르고 위축이 심각했다. 정서적 흥분상태에서 한 걸음 물러나 통찰하는 뇌로 상황을 침착하고 합리적으로 평가하라.

이게 다 무슨 뜻일까?

이 책에서 소개한 내용을 다 기억할 필요는 없지만, 뇌의 작동방식을 이해하고 반사적인 뇌와 반성적인 뇌의 차이와 그 차이가 재정결정에 미치는 엄청난 영향을 제대로 파악한다면, 재정적으로 훨씬 더 성공적일 것이다. 우리는 우리 뇌의 두 부위가 협력하여 감정과 사고가 균형을 이루고 대안을 평가하며 지혜롭고 신중하게 결정하길 바랄 것이다. 반사적인 뇌는 본래 급한 정서 메시지에 반응한다는 사실 즉, 반성적이거나 분석적인 뇌를 개입시키지 않고 언제나 마음대로 한다는 사실을 항상 명심하라.

다행히도 다음 장에서 살펴보겠지만, 구체적인 방법을 통해 반사적인 뇌를 길들이고 반성적인 뇌의 주도력을 강화할 수 있다. 다음 장에서 실제로 그렇게 해보자.

8장

부자가 되려면 노력하라

- 우리 뇌는 우리의 필요나 뇌자극 활동에 따라 성장한다. -

8장 부자가 되려면 노력하라

이 장에서는 뇌의 많은 특성 중 게으름에 대해 말하려 한다. 뇌를 내버려 두면, 뇌는 쉬운 방안을 좇는 경향이 있다. 그런데 그 쉬운 방안은 급히 반응하는 본능적인 뇌가 제시한다. 이는 어떤 상황에서 모든 정보를 고려하지 않고 정서에 이끌려 결론을 내린다는 의미다. 앞 장에서는 좀 더 이성적이고 논리적인 의사결정 방법을 다루었다. 즉, 공포, 위험회피, 공황발작 위주의 본능적인 반응을 진정시키는 동시에, 반성적인 사고 뇌를 작동시켜 논리적이고 분석적인 사고와 사실 위주로 선택하는 방법 말이다.

나아가 이 장에서는 전전두피질을 좀 더 활용하는 방식에 대해 살펴볼 것이다. 이때 훈련을 통해 통찰하는 뇌가 나름의 자원을 적극 활용하여 좀 더 시간을 두고 철저히 사고하게 될 것이다. 그 덕분에 우리는 타당한 재정결정을 내리거나 기발한 진로계획을 세울 수 있다. 이는 곧 자신의 당면 문제를 해결하려면 본능적인 뇌에 의지하지 말고 통찰하는 뇌회로를 구축하여 이를 집중적으로 활용해야 한다는 의미다.

뇌에 과부하를 주지 마라

요즘에는 모든 사람들의 뇌가 심각할 정도로 과부하 상태이나, 그래도 어떤 이들은 다른 이에 비해 뇌를 잘 활용한다. 아래의 테스트를 통해 당신은 어떤지 알아보기로 하자.

뇌의 과부하 정도 알아보기

1. 당신의 멀티태스킹 정도는 어떤가? (　　　)

A. 한 번에 다섯 가지 정도의 일을 한다.

B. 한 번에 세 가지 이상이 아니면 꽤 잘한다.

C. 한 번에 두 가지 이상을 할 때 한계에 부딪친다.

D. 중요한 일을 할 때에는 절대 멀티태스킹을 하지 않는다.

2. 수신 메일을 확인하는 정도는? (　　　)

A. 메일이 도착하자마자 확인한다.

B. 한 시간마다 확인한다.

C. 하루에 다섯 번 정도 확인한다.

D. 하루에 두 번 확인한다.

3. 자세한 답장을 요하는 메일을 받으면, 어떻게 하는가? (　　　)

A. 경황이 없으니 기다려달라는 답장을 바로 보낸다.

B. 하던 일을 멈추고 일단 대충 답장한다.

C. 옆에 체크표시를 해두어 답장할 내용이 생기면 답장한다.

D. '즉답해야 할 메일' 폴더에 넣어둔 다음, 답장에 필요한 사항을 메모한다.

4. 상사가 부서의 실적이 저조한 이유를 물으면, 어떻게 하는가? ( )

A. 화가 나고 방어심이 생긴다.

B. 사실 여부야 어쨌든 당황한 나머지 구실을 찾는다.

C. 몇 가지 미해결 문제가 있으니 생각을 정리해 다음날 회의를 소집하자고 제안한다.

D. 메모를 남기겠다고 말하고 즉시 문제점과 그 해결방안을 찾는다.

5. 새로운 것을 배워야 할 때 어떻게 하는가? ( )

A. 짜증난다고 크게 불평한다.

B. 가능한 한 미루고 본다.

C. 일단 최선을 다해 머리를 비운다.

D. 멋진 도전으로 생각한다.

6. 어떤 제품의 성공 가능성을 평가해야 할 때 어떻게 하는가? ( )

A. 어디서 시작해야 할지 감도 못 잡는다.

B. 어떤 말을 해야 할지 상관에게 물어본다.

C. 사흘간 온라인 조사를 해서 비록 그 제품과 별 상관이 없는 정보라도 많이 모은다.

D. 유사제품의 성공사례를 찾아보고 거기에서 아이디어를 얻어 결론을 내린다.

이제 체크한 것을 계산해 보아라

- 대부분 A에 체크했다면, 당신은 하루를 잘 지내기는커녕 당신의 뇌도 활성화될 기회가 없다. 당신은 정보 과부하의 희생양이지만, 뇌가 능력을 발휘할 기회를 주면 정서적 반응과 비효율성이 크게 줄어들 것이다.
- 대부분 B에 체크했다면, 동시에 너무 많은 일을 해서 뇌가 부담을 느끼고 있다. 업무부담을 통제 가능한 범위로 줄여서 뇌가 제 기능을 마음껏 발휘하게 하면, 당신 자신이든 당신의 뇌든 훨씬 더 고차적으로 기능할 것이다.
- 대부분 C에 체크했다면, 상당히 잘 대처해서 압도된 기분을 느끼지는 않지만, 여전히 과부하상태이다. 당신 자신을 모니터해서 당신과 당신의 뇌를 성공적으로 이끌 시간과 공간을 제공하라.
- 대부분 D에 체크했다면, 당신은 우선순위에 따라 일을 처리해서 과제를 꽤 능숙하게 처리하는 셈이다. 하지만 뇌에 좀 더 관심을 가지면, 한 단계 더 나아갈 힘을 주는 창의성과 혁신의 근원을 발견할 것이다.

반성적인 뇌를 활성화시켜라

반성적이고 통찰하는 뇌를 활성화시키려면 어떤 것이 사실이라는 증거보다 사실이 아니라는 증거를 찾도록 하라. 반사적이고 본능적인 뇌는 불확실성을 싫어해서 당면한 문제를 이해하고 답하기 쉬운 형태 즉, 간단하고 범주화하기 용이한 '사실'로 금방 구조화해 버린다. 하지만 이는 사실이 아닐 가능성이 높다. 현명한 재정결정을 위해서는 반성적인 뇌를 적극 활용하여 정서적 판단(과잉 단순화된 본능적인 반응에 의한)을 억제해야 한다. 어떤 것이 사실이 아님을 증명하거나 적어도 사실이 아닐 수 있다고 생각하면, 통찰하는 전전두피질이 바로 준비태세에 돌입하여 모든 평가기능을 가동할 것이다.

그 예로 투자 상담원이 어떤 주식을 추천하는 상황을 들어 보자. 당신은 그 주식이 일정 기간 계속 오를지 물어볼 것이고, 상담원은 그 주식이 지난 6개월 이상 상향궤도에 있었음을 보여주는 차트를 제시할 것이다. 화려하고 인상적인 그래프만으로도 당신의 반사적인 뇌는 급하게 '구매' 명령을 내릴 것이다. 그러나 사실 그 차트에서 보여주는 것은 지난 6개월 동안 주가가 올랐다는 사실일 뿐, 이후 6개월 동안 그럴 것이라는 말은 아니다.

주식을 잘 하려면, 반성적인 뇌에서 그 주식의 장기 실적이 어떤지, 작년이나 지난 2년간의 성장률이 어떤지, 같은 기간 동안 장 전체의 움직임은 어땠는지 등 더 많은 사실 정보를 모아야 한다. 그러나 그런 정보가 다 있다 하더라도, 핵심 질문 즉, 주식이 계속 오를지는 장담할 수 없다.

반사적인 뇌는 현혹되겠지만, 일정 시간이 지난 후 반성적이고 통찰하는 뇌는 그 주식이 계속 오를지와 같은 핵심 질문에 아무도 답할 수 없다는 사실을 깨달을 것이다. 아무도 미래를 내다볼 수 없기 때문에 그 질문에 답할 수 없다. 그러나 통찰하는 뇌에 기회를 주면, 좀 더 고민하여 그 주식이 계속 수익을 낼 수 있을지와 같은 실제적인 잠재력을 평가할 것이다. 그런 평가를 하려면, 더 많은 정보가 필요하다. 즉, 정서적이고 본능적인 뇌가 급히 명령을 내리게 자극할 뿐, 정작 필요한 정보는 거의 없는 광고와 화려한 그래픽 대신 말이다. 이것이야말로 재계에 입문할 때 충분한 재정교육으로 반성적인 뇌를 자극해야 하는 이유이다. 그렇게 할 경우에 자신이 무엇을 모르는지, 의사결정 레퍼토리에 어떤 정보를 추가해야 할지를 알게 될 것이다.

전전두피질을 활성화시키는 방법

이처럼 긴급한 상황에서 현명한 결정을 내리기 위해서는 통찰하는 전전두피질을 활성화시켜야 한다. 고도로 진화된 사고 뇌를 활용하려면 관련 질문을 충분히 제기해보아라. 비록 바보처럼 보이는 질문이라도 말이다. 재정 상담가가 이해하기 어려운 전문용어로 답하면, 그의 말을 중지시킨 다음 좀 더 쉬운 말로 설명해달라고 요청하라. 뇌가 학습 중이기 때문에 자기 뇌가 학습자로서 존중받게 하라. 우리가 금융용어의 뜻을 상담자에게 설명할 수 있을 때까지 우리는 계속 학습 중인 셈이다. 세상에 바보 같은 질문은 없다는 속담을 기억하라. 투자나 재정을 배울 때야말로 그 속담이 딱 들어맞는다. 수학을 잘 하는 사람만 그런 것을 배울 수 있다고 생각하지 마라. 시인도 수학자 못지않게 배울 수 있다.

자신의 재정에 영향을 미칠 회의를 시작하기 전에는 항상 대화상대에게 제기할 세 가지 질문을 준비하라. 그 사람이 펀드 매니저든, 구직 면접자든, 예상 고객이든 말이다. 펀드 매니저를 만난다면, 그의 주장을 지지할 구체적 증거를 요구하라. 그 외에 아주 세부적인 사항, 유사 주식과의 비교, 전반적인 주식시장의 동향에 대해 물어본 다음, 어떤 사업 트렌드가 거기에 영향을 줄지도 물어라. 구직 인터뷰를 하러 갈 때처럼 준비하고, 그 어느 것도 액면 그대로 믿을 수 없음을 명심하라.

의사결정 상황에서 통찰하는 전전두피질을 활성화시킬 방법이 많은데, 그 중 몇 가지를 제시하면 다음과 같다.

정서를 진정시켜라

뇌가 정보처리를 하는 동안 정서를 무시하지 말고 오히려 그에 주목해서 진정시킬 방안을 찾아라. 심호흡을 할 수도 있고, 아니면 자신의 정서가 고조된 상태임을 인식하고 그걸 다룰 것임을 알릴 정도로 수긍하기만 해도 된다. 욕망 때문에 정서조절이 안 되면, 정서를 떼쓰는 아이처럼 대하라. 그리고 건전한 선택이라는 판단이 설 때까지 정서를 전환하라. 그 다음에는 5장에서 논의한 대로 두려움에 귀 기울여 대처하라.

정서와 거리를 두어라

절친이든 자녀든 타인을 위해 어떤 의사결정을 한다고 생각해 보아라. 타인의 안녕에 대한 '책임감' 때문에 반성적인 뇌가 깨어나 그들의 안녕에 집중할 것이다.

깊이 생각하라

'적당~히' 의사결정하지 마라. 그럴 듯해 보이는 첫 번째 대안을 덜컥 받아들이지 마라. 뇌는 에너지를 아낄 최선의 방법을 찾으며,

문제를 해결하거나 대답할 때 가장 신속한 방법을 따르는 경향이 있음을 기억하라. 따라서 뇌는 최적의 해결책을 찾기보다 최저 수준의 해결책을 대충 제시해버릴 것이다. 의도적으로 반성적인 뇌를 충분히 활용하지 않으면, 결국 타성에 젖은 의사결정을 하고 자칫 두려움에 좌우될 것이다. 그럴 듯한 해결책이 하나 떠오르면 생각을 그만 둘 게 아니라, 모든 대안을 철저히 탐색하라. 심지어 그 후에도 계속 생각하라. 뇌가 똑같은 생각을 그냥 계속 반복하지 않도록 아이디어 목록을 만들어라. 대부분 최선의 해결책은 20번째나 50번째에 나온다. 어쩌면 99번째에 최선의 아이디어가 떠오를 수도 있다!

현명하라

화려한 포장의 이면을 보아라. 투자사들은 종종 광고로 풍족하고 매력적인 환경에서 살아가는 멋진 사람들을 보여준다. 이런 광고는 자기들에게 투자하면 당신도 그처럼 풍족하게 생활하는 부유하고 멋진 사람이 될 수 있다는 암시를 준다. 투자사의 실제 실적수준과 사업방식을 평가하려면, 항상 화려한 포장의 이면을 보아라. 새로운 고객을 유치하려는 그들의 계략에 끌려가지 마라.

시간을 두고 생각하라

잠깐 시간을 달라고 요청하라. 성급한 의사결정을 내리지 않는다는 규칙을 세워라. 결정하라는 압박을 받으면, "나는 재정결정을 내리기 전에 24시간 동안 고민한다는 방침이 있다."고 말할 수도 있다. 당신의 뇌가 정보를 수용하려면 족히 10분은 필요하다. 이를 통해 통찰하는 전전두피질이 활성화될 것이다. 심호흡을 한 다음, 이성적이고 반성적인 뇌를 활성화시켜라.

많은 정보를 모아라

당신은 틀림없이 관련 정보를 많이 모으려 할 것이다. 뇌에 관련 정보가 많을수록, 더 타당한 평가를 내릴 것이다. 그러나 의사결정을 위해 적절한 마감기간을 정하여 정보과다로 인한 분석불능을 피하라. 물론 의사결정에 필요한 정보의 양에 따라 하루가 될 수도 있고, 일주일이 될 수도 있고, 한 달이 될 수도 있다(가령, 집을 사는 일보다 토스터를 살 때 시간이 훨씬 덜 걸릴 것이다).

다른 사람의 의견을 들어라

항상 두 사람이 한 사람보다 낫다. 특히 그 사람이 당신의 결정에 좌우되지 않고 당신의 결정을 다소 견제하며 적절한 질문을 제기해 준다면 더 그렇다. 훌륭한 사람은 무언가를 결정하기 전에 반대 입장에서 자신에게 숙고할 기회를 주는 회의론자를 적극 활용한다.

머리를 식힐 활동을 하라

집중적인 정신활동에서 벗어나 몸을 움직이는 신체활동을 하라. 정서를 안정시키고 신체에 집중할 수 있는 무언가를 하라. 그런 활동을 통해 뇌가 휴식을 취하여 뇌로 가는 산소와 혈류가 증가되며, 결과적으로 산뜻한 마음으로 다시 과제에 집중할 것이다.

자고 일어나 생각하라

"자고 일어나 생각하라."던 할머니의 말씀을 떠올려 보아라. 12장에서는 수면이 뇌에 얼마나 중요하며, "자고 일어나 결정하라."는 말이 타당한 이유를 자세히 살펴볼 것이다. 특히 중요한 재정결정일 경우에는 더 그런 이유도 살펴볼 것이다. 우선 여기에서는 잠들기 전에 뇌를 활용해 문제를 잘 해결하는 방법에 대해서만 살펴보자.

스스로 제기해 볼 질문

어떤 회사에 투자할지(혹은 어떤 회사에 근무할지) 여부에 관심이 있을 때 반성적인 뇌를 활성화하려면 다음과 같은 질문에 답하라.

- 이 사업의 어려움과 기회를 잘 알고 있는가?
- 이 사업을 하고 싶은가?
- 이 회사는 동종의 다른 회사들과 얼마나 경쟁력이 있는가?
- 경쟁사들은 얼마나 막강한가?
- 이 회사의 강점과 약점은 무엇인가?
- 성장과 확장 가능성이 있는가?
- 이 회사에 부정적 영향을 줄 시장동향이 있는가?
- 직접 명시되지 않은 사항을 비롯해 이 회사의 재무제표를 이해하고 있는가?
- 회사와 나의 목표나 가치가 일치하는가?
- CEO나 재무 담당자에 대해 얼마나 알고 있는가?

이런 질문들을 숙고하고 자신의 인지와 정서를 구분할 시간을 갖는 동안, 뇌의 CEO인 전전두피질은 고려중인 사항을 처리하고 이해하는데 필요한 정보를 모을 것이다.

감정에 귀 기울여도 될 때

투자나 진로 관련 결정에서 직관과 감정 역시 중요하기 때문에 그런 결정을 할 때 꼭 이성에만 의지할 필요는 없다. 특히 과거에 본능이나 정서가 유익했다면, 이를 믿으려 할 것이다. 그렇다 할지라도 의사결정을 할 때 본능이나 정서에 좌우되지 마라.

뇌는 수용한 정보를 처리, 통합하고, 이를 관련 기억과 관련지어 아주 합리적인 결정을 내릴 수 있다. 하지만 감정적 투자를 부추기는 말을 들으면, 정반대로 뒤집혀 과잉 흥분되거나 두려움, 분노, 의심 등 편도체를 지나는 고조된 정서로 인해 사고가 경직된 나머지 최선의 결정을 내릴 수 없다.

어쨌든 이성적 정보와 정서의 균형을 잘 유지하여 결정을 내려야 한다.

뇌와 의사결정

의사결정 능력을 높이려면, 관련 뇌기능을 높여라. 가령, 의사결정을 위해서는 의사결정과 그에 필요한 사실에 집중해야 하기 때문에 주의집중 능력이야말로 의사결정에 크게 기여한다. 따라서 식기세척기에서 그릇을 꺼내든 책을 읽든 집중력을 개선하려는 모든 노력이 의사결정 능력에 기여한다. 뇌기능은 전이될 수 있다! 의사결정과 관련된 주요 뇌기능을 제시하면 다음과 같다. 이런 기능을 익힐 방법을 고려해보자.

- 집중력: 주의산만 요소를 무시하고 해당 과제에 집중하는 능력이야말로 정보수용 능력에 크게 기여한다.
- 사고를 조절하는 능력: 뇌로 들어오는 정보의 흐름을 늦추고 촉진하며 억제하는 능력이 유능한 사고에 기여한다.
- 새로운 정보를 처리하는 능력: 새로운 정보를 얼마나 잘 이해하는지가 의사결정에 기여한다.
- 정보 통합 능력: 새로운 정보와 기존의 정보를 관련짓는 능력이 사고과정에서 이용 가능한 정보의 양에 기여할 것이다.
- 단기 기억: 새로운 정보를 기억하는 능력은 의사결정 과정에 영향을 준다. 특히 많은 정보를 모아 신속한 의사결정을 해야 할 경우에는 더 그렇다.
- 장기 기억: 부 관련 사고와 의사결정은 고통스럽든 행복하든 과거의 기억 및 그런 기억의 정서적 영향에 따라 크게 달라진다.
- 새로운 기능을 개발하는 능력: 뇌를 계속 활성화시키면, 뇌가 유연해져 새로운 기능을 학습하기가 더 용이해진다.

이 책에서는 추후에도 계속 뇌기능 향상 방법을 제시할 것이다. 그러나 뇌근육을 만드는 것 즉, 여기에서 제시한 아이디어와 제안을 연습하고 열심히 노력하여 뇌에 도전감을 주고 영양을 공급하는 것은 자신의 몫이다. 만사가 다 그렇듯이, 가장 노력하는 자가 최선의 결과를 거머쥘 것이다.

멀티태스킹이 뇌에 부담이 되는 이유

요즘 들어 멀티태스킹이 일상적이게 되었다. 누구나 한 번에 여러 가지를 하려 하는데, 그 이유는 요즘 사회에서 그런 걸 기대하기 때문이다. 안타깝게도 우리 뇌는 가장 중요하다고 여기는 일, 대개 생존과 가장 밀접하게 여겨지는 일에 집중하도록 만들어져 있다. 가령, 이를 닦는 것보다 송곳니를 드러내며 달려드는 호랑이를 피하는 일이 더 급할 것이다. 당연하지 않은가? 그러나 사람들은 어느새 한 가지 일을 마치고 다른 일을 하기보다 한 번에 둘, 셋 또는 그 이상의 일을 하려고 한다. 요즘 우리는 한 번에 열 가지 일을 하려고 할 때가 많으며, 그 결과는 처참하다(가령, 운전 중의 핸드폰 통화에 대한 연구를 참고하라).

사실 우리 뇌는 절대로 한 번에 한 가지 이상에 집중할 수 없다. 아무리 닦달해도 마찬가지다. 뇌는 여러 업무 사이를 오가야 한다. 따라서 운전하면서 핸드폰 통화를 할 때, 우리는 그 둘 다에 집중하고 있다고 생각하지만, 사실은 그렇지 않다. 운전에 주의를 기울이다가도 통화상대가 대답을 요하는 질문을 하면 우리 뇌는 대화로 주의를 돌린 채 운전에 대해 까맣게 잊어버린다. 게다가 각 과제 사이를 오갈 때 뇌에서 지체가 일어난다.

과제 수가 늘어날수록 효율성이 떨어지고 아주 중요한 일에 대한 집중력도 약해진다(이는 운전 중에 핸드폰 통화를 하다가 교통사고가 일어나는 이유이다). 멀티태스킹은 뇌에 엄청난 에너지를 요구하기 때문에 뇌가 바로 지쳐 버린다. 이는 고도의 집중을 요하는 과제수행시에 산만요인을 꼭 제거해야 하는 이유이다. 즉, 이것이야말로 여러 가지 일을 처리하는 도중에 재정결정을 내리면 안 되는 이유이기도 하다. 물론 그 이유는 잘못된 결정을 내릴 게 뻔하기 때문이다!

과다한 정보가 뇌를 마비시키는 이유

우리가 매일 과다한 정보에 노출되다보니, 급기야 과학자들은 과다한 정보를 접할 때 발생하는 소위 '분석마비'를 연구하게 되었다. 처리할 정보가 과다하다고 느껴지는 상태 즉, 2009년에 옥스포드 영어사전에 등재된 '정보성 피로 증후군'이 크게 만연되었다. 이 현상 자체는 그리 새롭지 않지만, 정보의 과부하로 사람들이 좌절하고 정서적으로 고달프며 인지손상까지 나타날 수 있다는 점은 새롭다. 최근의 의사결정 관련 연구에 따르면, 정보가 너무 과도한 나머지 사람들이 객관적으로 형편없고 나중에 후회할 결정을 내린다는 것이다.

그 연구에서는 대부분의 의사결정에서 무의식 체계가 중요한 역할을 함에도 정보가 너무 많아 제 역할을 못하는 것으로 나타났다. 또한 정보가 주구장창 쏟아지다보니 진정한 의미의 창의성에 필요한 아이디어 부화(무의식 상태에서 일어나는)가 일어나기 어렵다.

모든 정보는 세 가지 선택을 요한다. 즉, 바로 응답할지, 임박한 의사결정으로 볼지, 아니면 아예 포기할지를 선택해야 한다. 작업기억에서는 네 항목 정도의 정보를 처리한다. 그 후 기억할 가치가 있다고 여겨지는 정보는 단기기억과 의식적인 노력을 요하는 장기기억으로 전환된다. 정보가 계속 누적되는 동안 우리 뇌에서는 미래를 위해 보관해야 할 정보와 버려야 정보를 구분하느라 눈코뜰 새 없다. 즉, 반복되는 정보를 무시하면서 후에 쓸모없을 듯한 정보를 찾아내느라 인지자원이 소모되는데, 계속적으로 많은 정보가 쏟아질 경우에는 점점 더 힘들어진다. 정보 과부하의 부작용을 구체적으로 살펴보자.

의사결정에 영향을 미친다

요즘 누구나 정보의 홍수에 노출되어 있는데, 이는 곧 우리 뇌가 바로 반응해야 한다는 의미다. 설사 안 좋은 선택일지라도, 뇌는 그렇게 하려 한다. 그래서 많은 정보가 쏟아지면, 뇌에서 옳은 결정보다 빠른 결정을 내리게 된다. 심지어 사업계에서도 많은 이들이 신속한 판단을 최선으로 생각한다.

우선순위가 엉망이 된다

우리 뇌는 변화를 감지하고 그에 반응하도록 만들어져서, 새로운 이메일이나 문자메시지가 도착하자마자 의사결정을 담당하는 뇌영역이 바로 작동한다. 왜냐하면 우리 뇌는 대개 최신 정보를 가장 중요하다고 여기기 때문이다. 카네기 멜론대학교의 행동경제학자인 조지 로웬스타인George Lowenstein은 이를 '긴급효과'라 한다. 이는 바로 들어온 정보에 주의를 더 기울이는 대신 이전 정보를 무시하는 현상을 의미한다. 즉, 사고의 질보다 급박함이나 양적 측면을 과대평가하는 현상이다.

뇌 고유의 재능을 살려라

아무 생각없이 정보의 홍수에 빠져있다 보면, 독창적 사고나 현명한 결정에 필요한 창의적 도약이 어렵다. 뇌가 잠재의식에서 새로운 정보를 기존의 정보와 통합하고 새로운 연결을 만들거나 숨겨진 패턴을 찾으려면 시간이 필요하다. 정보가 마구 쏟아지면, 창의적 사고를 발휘하기가 어렵다.

쏟아지는 정보를 처리할 때 요구되는 모든 사고에 대해 생각만 해도 지쳐버릴 것 같다. 다행히 아래와 같이 한다면, 뇌가 필요로 하는 숨 쉴 공간이 생길 것이다.

- 정보의 유입을 제한하라. 핸드폰, 아이패드, 컴퓨터, TV를 끄는 것도 좋은 방법이다.
- 이메일 알림장치를 설정하지 마라. 오전에 두 번, 오후에 두 번(혹은 한 시간에 최대 한 번) 메일을 체크하고 중요도에 따라 순위

과유불급이라!

한 연구에서 MBA 학생들에게 가상의 주식 포트폴리오를 짜보라는 과제를 제시하였다. 이 학생들을 두 집단으로 나눈 후, 한 집단에게는 분석지와 경제 신문을 통해 과도한 정보를 제시했고, 다른 집단에게는 주가변화만 제시했다. 두 번째 집단이 정보가 과도했던 집단에 비해 두 배 이상의 수익을 올렸다. 이는 정보가 과도한 집단의 경우 분석능력이 과도한 자료에 압도된 나머지 각종 소문과 요령에 좌우되어 주식을 매매했기 때문이다. 정보가 많을수록, 정보를 제대로 분류하기가 어려워진다.

를 정하라. 바로 주의를 요하는 메일, 바로 주의를 요하진 않으나 추후 필요할 중요한 정보를 담은 메일, 무시해도 되는 메일로 분류하라.

- 우선순위를 정하라. 고도로 집중해야 할 프로젝트라면 더 그렇다.
- 출처를 신중하게 선택하라. 다양한 출처에서 정보를 수집해야 할 때, 아주 믿을 만한 출처를 선택하고 나머지는 무시하라.
- 창의성이 요구되고 뇌가 정보를 걸러야 할 때에는 정보의 유입을 차단하라. 산책 등 정보가 과부하되지 않을 무언가를 하라.
- 복잡한 정보가 쇄도할 때에는 그 장단점(그 어느 쪽이든)을 굳이 체계적이고 의식적으로 생각하지 마라. 오히려 무의식적인 뇌가 철저히 숙고할 기회를 마련하라.
- 각 결정에 대하여 가장 중요한 기준을 정한 다음, 유입되는 모든 정보보다 그 기준에 집중하라. 정보가 유입된 순서로 우선순위를 매길 필요가 없음을 기억하라.

리듬을 타라

누구나 한 번쯤 '푹 빠지거나' '몰입한' 경험 즉, 한 과제에 집중하여 시간이 매우 빨리 흘러간 적이 있을 것이다. 이런 현상은 한 과제에 오래 집중할 때 즉, 해결해야 할 과제에 완전히 몰입할 때 나타난다. 하지만 아무 준비도 안 된 상태에서는 그런 현상이 나타나지 않는다. 한 장(章)을 쓰면서 몰입을 경험한 작가라면, 이는 메모한 것을 다시 읽고 조직하면서 보낸 시간의 결실이다. 그래픽 예술가라면, 영감을 위해 오랜 시간 잡지를 뒤적인 후에야 몰입을 경험한다. CEO라면, 직원이 아이디어를 낼 때 신중하게 관찰하고 그들의 모든 아이디어를 잘 녹여 자신의 것으로 만들어 낸 결과이다.

어떤 일을 하든, 준비하고 문제를 다각도로 연구하며 지식과 영감을 좀 더 탐색한 다음, 뇌가 정보를 동화하고 정리할 시간과 여유를 주어라. 그러면 어느 순간 갑자기 모든 준비활동이 구체화되어 뇌 전체가 발화할 것이다.

이를 리듬을 탔다거나 푹 빠졌다거나 몰입했다고 말해도 되고, 아니면 마음에 드는 다른 어떤 표현을 써도 된다. 몰입을 위해 어떤 노력을 하든, 아이디어 생성과 창의성에 기여한다. 이는 바로 뇌에서 궁극적인 방안을 제시하는 시점으로, 이는 모두 마음에서 나와 구체화된 것처럼 보인다.

언제 몰입상태일까

누구나 몰입경험이 있겠지만, 그 상태에 이르는 방법이 궁금할 것이다. 푹 빠져 무언가를 행복하게 하는 몰입상태에서는 다 술술 풀려서 우리가 만족감과 영감을 느낀다. 몰입은 창의성의 탁월한 조건이자 완벽한 집중의 탁월한 예이다. 그러면 자신이 몰입상태임을 어떻게 알 수 있을까?

- 과제에 대해 자신만만하고 잘 준비되어 있다.
- 집중이 잘 되며 과제와 '하나'된 느낌이 든다.
- 하고자 하는 바를 정확히 알고 있다.

- 다른 일을 다 잊을 정도로 푹 빠져있다.
- 힘이 넘치고 유능감을 느끼며 행복하다.
- 시간가는 줄 모른다.

몰입상태가 되려면, 자신이 해당 과제를 감당할 수 있다는 자신감뿐만 아니라, 이후의 아이디어를 위해 뇌가 부담없이 능력을 발휘할 정도의 자극과 도전이 주어져야 한다. 뇌가 압도되지 않고 도전감을 느낄 때 몰입상태가 촉진된다. 어떤 과제가 능력 범위를 너무 벗어나면, 불안이 유발된다. 반대로 너무 쉬우면 지루해진다. 둘 다 스릴을 못 준다.

노력하는 습관을 들여라

성공과 부를 원하면, 마음을 충분히 활용하고 그에 도전감을 주는 습관을 들여라. 게으른 뇌는 정작 필요할 때 준비가 안 되어 있다. 뇌를 쓸수록 영리해진다는 말이야말로 사실이다. 뇌활용, 새로운 정보도입, 복잡한 사고나 창의성 발휘 등은 다 기존의 시냅스를 강화하

부자들이 하는 대로 하라

부자들은 부를 늘리는 무언가를 하거나 그런 방법을 연구하면서 여유시간을 보낸다. 다시 말해, 그들은 '부에 대한 관심이 특별하고 (부를 창출하는 방안을 모색하면서)' 동기, 집중력, 근면성이 대단하다.

고 새로운 시냅스를 형성하며 심지어 새로운 뉴런도 생성한다. 하고 싶은 과제를 정기적으로 하면서 매번 조금씩 확장해가기만해도 뇌가 재구성될 것이다.

우리가 무언가를 덜하면, 뇌가 그 일에 중요성을 덜 부여하는 것 또한 당연하다. 우리가 어떤 과제수행에 필요한 뇌영역을 단련시키지 않으면, 우리 뇌에서 해당 시냅스가 사라진다. 물론 자전거 타기처럼 많은 시냅스가 재활성화될 수도 있고, 필요할 경우(뇌졸중 환자들이 종종 그렇게 해야 하는 것처럼)에는 다른 뇌영역을 사용할 수도 있다. 하지만 성공을 위해 기존의 연결을 강화하고 새로운 신경통로를 만드는 것이 훨씬 더 수월하다.

활동 중인 뇌에 도전감 주기

- 가끔은 아주 도전적이거나 부담이 될 프로젝트를 맡아라.
- 무언가를 아예 새롭게 할 아이디어를 도출하라.
- 이미 하던 일의 새로운 측면을 시도하라. 가령, 그동안 소설을 썼다면, 시를 쓸 수도 있다.
- 몇 단계씩 도전해야 하는 완전히 새로운 무언가를 배워라.

습관을 형성하려면 시간이 얼마나 필요할까?

2009년에 수행된 런던대학교의 연구에 따르면, 새로운 행동이 습관으로 정착되려면 약 66일이 걸린다고 한다. 매일 어떤 종류의 아침식사를 하는 것처럼 수월한 목표는 빨리 습관화될 수 있다. 하지만 매주 지출내역을 작성하는 것처럼 더 어렵고 복잡한 행동은 평균 두 달 정도, 길게는 아홉 달 정도 걸린다고 한다.

새로운 습관을 형성하고 유지하려면, 처음에는 아예 전념하다가 적어도 3주 동안 빠짐없이 꼭 지켜야 한다. 그 정도만 꼭 지켜도 새로운 행동이 자리잡아 습관화될 가능성이 높아진다. 몇 가지 요령을 제시하면 다음과 같다:

- 과제를 도달하기 쉬운 단위로 나눈다. 지출내역을 매주 적지 말고 매일 적은 다음, 일주일에 한 번 회계 프로그램이나 파일로 정리하라.
- 과제수행에 필요한 준비물을 갖춰라. 지출내역을 적는다면, 가방에 공책이나 연필을 넣어 두거나 영수증을 넣을 봉투를 가지고 다녀라.
- 매일 같은 시간에 새로운 행동을 하라. 이를테면, 매일 저녁 식사 직후에 정리하라.
- 성공을 기록할 체크리스트를 만들어라. 냉장고나 컴퓨터 책상 등 매일 보는 곳에 체크리스트를 붙여 두어라.
- 잘 지킬 경우에는 일주일에 한 번 정도 적절히 자기강화를 하라.
- 도중에 못 지켰다면, 바로 다시 시작하라.

습관이란 오랜 세월에 걸쳐 만들어진 길과 같다. 한 번도 가본 적이 없는 비포장도로에서 자전거를 타면, 도로에 남은 자전거 바퀴 자국이 아주 희미해서 바로 지워질 것이다. 그러나 매일 같은 길을 똑같이 다니면, 항상 기기에 간 것처럼 홈이 파일 것이다. 뉴런의 경우도 마찬가지다. 습관을 형성하려면, 반복해서 신경회로를 만들어, 굳이 생각할 필요도 없을 만큼 깊이 자리잡을 때까지 회로를 강화하라. 시간은 좀 걸리겠지만, 일단 해본 후에 지켜보아라. 머지않아 무슨 일을 하고 있는지 인식하기도 전에 부와 성공을 향한 신경 고속도로를 활주할 것이다!

엄마 말씀대로 똑바로 앉아라

뇌는 다른 장기에 비해 혈류가 약 30배 이상 필요하다. 구부정한 자세를 취하면, 심장에서 척추를 거쳐 뇌로 혈액을 전달하는 경동맥이 짓눌린다. 구부정하게 앉거나 책상에 몸을 기대면, 혈액공급이 차단되어 머리가 흐려지고 망각이 잘 일어난다.

권태는 새로운 행동이 필요하다는 신호다

한계에 다다르거나 배울 것을 다 배웠거나, 아니면 업무수행에 필요한 기능을 다 익혔을 때 권태를 느낀다. 처음에는 자기 업무를 좋아했다 할지라도, 언젠가는 우리 뇌가 업무수행에 아주 익숙해져 눈감고도 그 일을 할 정도가 된다. 그런데 우리 뇌는 같은 일을 단순반복하길 좋아하지 않는다. 결국 도전감이 없으면, 우리 뇌는 타성에 젖어 근무 중에도 졸게 된다. 물론 권태가 습관과는 다르지만, 자칫 권태도 습관화될 수 있다!

권태는 또 다른 권태를 부른다. 뉴런이 계속 활성화되길 바란다면, 좀 더 도전적인 일을 찾아라. 자신의 정신능력에 도전감을 주는 무언가(아니면 적어도 규칙적으로 뇌를 꾸준히 활용하는 일)를 찾아라. 하지만 어떤 일이든 새로운 일이라면 다 유익할 것이다.

그러니 권태를 느낀다면, 권태가 사라질 때까지 마냥 기다리지 마라. 권태는 뇌에 새로운 자극이 필요하다는 신호이다. 즉, 관심을 끌려는 뇌의 노력인 것이다. 도전감을 주거나 새로운 책임을 떠맡거나 새로운 일을 찾을 방안을 강구하라. 적어도 뇌에 도전감을 줄 취미라도 찾아라. 매일 뇌에 도전감을 줄 세 가지 방법을 제시하면 다음과 같다.

1. 어떤 일을 맡든 전념하여 능력을 최대한 발휘하라. 한층 더 노력하거나, 일상적인 일이라도 새로운 처리방법을 찾거나, 하던 일에서 작은 변화를 시도하거나, 아니면 자기 분야와 관련된 새로운 무언가를 매일 한 시간씩 배워라.
2. 자기 능력의 한계를 찾아 이를 보충하라.
3. 수준을 계속 높여가며 매일 자기 능력에 도전하라.

뇌를 훈련하여 바라는 결과를 얻어라

신경과학계의 가장 오래된 교훈 한 가지는 우리의 정신과정(사고)이 뇌활동에 기인한다는 점이었다. 즉, 우리의 마음이 유발되고 형성되는 것에 관한 한 모두 뇌가 담당한다는 것이다. 그러나 최근의 연구에서는 정반대로도 작용할 수 있는 것으로 나타났다. 즉, 집중해서 반복하는 정신활동으로 뇌의 구조, 회로 및 능력이 변할 수 있다는 점이다.

우리의 행동이 말 그대로 여러 뇌영역을 확장하거나 수축시켜 회로를 활성화하거나 억제할 수 있다. 뇌에 더 많은 일을 하라고 요구하면, 그 새로운 일을 처리하는 피질영역이 확대된다. 바라는 사고나 행동을 담당하는 회로의 연결은 강화되고 나머지 부위는 약해진다. 따라서 우리가 행하고 생각하며 보고 느끼는 것이 우리의 요구를 수용하여 해당 뇌영역의 크기뿐만 아니라, 뇌의 신경연결에 반영된다.

이게 다 무슨 말인가? 이는 우리가 생각하고 행하고 말하는 것이 중요하다는 의미다. 즉, 우리의 내·외적 측면과 우리 뇌가 어떻게 될지에 영향을 준다는 것이다. 곧 뇌를 재훈련하여 생산성, 회복력 및 창의성이 더 높아질 수 있다는 의미다.

정신적 시연

풋볼선수, 수영선수, 농구선수, 골프선수 등 모든 영역의 프로선수들은 요즘 경기에 앞서 항상 집중적인 정신적 시연을 한다. 아주 초창기에 정신적 시연을 활용한 선수로는 복싱선수인 무하마드 알리Muhammad Ali를 들 수 있다. 그는 링에서 경기력을 극대화하기 위해 특별히 고안한 독특한 정신기능을 활용하였다. 경기 시작 전에, 알리는 스스로 동기부여를 위해 긍정, 시각화, 정신적 시연, 자기확인(정신집중을 위해 "나는 최고다!"라는 아주 유명한 말을 비롯해) 등의 여러 기법을 활용했다.

아주 매력적인 성격의 소유자이자 멋진 복싱선수인 알리는 다음 상대를 '박살낼 거라고' 호언장담한 것으로 유명했다. 대개 얼핏 봐도 엉터리인 시구(詩句)를 암송하고 다니면서 말이다. 경기를 앞둔 몇 주 또는 몇 달 동안, 알리는 이런 시구나 만트라를 떠벌려 언론의 관심을 끌고 대결 상대를 겁주었다. 그러나 알리의 공공연한 허풍 뒤에는 기발한 방법이 있었다. 즉, 알리는 자신이 바라는 결과를 심상화했던 것이다.

조지 포먼George Foreman(알리보다 7세나 젊었으며 2대 1의 승산으로 들떠있었다)과의 대결을 몇 주 앞둔 알리는 자신이 원하는 결과를 마음속으로 그려보며, "그가 강한 펀치를 날리겠지만, 빗나갈 거야."라는 시구를 만들었다. 알리는 기자의 얼굴에 일부러 펀치를 날리는 시늉을 하면서, "포먼이 충분히 상대를 넘어뜨릴 수야 있겠지만, 펀치가 너무 느려 그렇게 하려면 1년은 걸릴 걸. 그 정도를 내가 못 버티겠어? 이건 복싱 역사상 가장 멋진 예상 밖 승리가 될 거야."라고 떠들어댔다. 많은 이들은 알리의 허세를 비웃었고 알리가 해낼 거라고 생각하는 사람은 거의 없었다. 그러나 포먼은 8회에 KO패를 당했다.

이는 알리가 챔피언이 되기 위해 의도라는 무기를 사용했기 때문이다. 그는 자신의 허풍을 믿을 뿐만 아니라, 마음속으로 집중해서 대결을 시연하는데 많은 시간을 투자했다. 링 위에 올라서는 순간까지 말이다. 특히 나이로 인해 속도가 느려지면서, 알리는 상대방의 잽 방어를 분 단위로 나누어 마음속에 상세히 그려보았다. 즉, 자기 근육으로 할 수 있는 일을 강화하는데 필요하다고 생각한 모든 것을 그려 본 것이다. 링 위에 오를 때까지, 그는 그 대결을 마음속으로 반복해서 재현하였다. 그렇게 그는 비전이 실현될 정도로 정신적 준비가 완벽한 상태에서 링 위에 섰던 것이다.

정신적 준비

웨스턴 온타리오대학교의 명예교수인 심리학자 알란 파이비오 Allan Paivio는 뇌에서 언어정보와 비언어정보의 동시처리를 위해 '이중 부호화'를 활용한다는 사실을 처음으로 확인하였다. 그는 어떤 스포츠에 대해 정신적 시연만 해도 여러 활동의 패턴과 타이밍을 실제로 연습할 때처럼 효과적임을 발견하였다. 이러한 파이비오의 주장은 운동선수의 동기를 촉진하거나 기능을 익히고 개선하는데 널리 활용되었다.

정신적 시연과 다른 시각화

정신적 시연을 시각화와 동의이로 잘못 해석하는 경우가 있으나, 시각화는 우리가 자신이 주인공인 비디오를 시청하거나 자신을 전혀 나른 눈으로 바라볼 때처럼 질 잊혀진다. 정신적 시연이 효과적이려면, 도전 중인 자신의 모습을 심상으로 생생하게 그려보면서 아주 미세한 요소까지도 운동감각적으로 느끼며 연습해야 한다. 정신적 시연은 오로지 성공전략에만 집중하여 성공의 짜릿함을 느끼는 정신적 시행이다.

정신적 시연이 효과적인 이유

'뇌가 생각과 행동을 구분하는가?' 하는 과학의 난제를 해결하기 위해 뇌 연구자들은 스키선수들을 대상으로 동작뉴런에서 특정 근육으로 가는 전기 임펄스를 측정하는 근전도검사를 실시하였다. 연구자들은 실제로 스키를 타고 언덕을 내려올 때와 스키를 타고 언덕을 내려오는 모습을 정신적으로 시연할 때 스키선수의 신경활동을 기록했다. 그들은 스키선수들이 특정 동작을 생각하든 실제로 스키를 타든 그들의 뇌에서 몸에 내리는 명령이 동일하다는 사실을 발견했다.

뇌의 전기활동을 측정하는 뇌전도(EEG)를 이용한 연구에서도 비슷한 결과가 나왔다. 즉, 무언가에 대해 생각만 하든 실제로 하든 뇌에서 유발되는 전기활동이 동일했다. 동일한 현상이 역도선수들에

근육을 움직이지 않고도 운동할 수 있을까?

당연히 가능하다. 클리브랜드 임상재단의 운동심리학자인 광위에 Guang Yue는 규칙적으로 체육관에서 운동하는 일반인과 정신적 시연을 통해 가상으로 운동하는 일반인을 비교하였다. 정기적으로 체육관에 가서 운동하는 사람들은 근력이 약 30% 증가했다. 그런데 체육관에 가지 않고 정신적 시연만 했던 일반인도 체육관에 가는 이들의 절반쯤이나 근력이 향상되었다. 20~35세 사이였던 그들은 일주일에 5회씩 이두박근을 만드는 상상을 열심히 했을 뿐이었다. 연구자들은 그들이 실제로 운동(근육을 긴장시키는 것을 비롯해)을 전혀 안했음에도, 몇 주 후에 근육의 양과 근력이 13.5%에 이를 정도로 크게 증가했음을 발견했다. 그런 효과는 정신훈련을 그만둔 후에도 3개월 정도 지속되었다.

게도 적용되었다. 연구자들은 역도선수들이 몇 백 파운드짜리 역기를 들어올릴 때와 동일한 무게의 역기를 들어 올리는 모습을 상상할 때의 뇌파패턴이 동일하다는 사실을 발견했다. 다시 말해, 생각만으로도 신체활동을 수행하라는 신경명령을 내릴 수 있다.

이 연구를 바탕으로, 과학자들은 정신적 시연이 실연에 필요한 신경패턴을 생성한다고 제안했다. 즉, 뇌도 여타 근육처럼 기능하기 때문에 정신적 시연이 뇌를 훈련하여 실연시의 움직임이 더 용이하다는 것이다.

운동선수가 경기를 할 때에는 특정 통로를 따라 근육으로 이동하는 신경전달물질이 분비되며 그렇게 분비된 화학물질은 잠깐 시냅스에 잔류한다. 그 후 같은 통로를 지나는 어떤 자극이든 이전 연결이 남긴 흔적의 혜택을 본다. 전기신호가 이미 구축되어 있었기 때문에 정신적 시연을 거친 신체활동은 더 능숙하다. 우리 뇌는 어떤 것을 실제로 수행하는 것과 수행하는 모습을 상상하는 것을 구분하지 못하기 때문에, 신체활동과 마찬가지로 정신적 시연도 신경통로를 형성한다. 그 후 실제로 수행할 때, 강화된 시냅스와 많은 신경전달물질의 혜택을 받은 근육이 신체적으로나 정신적으로 준비가 완벽한 최고의 상태가 된다.

정신적 시연의 성공비결

효과를 극대화하려면, 명상에 잠겨 집중되고 매우 민감한 상태에서 정신적 시연을 하고 아주 구체적인 목표에 집중하라. 미래의 상황을 상상할 때에는 자신이 경기(또는 승리)를 위해 필사적으로 노력하는 심상을 만들고, 이때 수행해야 할 활동의 모든 측면을 오감으로 상세히 시각화하라. 손의 느낌, 근육의 긴장, 맛과 냄새마저도 정신적 기반 형성에 아주 중요하다. 목표에 도달하는 순간과 모든 이의 환호를 받으며 느끼는 우리 몸의 뿌듯함이 심상의 핵심을 이루어야 한다. 그런 일이 바로 그 순간 자기 몸에서 일어나는 것처럼 느껴야 한다.

외국어 학습으로 뇌기능을 높여라

과학자들은 이중언어 아동에 대한 오랜 연구를 바탕으로, 이중언어 구사가 상당한 정신집중과 노력을 요구하고, 다양한 측면에서 효과적이라는 사실을 밝혔다. 장기간에 걸쳐 정기적으로 두 가지 이상의 언어를 구사하면 차의 기름탱크와 마찬가지로 인지적 비축이 나타날 것 같다. 연구에서는 이중언어 아동이 멀티태스킹에 더 능숙하고, 이중언어 성인들은 혼동 가능성이 있는 상황에서 정보의 우선순위 파악이 우수하다는 사실도 발견했다.

두 언어를 구사할 때에는 한 가지에 대한 주의를 멈추고 다른 것으로 신속하게 주의를 전환하는 억제능력 또는 인지조절능력을 활용한다. 즉, 언어를 두 가지 이상 유창하게 구사하려면, 이런 능력을 활용하여 한 언어로 의사소통하면서 다른 언어는 마음속에 눌러두어야 한다.

구분하기

과학자들은 간섭정보가 있을 때의 주의집중력을 검사하기 위해 스트룹 테스트Stroop Test를 활용한다. 즉, 피험자들에게 특정 색깔의 단어를 보여주고 그 단어의 색깔을 말하라고 한다. 만일 '파랑'이라는 단어가 파랑색으로 인쇄되어 있으면 거저먹기다. 그러나 '파랑'이라는 단어가 빨강색으로 인쇄되어 있을 경우에는 그 질문에 정확히 답하려면 피험자의 뇌에서 어떤 정보(잉크의 색깔일까, 아니면 단어의 의미일까)를 활용해야 할지 구분해야 한다. 단일언어 사용자들은 그런 전환과제에서 간섭정보가 없을 때보다 240밀리초나 더 걸려 상당히 느렸다.

반면에 이중언어 사용자들은 간섭정보가 없을 때보다 겨우 160밀리초 더 걸렸다. 이는 그들이 매일 혼동 가능성이 있는 상황에서 정보의 우선순위를 정하는데 익숙하기 때문이다.

이중언어 사용이 뇌기능에 기여하는 이유

두 가지 언어체계를 계속 오간다는 말은 소위 전전두피질의 실행통제기능을 자주 활용한다는 의미다. 이 부위는 문제해결을 위해 주의를 집중하고 산만요소를 무시하며 많은 정보를 기억한 다음, 이들 활동을 오간다.

이중언어를 통해 인지적 비축과 뇌의 인지조절을 도모하면, 치매 발병을 늦출 수 있다. <신경학Neurology> 저널에 발표된 한 연구에서는 알츠하이머 진단을 받은 환자 211명을 대상으로 설문을 실시하였다. 이 연구에서는 단일언어 사용자들이 이중언어 사용자들에 비해 4~5년 정도 치매증세가 빠른 것으로 나타났다. 물론 이중언어를 구사한다고 해서 치매가 치료되지는 않지만, 치매의 조기발병에 취약한 뇌부위를 강화하여 치매를 더 미룰 수 있다. 즉, 뇌의 노화는 기정사실이지만, 단일언어 사용자들처럼 빨리 진행되지 않는다는 말이다.

안타깝게도 조기 외국어 학습이 노후의 학습에 비해 뇌에 효과적인지, 유창할 정도는 아니더라도 매일 외국어 학습을 하면 유익한지에 대해서는 규명되지 않았다. 그러나 연구에서는 스트레스 상황이나 뇌손상의 경우에도 규칙적인 이중언어 구사로 뇌기능이 강화된 것으로 나타났다.

집중력과 기억력을 높여라

과학자들은 우리가 100개의 정보를 수용할 경우 한 개 정도 기억한다고 한다. 우리 뇌에는 작업기억과 단기기억에 나름의 '스팸 필터'가 있어서 중요하지 않다고 여기는 정보들을 걸러낸다. 하지만 우리 뇌는 집중하거나 연결되거나 기억한 정보를 바탕으로 판단하기 때문에 뇌에 맡겨버리면 자칫 위험할 수 있다. 즉, 새로운 정보에 주의를 기울이도록 일부러 뇌를 재구성하지 않으면, 그 정보를 정리해야 할지, 아니면 기존의 정보와 관련지어야 할지를 모를 것이다.

교대로 이루어지는 정보처리

별로 믿고 싶지 않겠으나, 뇌는 한 가지 이상에 동시에 집중할

사진기억 능력을 개발하라

무언가를 꼭 기억하고 싶다면, 세부사항까지 주목하여 심상훈련을 반복하고 후에 학습내용을 암송해서 기억력을 강화하라. 사실을 암기해야 했던 학창시절을 생각해 보아라. 그 당시에는 반복과 정보기억이 꼭 필요한 일상이었다. 지금도 기억력을 강화하고 싶다면, 같은 방법을 사용하라. 정보를 보고 듣고 적고 반복하며, 새로운 정보를 기존의 정보와 관련지어라. 세부사항까지 주목해서 오감을 동원해 기억력을 강화하라. 시구 등의 창의적인 방법을 고안해 이미 학습한 내용의 기억을 촉진하고, 학습한 당일뿐만 아니라 일주일 후에 학습내용을 암송하여 기억력을 강화하라.

수 없다. 이는 운전 중인 핸드폰 통화자들의 교통사고 가능성이 4.3배나 되고 심지어 핸드프리를 사용해도 그 수치가 별로 낮아지지 않은 이유이다. 사실, 우리는 한 번에 두 가지 일을 절대 못하며, 두 가지 일을 교대로 한다.

무언가를 꼭 기억하고 싶다면, 맘먹고 해당 주제에 집중하고 이를 방해하는 산만요소들을 제거하라. 우리가 음악이나 TV 소리를 안 듣고 있다고 생각하지만, 사실 우리 뇌는 주변에서 일어나는 온갖 것들에 주의를 기울인다.

우리는 동시에 여러 항목에 집중하는 것이 아니라, 순차적으로 집중한다. 즉, 한 항목에 집중한 후에 다른 것에 집중하고 그 다음에 또 다른 것에 집중하기 때문에, 한 번에 두 가지에 집중할 수 없다(물론 할 수 있다고 생각하겠지만)는 의미다. 또한 뇌는 다수의 선택항목에서 주요 사건 관련 항목을 찾으면 활성화된다. 그래서 별로 신이 안나는 일에 당장 집중해야 함에도 '신나는' 일이 당장 흥미를 끌 것이다.

학습의 과정

과제수행 능력은 다음과 같은 세 단계를 거쳐 개발된다.

정보를 처음 제시한 직후, 거의 동일 상황에서 새로 배운 행동을 반복할 수 있다면 학습이 일어난 것이다. 가령, 교사가 2+2=4라고 가르친 다음, 학생에게 "2+2는 얼마지?" 하고 묻는다. 4라고 말했다면, 학생은 무언가를 학습한 것이다. 그러나 학생이 이를 기억해서 다른 상황에 응용하지 못하면, 그 정보는 별 도움이 안 된다.

우리가 다른 상황에서나 며칠 지난 후 새로 배운 행동을 반복하거나 정보를 활용한다면, 기능이나 정보가 파지된 것이다. 일주일 후에 식료품 가게를 가던 차 안에서 엄마가 "2+2는 얼마지?" 하고 물었을 때 학생이 정확히 답했다면, 그 학생은 2+2가 얼마인지를 파지한 것이다.

전에 학습한 것과 일치하는 패턴을 발견할 때 전이(새로운 정보를 미래의 학습과 관련짓는)가 일어난다. 가령, 한 달 후에 엄마가 아침식사를 준비하고 있을 때 학생이 두 개의 스크램블 에그를 원하고 엄마도 두 개의 스크램블 에그를 원해서 냉장고에서 모두 네 개의 달걀을 꺼내는 경우이다.

당신도 알다시피, 이는 전혀 다른 기능인데, 그 이유는 어떤 날씨(화창한 날)에 운전을 배웠더라도 날씨가 바뀌면(비오는 날) 운전이 어렵기 때문이다. 이는 5학년 때 배운 수학적 사실을 아직까지 알고 있으면서도 거실에 카펫이 어느 정도 필요할지 짐작하지 못하는 이유이다.

각 학습단계를 숙달한 후에 다음 단계나 새로운 내용으로 넘어가야 뇌기능이 더 원활하다.

새로운 것을 배우기

이제는 뇌기능을 확실히 향상시킬 마음챙김과 마음챙김 명상의 기술을 배울 차례다. 그러면 마음을 챙기며 페이지를 한 장 넘겨볼까!

9장

부자가 되려면 명상하라

– 명상을 통해 사고를 집중하고 정서를 조절하면, 과잉 활성화된 편도체가 진정되고 전전두피질의 집중력과 기능이 극대화될 것이다. –

9장
부자가 되려면 명상하라

마음을 활용하여 뇌를 훈련하는 방법은 불교가 등장한 수천 년 전으로 거슬러 올라간다. 요즘 신경과학계에서는 부처(마음챙김 원리의 개요를 제시한)의 가르침을 따르는 티베트 승려들이 하는 마음챙김 명상의 효과를 널리 연구하고 있다. 이런 연구를 바탕으로 점점 더 많은 신경과학자들이 마음챙김 수행을 통해 뇌기능이 긍정적으로 변화될 것이라는 믿음을 갖게 되었다.

불교에서는 인간을 부단히 변화하는 역동적 흐름 그 자체로 본다. 최근 신경과학자들은 한 때 성인에게 불가능한 것으로 여겨졌던 신경가소성(우리 뇌가 계속 성장하고 새로운 시냅스가 형성될 수 있다)의 과학적 증거를 발견하였다. 이제는 불교도든 신경과학자든 다 인간이 부단히 진화하며 사고방식에 따라 향상될 수 있고, 그로 인해 우리 뇌의 기능방식도 부단히 진화할 것으로 본다. 우리가 현 순간에 존재한다는 마음챙김 명상의 관점을 활용하면, 뇌가 당면 상황과 전혀 무관한 수많은 생각들을 무시하고 '지금 이 순간'에 전념하여 현명한 재정결정 능력이 향상될 것이다. 그 덕분에 우리는 걱정이 줄고 다른 이와 조화를 이루어 사업계에서 성공할 것이다. 하지만 마음챙김 명상이든 다른 명상이든 더 큰 이점은 꿈의 실현과 관련된 신경회로가 강화된다는 점이다. 명상을 하면 놀라울 정도로 의도가 강화되고 의도추구와 관련된 신경연결도 강화된다. 그러니 마음챙김 명상을 좀 더 검토한 다음, 마음챙김의 전반적인 효과를 살펴보기로 하자.

부를 위한 마음챙김을 하라

마음챙김은 일상적이고 판에 박힌 인식, 사고, 공포, 판단에 의지하지 않고, 현 순간을 알아차리는 능력이다. 이는 모든 뇌 부위가 조화를 이룬 상태에서 현 순간을 직접 경험하며 존재하는 것 즉, 지금 이 순간에 온전히 존재하는 것이다. 마음챙김 명상은 열린 상태로 마음을 다스리는 법(마음이 우리를 지배하지 않게)을 익히는 방법에 대한 가르침이다.

한 가지 기본 원리는 생각이 왔다가 가게 내버려두는 것이다. 이때 우리 마음은 어느 한 가지에 집착하거나 일상의 강박적 경향에 사로잡히지 않는다. 마음챙김에서는 마음을 훈련하여 주의를 유익하고 건강한 방향으로 유도한다. 몸(시각, 청각, 후각, 미각 등 모든 감각 차원에서)이나 마음에서 무슨 일이 일어나든 항상 변화하는 현상을 그저 관찰할 뿐이다.

출생 이후 우리 마음은 내부와 외부의 사건을 '좋다-나쁘다', '옳다-그르다', '공정하다-불공정하다'고 해석한다. 우리는 사건을 열린 마음으로 경험하지 못하고, 특히 새로운 사건이 이전의 사건과 비슷할 경우에는 습관적으로 인식하고 반응해버리는 경향이 있다. 다시 말해, 원래의 사건에 대한 느낌이 후에 비슷한(또는 비슷하다고 느낀) 사건에 대한 우리의 사고, 경험 및 반응에 영향을 준다. 그래서 어설픈 선택과 잘못된 패턴이 계속되기 십상이다. 이런 순환이 재정결정에 미치는 영향은 심각할 정도여서 부 형성이라는 목표도달에 전혀 도움이 안 될 것이다.

마음챙김 명상 덕분에 우리는 습관적인 사고과정을 인식하여, 어떤 상황에서도 '지금 이 순간'에서 자신에게 가장 효과적이고 확실한 고유의 반응을 선택한다. 문제가 많은 금전 각본은 떨쳐버리고 말이다.

마음챙김 명상은 부 추구에 아주 효과적일 것이다. 이유인즉, 습관적인 사고, 느낌, 반응에 의존하지 않고 열린 상태로 현 순간에 존재할 뿐만 아니라, 자신의 사고 패턴을 알아차리고 자신의 호흡(또는 자신의 명상이나 지정된 물체)에 집중하여 비생산적인 사고패턴을 수정할 방법을 알려주기 때문이다. 그 덕분에 우리는 다시 집중하여 현 순간에 존재하게 된다(되씹기나 습관적인 사고패턴에서 벗어나).

이는 사고과정을 멈추는 것이 아니고 현재 진행중인 일을 꾸준히 알아차리는 것이다. 마음챙김하는 삶과 명상을 통해 부정적 사고패턴을 알아차리는 것만으로도 그런 사고패턴이 완화될 수 있다. 파괴적이고 편향적인 부정적 사고를 배제한 상태에서 결정을 내린다면, 재정적 목표에 성공적으로 도달할 것이다.

명상을 하는 이유

명상, 특히 마음챙김 명상은 정신적·신체적·영적으로 우리를 최상의 상태로 유지시켜 우리의 부 추구를 지원한다. 부자되기와 관련해 명상을 살펴보면,

- 혈류 증가
- 세로토닌(기분좋은 호르몬) 증가
- 코르티솔(스트레스 호르몬) 감소
- 창의성 발현
- 평화감 증가
- 알아차림
- 긍정적 사고 강화
- 자신감과 지혜
- 통찰력 있는 사고 증가
- 주의와 집중력 향상
- 피질두께 유지(피질두께 감소는 인지문제와 관련됨)
- 새로운 시냅스 형성 증가

명상의 활용

명상과 마음챙김의 효과를 높이는 몇 가지 방법을 제시하면 다음

과 같다.

1. **초심자의 마음 갖기**. 이런 마음을 가지면, 어떤 일에 대해 마치 처음처럼 호기심을 갖고 새롭고 참신하게 바라본다.
2. **판단 내려놓기**. 마음챙김 명상의 목표는 사고, 감정 또는 감각을 '좋다-나쁘다', '옳다-그르다', '공정하다-불공정하다'고 보지 않고, 현실 그 자체에 주목할 뿐이다. 비판단적인 태도를 가지면, 자신의 사고과정과 정서를 객관적으로 관찰하게 된다.
3. **고군분투 멈추기**. 고군분투는 지금 이 순간이 아닌 다른 어딘가에 있어야 할 필요성에 집중하는 것이다. 반면에 마음챙김은 현재에 온전히 존재하는 것이다. 바로 지금, 바로 여기 말이다.
4. **평정 유지하기**. 평정을 유지하는 사람은 긍정적이거나 부정적인 것에 동요되지 않는다. 평정을 유지하면, 지혜, 통찰 및 자비가 우리의 행동을 안내한다.
5. **내려 놓기**. 결과에 너무 연연하지 않고, 어떤 일이 어떻게 되어야 한다거나 어떻게 되면 안 된다는 식의 선입견 없이 그저 내려 놓는다.
6. **자신감 갖기**. 자신감이 있으면, 자신의 경험을 통해 진실인 것과 아닌 것을 안다. 결국 이를 통해 자신의 의사결정에 대해 자신감을 갖는다.
7. **자신에 대해 자비심 갖기**. 자신에 대해 자비심을 가지면, 자신을 책망하거나 비난하지 않고 있는 그대로 자신을 수용하고 사랑한다.

명상의 이점

마음챙김 명상을 하면, 재정적 기복을 무사히 극복하고 자신감, 주도권, 탁월한 기지를 얻게 된다. 다음과 같은 사항을 익히게 될 것이다:

1. 특별한 방식으로 주의를 기울이기
2. 주의를 환기시키고 집중하기
3. 산만요소를 떨치고 사고를 유도하기
4. 문제있는 정서를 모니터하고 전환하기
5. 브레인스토밍을 촉진하고 개선하기
6. 새로운 아이디어를 찾아서 포착하기
7. 창의성을 높이기
8. 사고에 집중하고 특정 목표를 정하기
9. 목표도달을 위해 목표에 집중하기

마음챙김 명상을 한다는 것은 곧 우리의 마음이 사고와 정서를 인식하고 수용하며 그에 대한 반응방식을 바꿀 의도와 동기를 갖는 것이다. 규칙적으로(하루에 1-2회면 아주 좋다)으로 마음챙김 명상수련을 하면, 매순간 일어나는 것에 대한 평정심이 생긴다. 그 덕분에 마음과 뇌를 훈련하여 마음에 떠오르는 모든 것을 관찰하고 수용한다(또는 거부한다). 이때 우리는 마음에 떠오르는 것을 열린 상태로 수용할 뿐 판단하지 않는다.

당장 시작하라!

사콩 미팜 린포체 Sakyong Mipham Rinpoche 대사에 따르면, 마음챙김 명상수련을 가장 쉽게 시작하는 방법은 하루에 두 번 잠깐씩(10분, 15분 또는 20분 정도) 명상하는 것이다. 다행히도 매일 10분씩 2회 정도 명상할 수 있는 물리적·정신적 공간만 확보하면, 가정을 비롯한 어디에서든 편안히 마음챙김 명상수련을 할 수 있다. 후에는 명상시간을 늘릴 수도 있고 유도명상에 참여할 수도 있다. 마음챙김 명상수련의 기본지침을 제시하면 다음과 같다.

1단계: 부를 위한 공간 마련하기

마음을 진정하고 집중하려면, 평온하고 조용한 혼자만의 공간이 필요하다. 만약 당신에게 영험한 물건이 있고 그것이 수련에 유익하다면, 옆에 두고 활용하면서 마음과 정신을 진정시켜라. 어떤 이들은 앞에 영험한 소품을 놓고 집중하기를 좋아한다. 금화든, 갖고 싶은 차 모형이든, 옥처럼 번영을 상징하는 원석이든, 부의 상징물을 활용하라.

2단계: 똑바로 앉기

불교도들은 우리가 똑바로 앉을 때 에너지가 가장 잘 흐른다고 믿는다. 올바른 자세를 취하려면, 약간 딱딱한 방석 위에 다리를 꼬고 엉덩이를 뒤로 붙인 채 균형을 잡고 앉아라. 의자에 앉아서 할 경우에는 바닥에 발바닥을 붙이고 똑바로 앉아라. 손바닥은 위로 향하게 해서 무릎 위에 놓아라. 어떤 이들은 집게손가락과 엄지손가락을 둥글게 마주대기도 하지만, 편안하고 수용적인 느낌이 든다면 어떻게 하든 상관없다.

3단계 : 몸에 머물기

일단 바른 자세를 취하면, 몸과 마음에 온전히 주의를 기울이기가 쉬울 것이다. 명상에 들어가기 전에, 척추 맨 아래부터 연결된 끈이 있어 각 척추 뼈를 천천히 위로 당긴다고 상상하라. 정수리에 이를 무렵에는 어깨와 엉덩이가 방석 위에서 균형을 이루고 몸 안에 온전히 존재한다는 느낌이 들어야 한다. 이완되어 있다는 느낌이 들면서도 깨어 있어야 한다. 이는 마음챙김 명상의 목적이 수면이 아니고, 마음을 훈련하는 것이기 때문이다.

4단계 : 산만요인을 최소화하기

마음챙김 명상을 하는 동안 음악을 듣고 싶다면, 마음을 흥분시키는 음악이 아니라 마음을 이완시키는 진정용 음악을 택하라. 명상을 하다보면, 유도명상을 시도해보고 싶거나(녹음된 목소리를 따라 하는) 자신만의 유도명상을 만들 수도 있다. 엄격한 마음챙김 명상수련에서는 눈을 가볍게 뜨고 시선은 약간 아래를 향한 채 코앞 2인치 이내에 두어야 한다. 그렇게 하면 바라는 대로 마음을 모으기가 용이하다. 집중하기가 어렵다면, 앞쪽 바닥에 작은 물건을 두어라. 마음이 산만해질 때마다 다시 거기에 집중하도록 하라.

5단계 : 충분히 들이쉬고, 완전히 내쉬기

호흡조절 역시 몸을 이완시키고 마음을 집중할 때 아주 유익하다. 처음에는 호흡에만 집중하라. 호흡을 억지로 하거나 과장하지 말고, 그저 호흡이 몸을 들고 날 때마다 알아차려라. 호흡이 정상으로 들고 날 즈음, 호흡동작을 의식적으로 활용하여 몸과 마음을 이완시켜라. 횡경막 호흡을 거의 안하고 얕은 호흡만 하는 사람이라면, 편안하게 천천히 심호흡을 하라. 이때 배꼽에 손을 대고 호흡하라. 그러면 숨을 들이쉬고 내쉴 때 배가 나오고 들어가는 것을 느낄 수 있어서 심호흡을 익히기가 좋을 것이다.

생각을 그냥 지켜보라

마음챙김 명상 한 회기인 30분 동안 대개 300가지 이상의 생각이 떠오른다. 그러다 보니 그런 생각들이 그냥 스쳐가게 내버려 두기가 어렵다. 생각이 떠오르는 것을 무시하기가 쉽진 않지만, 그렇게 할 수 있으니 힘내라. 물론 떠오르는 생각을 명명한 다음 놓아버릴 수만 있다면, 명명하는 것도 효과적이다. 마음챙김 명상은 현재 즉, 존재 자체에만 집중하는 것이다. 언젠가는 생각이 아무리 주의를 분산시키려 해도 그에 굴하지 않고 생각이 자연스레 들고나게 내버려 둘 것이다.

6단계 : 목표에 집중하기

마음챙김 명상을 할 때에는 집중하여 온전히 현 순간에 존재하고 몸을 의식하라. 생각을 종잡을 수 없거나 정서가 솟구쳐 야생마처럼 질주할 때 그런 생각이나 정서가 어디로 갔는지를 알아차리고, 명명한 다음('산만요소', '이후의 생각거리', '일상적인 두려움') 다시 명상하라. 호흡에 집중하는 것은 마음을 명상상태로 돌리는 좋은 방법이다.

명상을 하는 동안 마음이 느긋해지고 이완되며 정보를 새롭게 인식하고 처리할 것이다. 마음을 잘 훈련하여 외부의 산만요소를 없애고 한 번에 한 가지 생각에만 확실히 집중하라.

통찰명상은 또 다른 대안이다

통찰명상에서는 먼저 내적 환경에 주의를 기울인 후에 소리, 냄새, 온도변화 등 외부로 확장해간다. 그렇게 해서 외부로 향한 주의덕분에 우리는 외부환경을 해석하지 않고 그냥 경험하며 내적 환경을 안정적으로 유지한다. 메사추세츠 종합병원의 연구원들은 통찰명상이 우측 전전두피질(평가하는 피질)과 우측 뇌섬(내적 상태 담당) 주변의 회백질을 두껍게 한다는 몇 가지 증거를 발견하였다. 수련자들은 주의유지와 주의집중을 보고할 뿐만 아니라, 스트레스나 새로운 상황에 반응하기 전에 생각하는 능력이 생겼다고 보고하였다. 그러다보니 통찰명상은 변호사, 사업가, 경영자들에게 인기가 많다.

7단계 : 진정하기

일단 일정 시간 동안 명상을 했다면, 다시 서서히 의식을 깨워라. 정리하는 심호흡을 몇 번 해서 집중명상으로부터 일상으로 돌아옴을 몸과 마음에 알려라.

명상하는 뇌, 마음챙김하는 뇌

마음챙김 명상을 하는 동안 뇌에서는 다음과 같이 놀라운 일들이 생긴다.

- 내적 정서를 언어로 명명하면, 좌측 전전두피질이 활성화되어 불안이 감소된다. 반대로, 가물거리는 초와 같은 외적 대상에 집중할 경우에는 그런 명명이 오히려 우측 전전두피질을 활성화시킬 것이다.
- 집중할 때에는 사고 뇌와 정서 뇌의 연결이 변화되는데, 이때 정서센터 조절 및 고차적 사고와 관련된 신경회로가 강화되어 의도적으로 정서를 인식하고 조절한다.
- 온전히 현재에 존재하면, 대상피질(공감과 자아인식을 높이는), 뇌섬(신체 내부상태에 집중하는), 체감각 피질(공간상에서 자기 몸을 감지하는) 주변의 피질 신경망이 활성화된다. 그로 인해 자기 자신뿐만 아니라, 세상에 대한 자신의 감정에 집중한다.
- 자기관찰과 알아차림을 통해 중앙 전전두피질(사고에 대한 사고나 자신의 추리에 대한 평가가 이루어지는 상위인지 센터)이 활성화된다.

이렇게 뇌가 얻는 모든 혜택은 부를 추구하는데 확실히 큰 도움이 될 것이다.

세타파 증가

뇌 전체가 조화롭게 활성화될수록, 정신건강이 개선된다. 정기적으로 마음챙김 명상을 하면, 좌측 전두엽의 활동이 증가하고 정서반응이 줄어들며, 우리(와 우리 뇌)의 자기관찰, 긍정성 및 자비심이 증가한다. 마음챙김 명상을 하면, 뇌회로가 조율될 뿐만 아니라, 소위 '거울뉴런(다른 이의 정서표정 인식과 감정 확인에 기여하는)'이라는 사회성 회로가 연결된다. 이는 마음챙김 명상을 할 때 자아인식이 증가되고 공감능력이 개발되며, 정서조절능력 및 의식적인 정서표현능력이 개선되기 때문이다. 마음챙김 명상과 통찰명상을 통해 좀처럼 유발되기 어려운 세타파가 증가하고 이를 알파파나 감마파와 조율하여, 수련자들이 종종 말하는 더없는 '행복감'을 느낀다.

마음챙김 명상을 일상에 통합하기

마음챙김 명상수련을 하면 할수록, 이완되고 원기가 회복됨을 느낄 것이다. 머지않아 마음을 모으고 온전히 현재에 존재하며 일상을 의식하는 자신을 발견할 것이다.

일단 마음챙김 명상방법을 알았다면, 낮에 아무 때(밤에도 깨어 있다면)나 잠깐만 시간을 내면 된다. 즉, 깊이 들이쉬고 내쉬면서 짧게나마 지금 이 순간에 온전히 집중할 정도의 의미있는 휴식 말이다. 잘 되는지 확인하기 위해 잠깐씩 해보는 습관을 갖는다면, 마음챙김 능력이 형성될 것이다. 그로 인해 우리가 온전히 의도와 명상에 주의를 집중하게 될 것이다.

마음챙김하는 생활하기

일단 마음챙김 명상을 익혔으면, 다음 단계는 마음챙김하는 생활이다. 그런데 마음챙김하는 생활을 하기란 쉽지 않다. 이는 최선의 의도가 일상, 습관 및 생각에 가리기 쉽기 때문이다. 그 때문에 우리는 주변이나 심지어 자기 몸 안에서 일어나고 있는 것들과도 단절감을 느낀다. 마음챙김하는 생활이란 현재 이 순간에 우리 몸과 주변에서 일어나는 모든 것을 판단하지 않고 그에 집중하는 것이다. 이는 우리의 일상적인 사고패턴과 행동패턴, 좀 더 엄밀히 말하면, 반사적인 행동패턴에 흔들리지 않고 의식하는 것을 의미한다.

우리 뇌는 우리가 생각하고, 보고, 듣고, 느끼고, 맛보고, 냄새맡는 모든 것을 평가하고 분류한다. 하지만 우리가 뇌를 의식적으로 조절하지 못하면, 우리 뇌가 정상궤도를 벗어나 습관화된 사고에 사로잡힐 것이다. 따라서 명상(또는 마음챙김 명상)을 통해 현재에 집중하는 뇌 훈련을 시작하라. 그리고 비상(飛上)을 위해 신경통로를 정리하라.

마음챙김하는 생활 1 : 약식 명상수련하기

하루에 몇 번이든 하던 일을 다 멈춘 후, 눈을 감고 마음이 진정될 때까지 호흡에 집중하라. 생각이 일어나면, 마음을 다시 들숨과 날숨에 집중하여 그런 생각을 없앤 채, 주변에서 일어나고 있는 것을 다 무시하라. '약식 명상'을 5분으로 시작해서 서서히 15분까지 늘려가라. 명상수련을 통해 산만을 일으키는 잡념을 쉽게 진정시킬 수 있다. 이는 마음을 종잡을 수 없을 때 다시 집중할 수 있는 좋은 방법이다.

마음챙김하는 생활 2: 온전히 현재에 존재하기

우리는 매순간 자신이 하고 있는 것을 온전히 의식하고 그에 몰두하는 마음챙김 수련을 할 수 있다. 예를 들어, 당신이 샐러드를 만들려고 당근을 썰 때, 그 일에 온전히 주의를 기울여라. 내적 대화와 외적 대화를 다 멈추고 실한 당근을 자르는 칼날의 날카로움, 칼이 도마 위에서 당근을 자르는 소리, 당근 조각을 입안에 넣었을 때의 맛과 질감에 주의를 기울여라.

바로 알아차리겠지만, 마음챙김은 산만을 없애고 과잉활성화된 마음을 진정시키는데 아주 효과적일 뿐만 아니라, 그 덕분에 뇌가 집중하여 모든 경험을 즐기게 될 것이다.

이렇게 간단한 방법을 연습하면 할수록, 더구나 마음챙김 명상을 통해 그런 방법을 강화한다면, 부 형성에 필요한 일을 아주 효율적으로 다하게 뇌를 훈련하는 셈이다.

마음챙김하는 생활이 부를 부르는 이유

부 형성을 위해 관찰력을 높이고 다른 이들과 조화를 이루며 낙관성을 높이도록 뇌를 훈련하면, 많은 기회를 합리적이고 논리적으로 평가할 것이다. 또한 우리는 그런 기회를 쥐고 있는 사람을 판단한 후에 신중한 결정을 내릴 것이다(심지어 정서가 고조된 경우에도).

또한 마음챙김하는 생활과 명상 덕분에 산만요소를 최소화하고, 무언가를 선택했을 때 그에 집중하도록 뇌가 바뀔 것이다. 뇌를 진정시키면, 집중이 가능할 뿐만 아니라, 평가적 분석을 담당하는 뉴런들이 자유로워진다.

마음챙김 명상덕분에 뇌가 완전히 재구성되어 새로운 자극과 경험에 자동적으로 반응하던 패턴에서 벗어날 것이다. 명상의 핵심은 일상에서 생기는 일에 대한 정서반응을 멈추는 것이 아니라, 습관적인 반응을 피하는 것이다. 이는 투자불안을 해결할 때 매우 유용한 것으로 나타났다. 또한 재정이 다소 빠듯하더라도 대처를 잘하기 때문에 공포에 사로잡혀 어리석은 실수를 하지 않을 것이다. 설사 공포, 불안, 걱정, 좌절을 겪을지라도, 늘 해오던 방식을 취하지 않고 신중하게 반응할 것이다. 마음챙김 명상에서는 어떻게 반응하느냐가 자신의 몫임을 상기시켜 준다.

그러니 매일 명상수련을 해서 최대로 기능하고 성장하는 뇌를 만들어라. 이 두 가지는 부 창출에 매우 중요하다. 이제 아끼는 쿠션을 가져와 깔고 앉아 심호흡을 하라.

10장

부자가 되려면 놀아라

– 우리 뇌는 자극과 이완이 필요하며, 새로운 기능을 배우길 좋아한다. –

10장 부자가 되려면 놀아라

놀이활동은 평상시에 잘 사용하지 않는 뇌영역을 자극하고, 새로운 시냅스를 형성하며 뇌가 타성에 젖는 것을 예방한다. 또한 중요한 스트레스 해소방법인 동시에 우리를 더 행복하게 한다(그리고 행복한 사람은 돈을 더 버는 경향이 있다!). 놀이는 강력한 스트레스 해소도구로, 8장에서 언급한 대로 뇌가 숨 돌릴 여유를 준다. 창의성 역시 놀이와 정적 상관이 있다. 하지만 놀려는 마음의 준비가 갖추어지지 않으면, 마음껏 즐기기 어려울 것이다.

놀이의 중요성

아이들이 그토록 행복해 보이는 데에는 다 이유가 있다. 이유인즉 아이들은 놀아도 되고, 심지어 노는 것을 격려받기 때문이다. 그러나 대부분의 어른들은 그렇지 않다. 놀이는 평생 뇌건강에 아주 중요하며 나이가 들수록 더 중요해진다. 놀이는 더 건강하고 행복하며 고차적인 뇌형성에 기여한다. 놀이는 재미를 주는 동시에 대단한 스트레스 해소제일 뿐만 아니라, 우리의 마음을 자극하고 뇌의 유연성을 유지한다. 그러면 당신은 놀이에 대해 어떻게 생각하는가?

노는 정도 알아보기

1. 농땡이를 치는 횟수는 어느 정도인가? (   )

A. 한 달에 한 번

B. 분기별로 한 번

C. 일 년에 한 번

D. 절대 그런 일이 없다.

2. 섹스의 횟수는 어느 정도인가? (   )

A. 일주일에 세 번

B. 일주일에 한 번

C. 한 달에 한 번

D. 너무 오래되어 기억이 안 난다.

3. 자신이 생각하는 정신적 도전은 어느 것인가? (   )

A. 새로운 외국어 회화 배우기

B. 신문의 십자낱말풀이 풀기

C. 최신 비디오게임의 최상단계를 평정하기

D. 인기 연속극 보기

4. 주급을 어디에 털어 넣을 것 같은가? (   )

A. 재무계획 세미나

B. 강세를 보이는 주식시장 정보

C. 고급정장

D. 블랙잭

5. 자신이 생각하는 신체적 도전은 어느 것인가? (　　　)

A. 철인 3종 경기 훈련

B. 펜싱

C. 한 달에 한 번 골프 한 게임하기

D. 방에서 냉장고까지 걸어가기

6. 휴가 횟수는 어느 정도인가? (　　　)

A. 매주 주말

B. 일 년에 두 번

C. 일 년에 한 번

D. 모르고 산지 오래임

7. 어느 게임을 좋아하는가? (　　　)

A. GPS 보물찾기 게임

B. 브릿지 게임

C. 솔리테어 게임

D. 전혀 안 함

8. 새로운 것을 배우고 싶을 때 어떻게 하는가? (　　　)

A. 진전이 있으면 보상을 준다.

B. 목표 목록을 만들고, 도달하면 지워간다.

C. 도중에 그만둔다.

D. 그 느낌이 사라질 때까지 기다린다.

이제 체크한 것을 계산해 보아라

- 대부분 A에 체크했다면, 놀이가 생활의 일부로 자리잡은 사람이다. 그러나 아직 더 열심히 놀아도 되며, 그 혜택이 있을 것이다.
- 대부분 B에 체크했다면, 가끔 푹 노는 사람이다. 그러나 더 많은 시간을 재미에 투자하고, 뇌에 창의성과 생산성을 촉진하는 휴식을 줄 필요가 있다.
- 대부분 C에 체크했다면, 노는 것이 얼마나 좋은지를 잊고 사는 사람이다. 틀림없이 권태를 느끼고 스트레스로 지쳤을 것이다. 나가서 재미있게 놀 필요가 있다. 은행계좌뿐만 아니라, 몸과 뇌를 위해서도 그럴 필요가 있다.
- 대부분 D에 체크했다면, 인생의 가장 큰 즐거움을 놓치고 있는 사람이다. 일만 하고 놀지 않으면, 삶이 무미건조하고 재정적 성공 가능성을 놓치게 된다. 빈털터리가 되기 전에 밖으로 나가 즐겁게 놀아라.

놀 때의 뇌

1장에서 살펴본 것처럼, 긍정적 에너지가 많을수록, 부자가 될 가능성이 높다. 놀이는 뇌의 쾌락중추를 자극할 뿐만 아니라, 뇌의 에너지를 보충하고 창의성을 자극하며 마음을 이완시킨다. 기본적으로 놀이활동을 할 때 뇌는 '이거 재미있는데!' 하고 생각한다! 뇌에서는 즐거움을 극대화하고 좋은 느낌을 강화하기 위해 우리가 좋아하는 신경전달물질인 도파민을 분비하기 시작한다. 하지만 그게 전

부가 아니다. 뇌에서는 기분 좋은 화학물질인 옥시토신, 바소프레신, 엔돌핀도 분비한다. 그러니 행복한 뇌는 부유한 뇌이다.

요는 뇌가 몹시 휴식을 필요로 한다는 점이다. 확실히 유쾌한 경험을 할수록, 행복하고 활력이 넘칠 것이다. 중독이나 과도한 무책임에 빠지지만 않는다면 말이다.

누구나 부자가 되려면 놀자는데 찬성할 것이다. 그럼 시작해 볼까?

참신성은 엄청난 이익을 준다

우리가 이 책에서 내내 살펴본 바와 같이, 뇌가 참신한 경험을 하면 새로운 신경회로가 형성된다. 우리가 무언가를 하면 할수록, 뇌에 더 많은 시냅스가 형성되고 활성화된다. 참신성은 쉬고 있던

마음을 바꾸는 음악

미국 국립보건원의 찰스 림 Charles Limb 박사는 즉흥연주를 하는 프로 재즈 연주자의 뇌를 fMRI로 스캔하였다. 그의 연구팀에서는 즉흥연주(숙달된 음악 시퀀스를 기억해서 연주하는 것과 달리)시에는 외측 전전두피질이 활성화되지 않은 것으로 나타났다. 그로 인해 행동이 '진정되고' 내측 전전두피질이 이례적으로 과잉 활성화되었다. 이처럼 독특한 신경패턴이 인지적 맥락을 일별할 기회를 주어 자발적인 창의적 행동이 나타난다. 즉, 이 연구에서는 재즈 연주자들이 어느 정도 인식하고 있던 창의성의 근원과 독특한 자아표현을 확인하였다.

시냅스를 자극할 뿐만 아니라, 새로운 시냅스도 형성한다는 점에서 대단하다. 우리 뇌는 우리가 중요하다고 여기는 것을 다 이해하고 처리하기 위해 적응하고 성장한다.

놀이가 매우 소중한 이유는 놀이를 통해 참신한 경험을 하고 뇌가 타성에서 벗어나기 때문이다. 한 가지 놀이방법으로는 참신한 것을 시도하는 것을 들 수 있다.

- 운동선수라면, 이두박근보다 뇌를 더 쓰는 무언가 가령, 홈페이지 디자인을 배워라.
- 강박적인 단타 매매자라면, 탁구를 배워라(탁구는 아주 신속한 예측, 기억, 분석, 신체 조정력을 필요로 하기 때문에 아주 좋다.)
- 5년간 수표책의 잔고가 안 맞는다면, 천문학 수업을 듣고 별자리를 외워라.
- 10년 이상 같은 직장에 있다면, 스카이다이빙 수업을 받고 도약하기를 배워라.

자기 뇌를 몰입시키고 그에 도전감을 주는 것이라면 뭘 하든 상관없다. 호기심이나 기쁨을 주는 활동을 선택하면, 계속하고픈 생각이 강해질 것이다. 그러나 일단 그 활동을 해보기 전에는 얼마나 좋은지 알 수 없다. 뇌성장에 좋은 자극제가 될 만한 활동목록을 제시할 테니 일단 시작하라. 하지만 일단 해본 후에는 자기 뇌를 풀어주고 자신의 발전을 촉진하는 동시에 자신이 즐길 만한 활동목록을 만들어라.

뇌를 자극하는 참신한 활동

새로운 기능을 배우면 행복지수가 높아지고(그 과정이 어려울지라도), 행복은 금전적으로든 정서적으로든 영적으로든 부창출 능력을 촉진한다. 최근 샌프란시스코주립대학교의 연구에 따르면, 수학이든 운전이든 어떤 능력을 숙달한 사람은 아무리 고생을 했더라도 행복감과 만족감이 증가하였다. 우리가 즐기는 활동은 다 우리에게 행복을 주지만, 이왕이면 뇌를 자극하는 활동을 할 것을 권하며 시작해 봄직한 몇 가지 아이디어를 제시하면 다음과 같다.

- **악보읽기와 악기연주를 배워라.** 다른 활동으로 좀처럼 얻기 힘든 뇌변화에 악보읽기와 악기연주가 기여한다는 연구결과가 꾸준히 제시되고 있다. 심지어 음악감상만으로도 '창의적 과정'이 촉진된다고 제시된 바 있다. 물론 당신이 음악가라면, 조각이나 낚시를 시도하라. 이전에 해본 적이 없고 당신 자신과 당신의 뇌를 멋지게 만들어갈 무언가를 해서 마음에 도전감을 주고 조정능력을 높여라.

- **종이접기를 배워라.** 종이접기를 하려면, 복잡한 패턴을 익혀야 하고, 접기, 상징, 패턴이라는 전혀 새로운 언어를 배워야 한다. 종이접기는 손재주, 손-눈 협응, 모양과 공간관계를 보는 예리한 눈을 요구한다. 또한 자녀와 함께 할 수 있으며, 모두에게 즐겁고 창의적인 시간이 될 수 있다.

- **서예를 배워라.** 서예는 고도로 주의를 기울이는 손-눈 협응과 관련되고, 평소에 전혀 개의치 않고 하던 것을 새로이 하는 법을 배워야 한다.

- **축척모형을 만들어라.** 축척모형은 집중, 시각-운동기능 등의 인지기능뿐만 아니라, 계획, 조직화, 전략세우기를 위해 우리 뇌를 활용하는 실행기능을 촉진하며, 이들 인지기능과 실행기능 덕분에 세부사항에 관심을 갖고 기억한다. 제작중인 모형의 역사를 연구할 영감도 준다.

- **복잡한 카드게임을 배워라.** 카드게임은 작업기억에 도전감을 주고, 수학기능을 높이며, 산출, 위험, 가능성을 평가하는 능력을 높여 탁월한 뇌훈련 기회가 된다. 또한 사람을 파악하는 능력도 촉진한다. 온라인 게임도 좋으나, 사람들과 함께 하면 이야기도 할 수 있고 게임하면서 수다를 떨 수도 있다.

뉴런 만세!

뉴런(모친의 자궁에 있을 때 생성되는)은 100년 이상 살 수 있다! 예전에는 뉴런이 한 번 죽으면 새로운 뉴런이 생성될 수 없다고 생각했지만, 최근의 연구에서는 몇몇 뇌영역에서 뉴런이 생성될 수 있는 것으로 나타났다. 심지어 나이든 뇌에서도 말이다. 따라서 기존 뉴런의 수명을 늘리고, 새로운 뉴런의 생성을 위해 뇌를 계속 자극하라. 세포의 해독과 회복 과정은 우리 몸과 뇌가 책임진다. 그러나 뇌세포를 꾸준히 일깨우고 활성화시키는데 필요한 보살핌과 자극을 제공하는 것은 우리 몫이다.

재미와 수익을 위한 놀이

비관적 사고를 하면 의기소침해지고 뇌기능이 저하되기 때문에, 유쾌하고 기쁜 활동을 해야 기분이 좋고 창의성이 향상되며 뇌에 유익하다는 말이 맞다. 놀이야말로 즐거움을 주고 낙관성을 높인다.

서로 닮은 쾌감과 즐거움

즐거운 놀이로 나아가기 전에, 쾌감pleasure과 즐거움enjoyment의 차이를 살펴보자. 쾌감은 배고픔, 섹스, 신체적 편안함 등 신체적 욕구가 충족될 때 맛보는 감정이다. 이에 반해 즐거움은 신체적 한계를 넘어 정신적 영역에 이를 때 느끼는 좋은 감정이다. 우리는 다음과 같은 상황에서 즐거움을 느낀다.

- 한계를 늘리거나 신기원을 이루는 무언가를 해냈을 때
- 자신과 타인의 기대를 뛰어넘을 때(큰 거래를 성사시키거나 새 상품을 디자인 하거나 새 사업을 시작하는 등)
- 고무적인 대화, 브레인스토밍 기회, 네트워킹 이벤트에 참여했을 때

쾌감 자체를 위한 쾌감도 당연히 유익하고 멋지지만, 개인적·재정적 성장을 유도하는 지속적인 즐거움을 경험하라.

준비하고 시작한 다음에 즐겨라!

만약 자신이 과로상태이거나 만성적 스트레스에 시달린다면, 재정적 부를 위해 뭔가 재미있는 일을 계획할 필요가 있다. 즐거움 그 자체만으로도 많은 이점이 있지만, 즐거운 활동을 하다보면 창의성 및 긍정적 사고와 관련된 뇌영역이 활성화된다. 심지어 정서적·지적 동기도 유발될 것이다. 일상에서 휴식을 취할 때마다 새로운 사고방식을 개발하라.

브레인 포그[3]를 피하라

만성 스트레스는 말 그대로 우리의 생명을 앗아간다. 많은 연구에서는 스트레스가 처참한 신체적 피해를 주는 것으로 나타났다. 그런데 만성 스트레스가 뇌의 에너지를 고갈시키고(정신을 흐리게 함), 기억 및 학습 관련 뇌영역을 위축시키며, 신경전달물질에 문제를 일으키고(즐거움과 가소성을 제한하는), 심지어 뇌를 공격하는 독소까지 방출한다는 사실을 아는가? 좀비인 스트레스를 잊어라. 스트레스가 우리 뇌를 먹어치운다! 이완을 우선시하라. 신체적·정신적 자극과 활력을 주는 어떤 활동이든 좋지만, 그런 활동 역시 편안하고 재미있어야 한다.

우선 쾌락중추를 자극할 활동목록 다섯 개와 즐거움을 줄 활동목록 다섯 개를 적어보아라. 좀 더 확실히 하기 위해 창의적 과정을 촉진하는 두 종류의 목록을 제시하면 다음과 같다. 첫 번째는 쾌감을 줄 활동목록이고, 두 번째는 숙달을 통해 지속적인 즐거움을 줄 활동

3) 머리가 뿌연 상태

목록이다.

바로 쾌락중추를 자극할 활동

- 귀중한 골동품을 굉장히 높게 감정받기
- 새로운 요리법 시도하기
- 멋진 스포츠카 시운전하기
- 새로운 레스토랑 찾기
- 좋아하는 사람과 이불에서 뒹굴기

즐거움을 줄 활동(동시에 참신한 경험과 학습에 대한 뇌의 욕구를 자극하는)

- 가구를 디자인하고 만들기
- 유럽의 5개 도시 여행계획 짜기
- 지역 영화사에서 오디션 보기
- 뮤직캠프에 참여하기
- 골프 배우기

꼭 자신만의 목록을 만들고, 뇌를 활용해 창의적이고 놀랄만한 아이디어를 발휘하라. 상상력을 발휘하고 뇌세포를 활성화시키며 자기 내면의 아이를 탐색하면서, 그 과정과 실행을 즐겨라. 매달 참신한 아이디어를 위해 도전하고, 마음을 열고 제안을 수용하라.

새로운 경험을 즐기고 도전을 극복하면서, 매 순간을 마음껏 향

기대는 뇌를 활성화한다

기대는 종종 실제 경험보다 달콤하다. 특히 낭만적인 데이트로 외출하거나 바닷가로 휴가를 가는 것처럼 다가올 일이 유쾌할 경우에는 더 그렇다. 미래의 보상을 기대하면 그 경험을 실제로 할 때처럼 변연계의 쾌락중추 즉, 측좌핵이 활성화된다. 멋진 데이트를 앞두면 한 시간 전부터 가슴이 두근거리고 만면에 미소가 가득할 것이다. 이는 우리 뇌가 그 모든 상황이 보상의 서곡임을 알기 때문이다. 그러니 즐거운 기대를 가져다 줄 무언가를 꿈꾸어라. 만약 그런 일이 일어날 가능성이 없어 보일지라도, 일어나길 바라는 일들을 상세히 상상하면서 머릿속으로 각 장면을 향유하라. 뭔가를 강렬하게 시각화하면, 우리 뇌가 그것을 실제 경험으로 여긴다는 점을 명심하라. 그러니 시각화는 실제로 하는 것과 별 차이가 없다.

유하라. 직접 그렇게 하고 싶은 느낌이 별로 안 드는 날에는 좋았던 느낌이라도 상세히 떠올려 뇌가 자꾸 스릴 넘치는 경험을 하도록 하라.

취미를 가져라!

주기적으로 즐기는 취미가 있다면, 그저 즐기기 위해 무언가를 하는 기쁨을 이미 아는 셈이다. 만약 없다면, 한 가지 정도 취미를 가질 필요가 있다. 취미는 직업으로 개발하지 못한 역량을 발휘할 기회일 뿐만 아니라, 마음을 진정시키고 창의성을 자극할 방법을 제공해 준다. 어떤 취미는 아동기에 시작한 이래 큰 기쁨을 주어 여전히 지속되고, 심지어 시간만 나면 자꾸 하게 될 것이다.

우선 한두 가지 취미를 즐길 시간을 꼭 내어라. 우리는 모두 열심히 일만 하는데(성공하려면 열심히 일해야 한다고 생각하기 때문에), 열심히 노는 것 역시 우리의 안녕과 최상의 뇌기능 유지에 매우 중요하다. 취미는 스타워즈 캐릭터 장난감 모으기, 장신구 만들기, 중고벼룩시장에서 구입한 가구 손질하기 등 아주 다양할 것이다. 뭘 하든 상관없다. 그것을 즐기기만 한다면 말이다.

취미는 기막힌 기분전환으로, 스트레스 해소방법인 동시에 좀 더 구체적인 성취감을 주는 무언가를 창출한다.

만약 구체적인 무언가를 산출하지 못하는 직업일 경우에는, 미술품을 완성하거나 사진전을 열거나 정교하고 우아한 새집을 만들다 보면, 손에 잡히는 무언가를 만들고 그 작업에 참여한 것에 자부심을 느낄 것이다. 취미는 열정을 유도하고 사회적 상호작용을 높이며 뇌에 좋은 많은 것을 가져다준다. 자신이 좋아하는 취미에 푹 빠져 있을 때, 매우 바람직한 고도의 집중상태(소위 몰입)에 이를 수 있고, 이때 뇌에 에너지와 회복을 가져다주는 엔도르핀, 노르에피네프린, 도파민 등의 화학물질이 증가한다.

취미의 추가적 이점을 제시하면 다음과 같다.

1. 새로운 아이디어와 신경연결을 자극함으로써, 창의성을 촉진하고 업무에 엄청난 영향을 줄 많은 통찰력과 신선한 관점을 유도한다.
2. 몰두와 집중을 요구하는데, 이때 신경연결이 증가하고 성취

감을 느낀다.

3. 더 넓은 뇌영역을 활성화시키는데, 그중 일부는 직업으로 거의 활성화되지 못하는 영역이다.
4. 자신에 대한 안목을 넓혀 탁월한 능력을 발휘할 분야가 늘어나고, 그로 인해 자아존중감이 향상되는 동시에 직장에서의 고달픈 생활이나 부정적 분기평가로 인한 어려움이 줄어든다.

이상적인 취미는 뇌를 사로잡고 열정을 일으키며 사회적 관계를 확장할 기회와 성취감을 준다. 어떤 취미를 선택하든, 반드시 선택한 취미의 역사를 연구하는 등 지적 요소를 추가하라. 동시에 사교댄스나 미국 서부댄스 강좌, 들새관찰 클럽이나 원예클럽, 미술, 사진, 글쓰기, 장신구 제작, 뜨개질, 퀼팅 강좌에 참여하는 등 사회적 요소를 고려하라.

만약 무언가를 만드는 것이 취미라면, 노숙자 숙소, 노인요양시설, 자선경매에 자신이 만든 것을 기부하여 색다른 즐거움과 성취감을 주는 영적 요소를 맛보아라.

또한 열정적인 취미는 새로운 직업에 대한 영감도 준다. 결국 많은 사람들은 진로를 바꾸고(과거에 자신이 좋아한다고 생각했으나 싫어지는 일을 하거나, 자신이 하고 있는 모든 일에 흥미가 사라져 정말 기쁨을 느낄 무언가를 하고 싶어) 창의성을 발휘한다. 실제로 많은 이들이 사업가로 독립하기를 결심하는데, 열정적인 취미가 종종 그 티켓이 된다.

동료나 멘토와 소중한 시간을 보내라

인간은 홀로 살아가게 창조되지 않았다. 조물주는 우리가 다른 사람을 필요로 한다는 사실을 알게끔 우리 뇌를 만들었다. 우리 뇌는 내부에서 분비되는 마약인 엔돌핀을 분비하는데, 이는 소중하고 믿음직한 사람 곁에 있을 때 사랑스러운 감정을 유발한다. 연구에서는 유대가 공고하고 사랑받으며 지지받는다는 느낌이 우리의 건강과 은행잔고에 효과적인 것으로 나타났다.

뇌 관련 연구결과를 돌이켜보면, 친밀한 관계가 조성될 때 일부 과학자들이 사회적 뇌라 부르는 영역(거울뉴런을 포함해)이 활성화된다. 이 작은 거울뉴런 덕분에 우리는 다른 사람과 동질감을 느끼고 가까워지며 동료나 멘토의 존경스러운 점을 배우게 된다.

사회적인 뇌를 활성화시키면, 공포를 담당하는 편도체는 진정되는 동시에 쾌감을 담당하는 변연계 부위(측좌핵 등)는 활성화된다. 다시 말해, 불안이 감소하고 유대감이 높아지며 지지와 격려를 받는다는 느낌이 커져 우리의 성공 가능성이 높아진다.

오르가즘의 이점

흔히 섹스가 몸에 좋다고 생각할지 모르지만, 사실 뇌와 은행계좌에도 아주 유익하다!

도파민을 유도하라!

멋진 섹스가 신체적·정서적 황홀감을 가져온다는 점을 알리기 위해 굳이 신경과학자가 나설 필요도 없다. 여러 뇌영역이 섹스로 인한 쾌감을 유발하고 처리하지만, 그 중 세 영역이 가장 크게 관여한다.

1. 구애, 애무, 섹스를 하는 동안, 복측피개영역VTA에서 분당 1마일의 속도로 도파민이 쏟아지며, 그중 대부분은 변연계의 측좌핵으로 향한다. 이 핵은 쾌감을 추구하고 즐기는 중추로, 이 영역은 섹스를 할 때뿐만 아니라, 노동의 대가를 즐길 때에도 활성화된다.
2. 측좌핵에 도파민이 크게 증가할 때 기분이 좋아지며, 그로 인해 감각을 더 갈망하게 된다.
3. 복측피개영역에서 온 도파민은 전전두피질에도 신호를 보내어, 이렇게 굉장한 즐거움을 누리고 있는 이유와 방법을 인식하게 된다.

오르가즘시에는 뇌가 합법적이고 자연적으로 이용 가능한 도파민이 폭발적으로 생성된다. 오르가즘을 경험하는 운 좋은 자원자들의 뇌를 스캔한 네덜란드의 연구자들은 자원자들의 뇌스캔 결과가 헤로인으로 쾌감상태에 이른 이들의 스캔 결과와 유사함을 발견했다! 오르가즘시에 활력을 주는 신경전달물질이 대량으로 분비되며, 특히 여성의 경우에는 많은 양의 옥시토신('사랑의 호르몬'으로 알려짐)도 분비된다. 오르가즘 상태에 이르면, 옥시토신이 가까운 사람과 당신의 사회적 유대감을 강화한다. 옥시토신은 오르가즘 후의 황홀한 진정 상태를 유발하며, 뇌에 치명적인 스트레스까지 해소하는 중요한 역할을 한다.

옥시토신은 신경조절물질로도 작용하는데, 그로 인해 특히 두통에 좋은 천연 진통제인 엔도르핀에 대한 신체반응이 민감해진다. 그러니 섹스로 두통도 치료할 수 있다는 말이다.

정기적으로 섹스를 하면, 혈액순환이 향상되어 몸이 건강하고 신체기능도 전반적으로 향상되며 당신의 뇌는 물론이고 당신 자신도 젊어질 수 있다. 섹스는 아주 대단한 운동이다! 만약 당신이 섹스할 기분이 아니라면, 옥시토신과 도파민이 당신의 뉴런에 윤활유가 되고 자양분이 되며 활력을 주면 기분이 얼마나 좋을지 상상해 보아라.

오르가즘과 종교체험

오르가즘은 종교체험이 될 수 있으며, 적어도 그에 근접할 수 있다. 핀란드의 연구자들은 뇌의 혈류와 활성화패턴을 연구하던 중 우연히 이렇게 흥미로운 정보를 발견했다. 이들은 그야말로 아주 우연히 종교체험과 오르가즘 둘 다 우측 외측측두엽을 활성화시킨다는 흥미로운 발견을 했는데, 이 영역은 일부 과학자들이 '신의 영역'이라고 칭한 영역이다. 할렐루야!

웃으면서 돈을 쉽게 벌어라

과학자들은 우리가 웃을 때 뇌의 세 영역이 활성화된다는 사실을 발견했다. 즉, 전전두피질이 활성화되어 농담의 의미를 파악하고, 보조운동피질이 얼굴근육의 움직임을 조절한다. 그리고 해마와 편도체 등의 변연계 회로에서 기분 좋게 들뜬 감정을 유발한다. 무엇이 우리를 웃기는지와 왜 그러는지는 여전히 미스터리지만, 웃으면 그저 기분이 좋다. 때로는 문화적일 수도 있고 극히 개인적일 수도 있다. 윌리엄 앤 메리대학교의 유머 연구자인 존 모리얼John Morreall에 의하면, 웃음은 "부조화에 대한 장난스런 반응으로, 관례적인 기대에 안 맞는 말과 관련된다."는 것이다. 즉, 웃음은 약간 버릇없어 보이나 즐거움을 준다.

웃음은 주변사람들에게 일부러 분위기를 띄우는 시점을 알리기도 하는데, 이는 대개 우리가 그들도 웃기를 바란다는 표시다(만약 운이 좋다면, 그들의 거울뉴런이 활성화되어 반응할 것이다). 결국 우리가 왜, 어떻게, 언제 웃는지와 상관없이 모든 웃음은 순간이라도 우리를 기분 좋게 한다.

웃음은 건강상의 이점도 놀라울 정도이다. 즉, 웃음은 스트레스 호르몬(특히 코르티솔)을 줄여서 신체에 선상한 휴식을 준다. 또한 혈

계속 웃어라!

아기는 하루에 400번을 웃고 유아기까지는 하루에 300번을 웃으며 성인은 하루에 평균 15번을 웃는다는 연구결과가 있다. 연구에 의하면 웃기만 해도 기분이 좋아진다는 것이다. 기분이 꿀꿀하다면, 사무실 주변을 산책하고 동료들을 바라보며 웃어라. 머지않아 누군가가 재미난 이야기를 시작하고, 당신도 덩달아 기분이 무척 좋아질 것이다.

압을 낮추어 혈전의 발생 가능성을 줄이고, 면역체계를 강화하며, 우리 몸의 천연 마약인 엔도르핀 분비를 촉진한다.

또 다른 즐거움을 기대하라

이 장을 통해 당신이 삶에서 유쾌한 재미를 더 느끼고 기분이 나아질 뿐만 아니라, 뇌를 자극하고 젊게 유지하는 계기가 되었으면 한다. 다음 장에서는 뇌건강과 뇌기능에 결정적인 운동의 중요성을 살펴볼 것이다.

11장

부자가 되려면 운동하라

– 우리 뇌는 우리가 뇌건강, 몸매관리 및 뇌혈류를 위해 얼마나 노력하느냐에 따라 달라지는 신체기관이다. –

11장
부자가 되려면 운동하라

누구나 운동이 전반적인 건강과 행복에 아주 유익하다는 사실을 알지만, 운동(특히 유산소 운동)은 부 형성에도 중요한 역할을 한다. 그 이유를 살펴보자.

- 순환을 촉진하고 몸과 뇌의 혈류를 증가시켜 뇌의 영양상태, 젊음, 수용성, 유연성 및 미세조정을 유지한다.
- 뇌의 기억센터에서 유익한 신경성장인자가 증가한다.
- 근육협응을 촉진하여 뇌의 사고속도와 사고수준이 향상된다.
- 아주 중요한 자존감과 자신감을 높인다.

운동에 눈을 돌려라

이제 아주 건강하고 효율적인 뇌를 만드는 과정에서 운동의 중요성이 분명해졌으니, 자신이 얼마나 운동을 잘하고 있는지 살펴보기로 하자.

운동 정도 알아보기

1. 30분 이상 운동하는 날은 얼마나 되는가? (　　　)

A. 1주일에 5일

B. 1주일에 3일

C. 한 달에 두 번

D. 절대 안 한다.

2. 자신이 생각하는 완벽한 운동이란? (　　　)

A. 절친과 마라톤 연습하기

B. 동료들과 번개로 농구게임하기

C. 집 주변을 걷기

D. 낮잠자기

3. 시간에 쫓길 경우에는 어떻게 하는가? (　　　)

A. 한 시간씩 일찍 일어나 체육관에 간다.

B. 짬을 내어 집에서 운동 비디오를 따라한다.

C. 스케줄에 여유가 생길 때까지 운동을 쉰다.

D. 할 일 목록에서 운동을 살짝 뺀다.

4. 운동을 어떻게 생각하는가? (　　　)

A. 재미있는 것

B. 건강에 필수적인 것

C. 필요악

D. 절대 하고 싶지 않은 것

이제 체크한 것을 계산해 보아라

대부분 C나 D에 체크했다면, 운동에 대한 자신의 생각을 재고할 필요가 있다. 부자가 되고 싶다면, 결국 근육을 키우는 것도 한 방법이다!

머리를 써라

어바인에 있는 캘리포니아대학교의 연구자들에 따르면, 운동 후의 뇌 변화(신경연결의 성장을 비롯해)는 운동이 신경성장인자라는 유전자를 자극하여 나타난 현상이라는 것이다. 그런 유전자 중 하나로 친숙한 명칭인 '머리 noggin' 유전자는 알츠하이머 질환의 발병을 예방하거나 줄이는 데 중요한 역할을 하는데, 이는 신경성장인자가 기억강화에 기여하기 때문이다.

최근 노스웨스턴대학교의 과학자들도 특히 격렬한 운동을 할 때 새로운 뉴런과 신경성장인자의 생성을 방해하는 단백질(뼈 형성 단백질 또는 BMP)의 생성이 둔화된다는 사실을 발견했다. 결국 격렬한 운동으로 BMP가 감소하는데, 이는 좋은 현상이다. 운동 덕분에 우리는 젊어서든 나이가 들어서든 뇌의 민첩성과 활력을 유지할 수 있다.

선택한 신체활동이 두개골에 위험하지만 않다면, 모든 운동은 다 뇌에 좋다. 만일 적절한 운동을 꾸준히 한다면, 우리 뇌는 우리가 뇌에 바라는 것을 다 해줄 것이다.

스트레스 해소를 명심하라

운동, 특히 재미있는 운동은 가장 강력한 천연 스트레스 해소제이다. 집중이 잘 안 되거나 뉴런이 소진되거나 결과가 염려될 때에는 우리 몸과 뇌에 시간이 필요하다. 스트레스 상태에서 내린 사업상의 결정이 대개 아주 부정적 결과를 가져온다는 사실은 이미 잘 알려진 바라서, 뇌가 받는 스트레스를 줄이는 활동이라면 다 재정적 의사결정에 긍정적으로 기여할 것이다.

뇌의 노화를 방지하라

운동이 뇌에 미치는 영향은 일일이 다 나열할 수 없을 정도이다. 사실, 나이가 들수록, 운동이 전반적인 뇌건강에 훨씬 더 요긴해진다. 신경과학자들은 노령인구(대개 65세 이상의 인구)를 대상으로 꾸준히 적절한 운동을 했을 때의 효과를 검증하였다. 그 결과에서는 학습과 기억이 향상되고 통찰하는 뇌의 기능이 개선된 반면, 노화나 질병과 관련된 정신기능 퇴화는 줄고, 심지어 사고 및 학습과 관련된 뇌영역에서 노화로 인한 퇴화를 예방하는 것으로 나타났다. 어바인에 있는 캘리포니아대학교의 연구자들은 운동이 노화중인 뇌의 건강을 유지하고 새로운 뉴런을 형성하는데 가장 중요한 요소임을 제시하였다.

효과를 두 배로 높여라

심장을 뛰게 하는 유산소 운동이 가장 좋긴 하지만, 어떤 운동을 선택하든 상관없다. 정기적으로 몸을 움직이면, 뇌기능이 촉진된다. 만약 좋아하는 운동을 한다면, 쾌락중추까지 활성화되어 쾌감과 운동을 연결하는 신경연결이 운동하려는 의지를 더욱 강화할 것이다! 여기에 몇 가지 아이디어가 있다.

- 달리기 동호회에 가입한다.
- 숲에서 하이킹한다.
- 5Km나 10Km 경주에 등록한다.
- 조정경기를 한다.
- 무술을 배운다.
- 필라테스 요가를 한다.
- PT를 받는다.
- 사교댄스 강좌에 등록한다.
- 개를 데리고 해변을 산책한다.
- 자전거 여행을 떠난다.

기적의 숫자 30

미국 연방정부의 운동지침에서는 거의 일주일 내내 30분씩 운동하면 심장병, 골다공증, 당뇨, 비만, 심지어 알츠하이머 질환까지 예방할 것이라고 제시하고 있다. 하루에 30분씩 빨리 걷는 것만으로도 뇌건강을 유지하기에 충분하며, 이때 꼭 30분을 연속해서 걸을 필요도 없다. 하루에 10분씩 3번 걸어도 되고 5분씩 6번 걸어도 된다.

개를 길러라!

개를 기르는 2,170명을 포함해 5,900명의 운동습관에 관한 미시간주립대학교의 연구에서는 개 주인 중 약 2/3 정도가 적어도 10분

부담스러운 복부지방

끔찍한 뱃살로 불리는 허리 주변의 지방은 심장을 비롯한 주요 신체기관 주변에 보이지 않는 내장지방으로 존재하는데, 이는 나름대로 생명이 있다. 실제로 복부지방의 세포들은 고유의 호르몬과 시토카인을 분비한다. 시토카인은 염증을 막거나 상처를 치료해야 할 때 신체에서 분비되는 염증성 화학물질이다. 시토카인은 우울증 및 장기기억 감퇴와 관련되며 뇌 가소성도 저하시킨다.

동안 개를 데리고 규칙적으로 산책한다는 사실을 발견하였다. 개를 데리고 규칙적으로 산책하는 개 주인들 중 약 60%는 연방에서 제시하는 적정 운동기준에 부응했고, 거의 반 정도가 1주일 중 적어도 5일을 평균 30분씩 운동했다. 이에 반해, 개를 기르지 않는 사람들의 경우에는 약 1/3만이 규칙적인 운동을 하는 것으로 나타났다.

또한 그 연구에서는 개를 데리고 산책하는 사람들은 그렇지 않은 실험 대상자들에 비해 가벼운 운동이든 활발한 운동이든 대체로 운동수준이 더 높았으며, 스포츠나 정원관리 등 다른 신체활동도 더 즐기는 것으로 나타났다. 대체로 개를 기르는 사람들은 그렇지 않은 사람들보다 1주일에 30분 정도 운동을 더 했다.

캘리포니아에 거주하는 41,500명을 대상으로 한 연구에서는 개를 기르는 사람들이 고양이를 기르거나 아예 애완동물을 안 기르는 사람들보다 여가 삼아 걸을 가능성이 60%나 더 높은 것으로 나타났다. 결국 개를 기르는 사람들이 그렇지 않는 사람들에 비해 일주일에 19분 정도를 더 걷는 셈이다.

12주 동안 양로원의 노인 54명을 대상으로 한 연구에서 미주리대학교의 연구자들은 산책할 때 사람보다 개가 더 좋은 동료임을 제시하였다. 몇몇 참가자들은 산책친구로 친구나 배우자를 선택한 반면, 다른 이들은 매일 버스를 타고 지역 동물보호소까지 가서 산책할 개를 소개받았다. 개를 데리고 산책한 이들의 걷기속도는 28%나 증가한 반면, 사람과 산책한 이들의 걷기속도는 4%밖에 증가하지 않았다. 이 연구의 주요 저자이자, <개랑 걸으면, 1파운드가 빠진다 Walk a Hound, Lose a Pound>의 공동 저자인 존슨Johnson 박사는 사람과 산책한 이들은 덥다고 불평하며 운동을 빼먹었지만, 개를 데리고 산책한 이들은 그런 변명을 안했다고 말했다.

그것만으로 제대로 동기가 유발되지 않으면, 개는 좋은 친구이자 사랑스러운 애완동물이며 운동 외의 측면에서도 건강에 아주 유익하다는 점을 명심하라. 한 예로, 카렌 앨런Karen Allen 박사는 최근 고혈압 진단을 받은 48명의 증권 중개인을 연구했다. 집에서 애완동물을 기르는 이들은 스트레스 상황에서 안정시 심장수축 혈압이 최대 126인 반면, 개를 기르지 않는 이들은 훨씬 더 높은 148까지 올라갔다. 또한 텍사스대학교의 블레어 저스티스Blair Justice 박사는 개와 10분만 놀아도 도파민과 세로토닌 분비가 촉진된다는 사실을 발견했다. 그러면 어떤 사람에게 이런 기적의 화학물질이 충분히 분비될까?

뇌에 보상을 주어라

만약 운동에 대해 자신을 동기부여하기가 어렵다면, 완벽한 해결책이 있다. 뇌를 속여 운동을 좋아하게 하라. 운동에 대한 부정적 사고가 천 가지이고(우리들 대부분과 마찬가지로) 운동과 관련된 기억이 다 실패로 각인되어 있을지라도, 기발하고 뇌에 적합한 방법이 있다. 그것은 바로 뇌에 보상을 주는 것이다!

재미삼아 운동하는 뇌를 만들어라

만약 이전에 여러 번 시도했다가 그만둔 운동을 다시 시작한다고 가정해 보자. 성공의지를 지원할 새로운 신경회로를 만들려면, 마음 속에서 의식적으로 새로운 활동과 보상을 짝지어라. 가령, 골프 토너먼트 후에 동료들과 시간을 보내거나, 열심히 운동한 후에 스포츠바에서 동료들과 경기를 시청하거나, 아니면 열정적인 테니스 복식게임을 마친 후 파트너와 차를 마실 수 있다. 무엇을 선택하든, 자신에게 정말 기쁨을 주는 것을 골라 꾸준히 하라! 그리고 자꾸 반복하라.

보상은 반드시 활동 중이나 직후에 주어져야 한다. 자기보상을 통해 새로운 활동이 긍정적 연상이나 좋은 결과와 연결될 것이고, 그 덕분에 새로 형성된 뇌의 긍정적 연결이 강화된다. 머지않아 그 운동 자체를 자신이 정말 좋아하는 것으로 착각하여, 원래 주어지던 보상이 없어도 똑같이 기쁨을 느낄 것이다.

뇌를 중립화하라

부정적 습관을 없애기 위해 뇌를 훈련하려면, 뇌에서 이런 습관을 중립적으로 여기게 하라(부정적 행동이나 사고가 보상이나 처벌과 연결되는 것을 피해서). 아니면 부정적 습관을 아예 나쁜 상황(처벌)과 관련지어라.

중립화하려면, 새 옷을 사느라 월급을 반이나 날렸다는 사실을 떠올리지 마라. 행동, 사고 및 정서에 긍정이나 부정을 부여하지 말고 그냥 중립화하라.

나쁜 습관을 악마처럼 여겨라

앞의 방법이 효과가 없어 월급을 또 날렸다면, 변기를 닦거나 청구서 대금을 계산하거나 터무니없이 큰 소리로 헤비메탈 음악을 듣는 등 반드시 불쾌한 무언가를 하라. 어떤 것이든 정말 싫어하는 것이어야 하고, 과소비할 때마다 스스로 그렇게 하라. 머지않아 구태여 싫은 일을 하면서까지 과소비를 할 가치가 없어 보이면, 결국 나쁜 습관을 그만둘 것이다.

나쁜 습관과 관련된 정서와 사고를 마음속으로 통제하면 할수록, 뇌에서 타성에 젖은 신경연결이 줄어들 것이다. 특정 사고를 무의미, 무보상, 무처벌과 연결하면, 언젠가는 그런 사고가 사라질 것이다.

운동하느라 지쳤다고?

운동하느라 지쳤다 하더라도, 걱정하지 마라. 다음 장에서는 우리 뇌가 부를 창출하려면 잠이 얼마나 유익한지를 살펴볼 것이다.

12장

부자가 되려면 잘 자라

- 뇌의 성장과 기능을 극대화하려면 원기를 회복하는 수면이 필수적이다. -

12장
부자가 되려면 잘 자라

놀기도 하고 규칙적으로 운동을 하며 피질을 자극할 수도 있다. 하지만 수면을 충분히 취하지 못하면, 여전히 부를 얻을 수 없다. 왜 그럴까? 수면은 뇌를 회복시킬 뿐만 아니라, 뇌가 강한 연결을 만들고 정보를 통합하며 최적의 기능을 하는데 필수적이기 때문이다. 이미 확인된 바와 같이, 부 형성은 대개 수면과 관련된다.

잠이 안 오면 숫자를 세어볼까?

우선 매일 밤 취하는 휴식의 양과 질을 알아보기로 하자. 휴식은 부자 뇌를 만드는데 매우 중요하다.

수면 정도 알아보기

1. 매일 밤 평균 수면시간은 어느 정도인가? (　　　)

A. 7시간 30분 이상

B. 6~7시간

C. 4~6시간

D. 거의 안 잔다.

2. 30분씩 낮잠을 자는 날은 어느 정도인가? (　　　)

A. 매일

B. 1주일에 3~4일

C. 토요일과 일요일

D. 절대 낮잠을 안 잔다.

3. 매일 밤 잠들기 전에 어떻게 하는가? (　　　)

A. 침대에 누우면 바로 잠든다.

B. 침대에서 무언가를 읽다가 잠든다.

C. 소파에서 TV를 보다가 잠든다.

D. 자려고 몇 시간씩 뒤척인다.

4. 대개 몇 시쯤 잠드는가? (　　　)

A. 밤 9시

B. 자정

C. 새벽 2시

D. 동틀 때

5. 밤의 숙면을 어떻게 생각하나? (　　)

A. 건강과 행복에 아주 중요하다.

B. 필요성을 알지만, 잘 안 된다.

C. 필요악이다.

D. 불가능하다.

6. 꿈과 관련해 어떤가? (　　)

A. 눈뜨자마자 꿈꾼 내용을 적는다.

B. 안타깝게도 잊어버리지만, 좋았다고 생각한다.

C. 악몽을 꾸고 비명을 지르며 깬다.

D. 꿈을 전혀 안 꾼다.

7. 자신에게 해당되는 질환은? (　　)

A. 수면장애 없음

B. 하지불안증후군

C. 만성 불면증

D. 수면 무호흡증과 기면증

8. 아침에 알람이 울리면 어떻게 하는가? (　　)

A. 알람을 끄고 바로 침대에서 일어난다.

B. 알람을 끄고 잠이 완전히 깰 때까지 누워 있다.

C. '다시알림' 버튼을 누르고 한 번 이상 다시 잔다.

D. 밤을 거의 샜기 때문에 알람이 울려도 잔다.

이제 체크한 것을 계산해 보아라

- 대부분 A에 체크했다면, 수면의 중요성을 알고 수면을 충분히 취하려는 의지가 있다. 하지만 창의성 촉진, 생산성 증가, 부 증진을 위해 여전히 잠의 위력을 활용할 여지가 있다.
- 대부분 B에 체크했다면, 최상의 능력을 발휘하기에 무리가 없을 만큼 수면을 취하고 있으나, 결코 충분하지는 않다. 수면습관을 검토하여 수면패턴을 바꾸면, 성과증진과 목표도달을 위해 뇌가 필요로 하는 휴식을 취할 수 있다.
- 대부분 C에 체크했다면, 수면박탈 상태이다. 이런 수면박탈은 건강과 부에 악영향을 미치나, 대개 이 사실을 인식하지 못한다.
- 대부분 D에 체크했다면, 수면장애를 겪고 있는 상태이며, 그로 인해 사실상 일상생활 전반에 문제가 생긴다.

잠의 기능

수면은 머리부터 발끝까지 우리 몸이 재충전되고 회복되며 재조직되는 기간이다. 잠자는 동안, 세포가 회복되고 에너지가 보충되며 기분이 안정된다. 또한 뇌가 회복되고 건강상태가 최고조에 이른다. 큰 효과를 실감하려면, 하루 7시간 30분에서 9시간 정도의 수면이 필요하다. 그 정도 수면을 취하면 우리 몸에서 스트레스, 자외선 및 기타 유해환경 노출로 인한 피해를 줄일 수 있다.

또한 깨어 있을 때보다 자고 있을 때 세포의 단백질 생성이 더 활발한데, 이런 단백질 분자는 다른 세포의 회복과 재충전에 기여한다. 또한 적절한 수면을 통해 모든 신체 시스템이 재정비되고 재부팅되는데, 그 덕분에 일어나자마자 에너지가 높아 하루를 무사히 지낸다.

숙면은 몸 전체의 시스템을 원활히 한다. 만약 하루에 수면시간이 7시간 30분 이하라면, 다음과 같은 문제가 생길 것이다.

1. 고혈압과 높은 콜레스테롤이 발생할 위험이 높은데, 이는 심장마비나 뇌졸중이 이른 아침에 많이 발생하는 이유이기도 하다.
2. 몸을 고도의 경계상태로 만들어 혈압과 스트레스 호르몬 수준이 급등한다. 불충분한 수면기간이 길어질수록, 이런 과민 각성상태가 악화된다. 만성 불면증이 있으면, 우리 몸의 스트레스 반응체계가 과민 각성상태로 된다.
3. 스트레스 호르몬과 염증이 증가해, 심장병, 암, 당뇨, 그리고 추측한 대로 조기 노화의 가능성이 높아진다.
4. 과체중이나 비만이 발생할 가능성이 높다. 수면부족으로 식욕조절에 중요한 호르몬인 그렐린과 렙틴이 제 기능을 못한다.

잠을 잃으면, 부를 잃는다

숙면을 못 취하면 재정적 안정도 어려운데, 그 이유는 다음과 같다.

- 피로, 무기력, 동기부족

- 우울함과 성급함
- 창의성과 문제해결력 감소
- 스트레스 대처 능력 부족
- 집중력과 기억력 문제
- 의사결정 문제

요컨대, 수면이 부족하면 행동이 느리고 짜증나고 깜빡깜빡하며 우유부단하다. 또한 무능하고 불행하며 스트레스로 지치게 된다. 그러니 당연히 돈을 잘 벌기가 어렵다. 반대로, 휴식을 충분히 취하면 활기 있고 쾌활하며 창의적이다. 또한 유능하고 협조적이며 차분하여 그 날의 도전을 맞이할 준비가 되어 있기 때문에, 부 형성 기회를 바로 포착할 수 있다.

뇌도 잠이 필요하다

몸뿐만 아니라 뇌도 수면을 필요로 한다. 건강한 뇌 기능을 위해서는 수면이 필수적이며, 유전적 과정, 단백질 합성 및 수초 형성(뉴런이 메시지를 먼 거리로 빨리 전달하려면 수초가 필요하다)에 영향을 준다. 실제로 최근의 발견에서는 잠자는 동안 장기기억과 공간탐색을 담당하는 해마에서 새로운 뉴런이 형성되는 것으로 나타났다. 편안한 수면을 적절히 취하면, 뇌의 집중력이 높아지고, 새로운 기능을 학습하기가 용이하며, 정보기억 능력이 증가한다.

심각한 수면부족의 결과

편안한 수면을 제대로 취하지 못하면, 뇌에 바로 파괴적인 영향이 나타날 수 있다. 물론 수면이 부족하다고 해서 정신이상까지 되지는 않겠지만, 우울증 환자나 정신분열증 환자 등 거의 모든 정신질환자들이 수면문제를 보인다는 점에 주목할 필요가 있다.

건강한 사람들도 극단적인 수면부족을 겪으면 편집증과 환각 등 외견상 정신병처럼 보일 수 있다. 수면문제로 인해 조증, 불안, 과잉행동이 유발될 수 있다. 심각한 수면부족은 3-4일 정도 잠을 못자거나 오랜 동안 수면이 불규칙적인 상태를 말한다.

심지어 가벼운 수면부족도 뇌를 둔화시키고, 뉴런의 재생과 적절한 활성화를 저해하며, 새로운 시냅스의 형성을 제한한다. 그밖에도 새로운 과제의 학습을 가능케 하는 가소성을 줄이며 기억을 손상시킨다.

올빼미족이 정말 더 영리할까?

"일찍 자고 일찍 일어나면 건강하고 부유하며 현명해진다."는 속담을 들은 적이 있을 것이다. 그런데 스탠포드대학교와 위스콘신대학교의 연구에서는 이런 생각을 완전히 뒤엎는 특정 유전자의 변형을 발견했다. 공군 지원자 420명 대상의 한 연구에서는 인지능력이 올빼미족과 정적 상관이 있는 반면, 조기 기상과는 부적 상관이 있는 것으로 나타났다. 또한 프로젝트를 마칠 때에는 조기 기상보다 밤을 새는 것이 더 나은 것으로 밝혀졌다. 이는 조기 기상이 8시간을 채우고 싶은 우리 몸의 수면욕구에 반한 동시에, 뇌가 제대로 기능하기 전에 일을 시작하기 때문이다.

충분한 수면은 어느 정도일까?

하룻밤 이상 잠을 못자는 사람은 드물지만, 매일 밤 최적의 수면을 취하지 못하는 사람들은 상당수이다. 미국 국립보건원에 따르면, 성인의 평균 수면시간은 하루 7시간 이하였다. 밤에 7시간 30분에서 9시간 정도의 수면을 취해야 한다는 점을 고려할 때, 우리는 수면부족 상태인 셈이다.

맞벌이 부부라면, 밤에 7시간의 수면은 꿈같은 이야기이고 그저 희망할 뿐이다. 그런데 사실은 그 정도도 충분하지 않다. 사람마다 필요 수면시간이 조금씩 다르긴 하지만, 대부분의 건강한 성인들이 기능을 마음껏 발휘하려면 7시간 30분에서 9시간 정도의 수면을 취해야 한다. 왜 그럴까? 왜냐하면 그 시간은 우리 몸이 꿈나라(뇌가 왕성하게 활동하는)로 들어가는데 필요한 시간이기 때문이다.

수면단계

수면 동안에는 90분에서 110분마다 다음과 같은 5단계를 거치며, 원기를 회복하는 깊은 수면과 렘수면이 가장 중요하다.

- 1단계: 수면진입 단계로, 약 5분 동안 지속된다. 눈 움직임과 근육활동이 느려진다.
- 2단계: 얕은 수면으로, 10분에서 25분 동안 지속된다. 느린 뇌파

가 나타나다가 가끔 빠른 뇌파가 급증한다.

- **3단계와 4단계**: 원기를 회복하는 깊은 서파수면으로, 밤이 깊어질수록 짧아진다. 가장 깊은 수면단계인 이 서파수면의 특징은 뇌파가 아주 느리다는 점이다. 이 단계에는 혈류가 뇌에서 근육으로 이동하며 단백질 합성이 증가한다.
- **5단계**: 렘수면으로, 잠든 지 70분에서 90분 후에 처음 발생한다. 꿈꾸는 단계로, 이때 주로 뇌가 회복된다. 눈 움직임은 빨라지고, 숨은 얕아지며, 팔과 다리는 일시적으로 마비되고, 심장박동과 혈압은 증가한다. 이때 단백질 생성이 증가한다. 밤이 깊어질수록, 렘수면 시간은 길어진다.

항상 뇌를 준비시켜라

서파수면과 렘수면이 어떻게 기억형성과 학습강화에 기여하는지에 대해서는 많은 연구가 이루어졌다. 그러나 최근까지지도 초기 수면단계와 그 역할에 대한 연구는 부족한데, 사실 이 단계는 매우 중요하다. 최근 초기 수면단계의 쥐 대상 연구에서 하버드대학교 의과대학의 연구자들은 세포의 에너지 화폐인 아데노신 3인산 ATP이 뇌의 주요 네 영역(보통 깨어있을 때 활성화되는), 특히 전두엽에서 극적으로 증가한다는 사실을 제시했다. 이런 결과는 초기 수면단계의 에너지 고조야말로 일상에서 뇌가 정상적으로 기능하는데 필요한 에너지 충전제임을 시사한다. 따라서 우리 뇌가 수면의 준비단계를 거치지 않으면, 낮 동안 에너지 부족으로 쩔쩔맬 것이다. 그러므로 초기 수면단계를 거치는 동안 뇌를 충전하는 숙면자가 되어라. 그러면 다음 날의 근무를 위해 뇌를 잘 준비시키는 셈이다.

저녁에 잠들 무렵에는 수면의 3단계와 4단계(즉, 서파수면)가 길고 렘수면 단계는 짧다. 그러나 수면시간이 지속되면서, 원기를 회복하는 깊은 수면(서파수면) 대신 렘수면이 더 길어진다. 잠에서 깨기 전 몇 시간 동안은 대부분의 시간이 1, 2단계 수면과 렘수면에 소요되고, 원기를 회복하는 깊은 수면은 잠시 거치는 정도이다.

몸을 회복시켜라

서파수면 또는 원기를 회복하는 깊은 수면단계는 몸 위주이며, 이때 모든 회복활동이 활발하게 이루어져 몸이 최적의 기능을 유지한다. 또한 서파수면 동안 뇌를 재충전하고 회복시키는 렘수면 단계를 준비한다.

뇌를 회복시켜라

렘수면 단계는 뇌 위주이다. 즉, 호흡이 얕고 근육활동이 느리며 심장박동과 혈압이 증가하는 등 모든 활동이 뇌 위주이다. 학습과 기억은 복잡하게 얽혀 있으며, 렘수면은 이 두 가지에 아주 중요하다. 록펠러대학교의 쥐 연구에서는 일상에서 활성화되었던 뇌세포가 렘수면 동안 재활성화되어 그 날 학습한 내용을 기억하는 데 기여하는 것으로 나타났다.

렘수면 동안, 우리 뇌는 다음과 같이 기능한다.

1. 그날 학습한 모든 정보를 공고화하고 처리한다.
2. 기억을 강화하고 공고화하는 신경연결을 형성한다.

3. 세로토닌과 도파민 등의 화학물질을 비롯한 신경전달물질을 보충한다. 이런 화학물질덕분에 모든 뇌부위가 정상을 유지하여(너무 빠르지도 느리지도 않게) 뇌 전체가 원활하게 최적으로 기능한다.

또한 수면은 뇌의 연결이나 가소성을 높이며, 그 덕분에 나이가 들어도 우리의 학습과 성장은 계속된다.

시험점수를 두 배로 높여라

매사추세츠대학교의 연구에서는 서파수면과 렘수면이 밀접하게 관련된 것으로 나타났다. 그 연구의 실험 대상자들은 단어쌍 목록(매

낮잠을 자면, 학습효과가 만점이야!

경합 정보나 간섭 정보로 인해 기억하기가 힘들더라도 숙면을 취하면 학습내용이나 중요한 사실에 대한 기억력이 급증한다. 아침에 무엇을 먹었는지, 방금 열쇠를 어디에 두었는지, 조간신문에서 무엇을 읽었는지 등 사실에 대한 기억은 서술기억이다. 하버드대학교 의과대학의 로버트 스틱골드 Robert Stickgold 박사는 수면이 서술기억에 미치는 효과를 연구하였다. 먼저 집단 전체에게 단어쌍 목록('소녀'와 '바톤'처럼 함께 기억해야 할 두 개의 단어)을 가르쳤다. 이어서 집단의 반에게는 낮잠을 자게 하고, 나머지 반은 깨어 있게 했다. 낮잠을 잔 사람들이 깬 후에, 양 집단에게 원래의 단어쌍 기억을 방해하는 '간섭용' 단어쌍을 가르쳤다. 그리고 직후에 양 집단을 대상으로 처음의 단어쌍에 대한 기억 테스트를 실시했다. 낮잠을 잔 사람들은 약 76%의 단어쌍을 기억한 반면, 깨어 있던 사람들은 불과 32%밖에 기억하지 못했다.

우 흔한 기억과제)을 외우라는 지시를 받았다. 테스트 전에 잠을 잤던 사람들이 더 좋은 점수를 받았다. 더욱 중요한 사항은 서파수면과 렘수면이 길었던 사람들이 가장 우수했다는 점이다.

꿈을 많이 꿔라

우리는 대개 매일 밤 두 시간 이상 꿈을 꾼다. 렘수면 동안 뇌의 아랫부분에 위치한 뇌교는 시상에 신호를 보내고, 시상에서는 그 신호를 학습, 사고, 정보조직 중추인 피질로 보낸다(피질은 의식상태에서 환경정보를 해석하고 조직하는 뇌부위임을 명심하라.). 과학자들은 피질이 뇌교와 시상에서 받은 무작위 신호를 해석하여 각각의 뇌활동으로부터 하나의 이야기를 만들어낸다고 본다.

숙면을 취하면 꿈을 더 꾼다. 꿈꾸는 동안 뇌는 하루 종일 있었던 일을 처리한다. 몸이 쉬는 동안, 뇌는 꿈을 통해 사건, 감각자극, 감정, 기억을 연결한다. 이런 기억연결은 유익한 뇌기능에 필수적이며, 일상에서의 기억을 촉진한다.

연습한 다음, 잠을 자라

또한 스틱골드 박사는 바이올린을 연습하거나 테니스를 치거나 글씨를 쓸 때 뇌에서 일어나는 신체기억인 절차기억도 연구했다.

실제로 인기있는 컴퓨터 게임인 테트리스를 마친 피험자(일부는 기억상실증이 있고 일부는 기억상실증이 없는) 대상의 연구에서는 잠들기 전에 그들의 뇌에서 이상한 테트리스 타일이 떨어지는 심상을 만드는 것으로 나타났다. 특히 긴 연습 직후에 자면 더 그랬다. 게임했다는 사실을 전혀 기억하지 못할 정도로 기억상실증이 심한 피험자들도 동일한 경험을 했는데, 이는 이런 영상이 사실기억과는 다른 종류의 기억임을 의미한다. 더욱 중요한 사항은 모든 피험자들이 새로운 기술을 배우거나 연습하고 잠깐 잠든 후에 테트리스 점수가 높아졌다는 점이다. 심지어 학습시간을 두 배로 늘려도 잠의 효과를 능가하지 못할 정도였다! 그러니 새로운 기능을 배우고 싶다면, 그 기능을 배우거나 연습한 후에 잠깐이라도 꼭 눈을 붙여라.

부자가 되려면, 필요 수면을 취하라

지금 살펴본 바와 같이, 원기를 회복하는 깊은 수면(서파수면)과 렘수면은 둘 다 낮에 일어난 일을 뇌가 처리하고 유지하며 동화시키는데 아주 중요하다. 충분한 수면을 취하여 뇌가 깊은 수면단계에 이르면, 뇌가 유연성을 유지하고 최적의 기능을 발휘할 것이다. 전반적인 수면의 질 개선을 위해 해야 할 일과 하지 말아야 할 일을 제시하면 다음과 같다.

수면 체크리스트

뇌(와 부 형성)에 매우 중요한 숙면을 취하려면, 잠들고 이를 유지하는데 방해가 되는 활동을 피하라.

이 완

운동은 피질을 각성시키는 경향이 있어 숙면이 필요할 때에는 그리 좋지 않다. 운동은 스트레스 감소에 기여하지만, 격렬한 유산소 운동은 신경계를 각성시키기 때문에 정신과제에는 이상적일지라도 수면에는 그리 적합하지 않다. 잠들기 두 시간 전에는 운동하지 마라. 저녁에 활발한 운동을 해야 한다면, 잠들기 직전에 탄수화물이 함유된 가벼운 간식이나 유제품을 섭취하라.

절 제

알코올을 섭취하면, 전체 수면시간 중 렘수면의 비율이 감소한다. 알코올을 많이 섭취하면, 렘수면 시간이 줄고 아침에 개운치 않을 것이다. 저녁에 술을 마신다면, 최소한 잠들기 한 시간 전에 술자리를 떠나 알코올이 분해될 시간을 가져라. 또한 알코올은 탈수작용을 하므로, 술을 마신 후에는 물을 많이 마셔라.

적게 먹어라

저녁에 과식하면 소화기관이 과잉 활성화되어 수면, 특히 몸과 뇌에 무척 중요한 깊은 수면상태를 방해한다. 또한, 기름지고 매운 음식은 잠을 방해하므로 꼭 피하라. 대개 잠들기 전 네 시간 동안은 많이 먹지 마라.

돌연변이 수면자

어떤 사람들은 하루에 4시간만 자도 정상적인 생활이 가능하다고 말하는데, 최근 연구에서 그런 사례를 입증하였다. 우리들은 대부분 4시간의 수면으로 정상적인 생활을 하기가 어렵지만, 과학자들이 '짧은 수면자'라고 부르는 이들은 분명히 수면주기를 조절하는 유전자에 돌연변이가 있다. 이런 행운의 소수자(잠에 대한 관점에 따라 다르겠지만)들은 대개 매우 활동적이고 에너지가 넘치는 이들이다. 캘리포니아대학교의 신경학 교수인 잉 후에이 푸 Ying-Hui Fu는 짧은 수면자들의 경우 대개 직업이 두 개이고 성공적인 경력의 소유자이며 다양한 활동을 즐긴다고 말했다.

규칙적인 수면 습관 갖기

매일, 심지어 주말에도 같은 시간에 일어나도록 하라. 이를 통해 우리 몸과 뇌가 어떤 시간은 자는 시간이고 어떤 시간은 일어나는 시간임을 익힌다.

그러나 만성 수면부족이라면 주말에 보충하는 것도 괜찮다. 펜실베이니아대학교의 수면과 시간생물학 과장인 데이비드 딘지스 David Dinges 박사는 건강한 성인이 수면부족을 겪은 경우라면 하룻밤만 충분히 자도(10시간) 나아졌다는 연구를 수행한 바 있다. 실제로 그렇게 잠을 오래 잔 이들은 1주일 내내 매일 10시간씩 잔 사람들과 거의 비슷할 정도로 수행능력이 향상되었다. 따라서 일요일의 느긋한 잠은 그저 사치가 아니고, 월요일 조회에서 사람들의 브레인파워를 높여줄 것이다.

최적의 수면장소를 만들어라

수면장소의 온도를 섭씨 20°~22° 사이로 조절하라. 커튼을 치거나 어둡게 하면, 햇빛과 가로등 불빛을 막을 수 있다. 소음이나 TV와 같은 방해요인도 없애라.

안정을 취하라

자기 전에 명상, 이완운동, 요가, 일기쓰기 등 잠이나 이완을 유도하는 활동을 하라. 복잡한 업무를 수행하고 폭력영화를 보며 범죄 스릴러물을 읽는 것은 안 좋다. 마음을 편안하게 해줄 활동을 선택하라.

잠자리 의식을 만들어라

이야기를 들려주거나 자장가를 불러주면서 아이를 재우는 것처럼, 밤마다 갖는 규칙적인 의식이 도움이 될 수 있다. 가볍게 볼만한 좋아하는 소설과 카모마일 차 한 잔을 들고 잠자리에 드는 것도 좋다. 어떤 의식을 택하든, 밤마다 10분씩 이완에 도움이 되는 부언가를 하라.

커피를 피하라

잠이 들 때나 수면상태를 유지할 때 모든 카페인이 영향을 준다. 사실 커피는 가장 잘 알려진 각성제일 뿐, 차, 콜라, 초콜릿, 심지어 디카페인 커피에서도 카페인이 발견된다. 진통제, 다이어트약, 이뇨제, 감기약에도 커피 한 컵 정도의 카페인이 함유되어 있다.

따뜻한 우유를 한 잔 마셔라

유제품은 멜라토닌 생성을 촉진하여 수면을 유도한다. 탄수화물 복합체와 마찬가지로, 탈지유든 전지유든 멜라토닌과 세로토닌의 전구체인 L-트립토판이 함유되어 있다.

가벼운 야식을 먹어라

가벼운 야식 섭취가 수면에 기여할 수 있다. 단순당과 지방을 섭취하면 뇌로 가는 산소가 줄어 각성수준이 떨어지기 때문에 졸음이 온다. L-트립토판이 함유된 식품으로는 바나나, 오트밀, 가금류를 들 수 있다. 요구르트, 크래커, 치즈와 빵 한 조각은 완벽한 야식이다.

인공 감미료 대신 꿀을 먹어라

따뜻한 음료를 마신다면, 꿀, 설탕, 기타 천연감미료를 넣어 달콤하게 마셔라. 일반적인 식품 첨가물과 특정 인공감미료는 각성수준을 높여 수면을 방해한다. 꿀에는 보너스로 수면을 유도하는 L-트립토판이 함유되어 있다.

행복하려면 이완하라

잠을 잘 자는 비결은 스트레스를 최소화하는 것이다. 밤에 잠이 안 오면, 잠자리에 눕기 전에 이완하는 뇌훈련을 하라.

고도로 스트레스를 받는 동안 정서와 불안에 집중한 학생이라면 텔아비브대학교의 최근 연구를 고려하라. 그 결과에서 정서에 집중한 학생들은 정서 대신 과제에 집중하여 스트레스를 무시하고 잠을 잘 잔 학생들에 비해 수면장애 가능성이 높았다.

연구자들은 일상적인 공부를 하는 1주일 동안과 고도의 스트레스를 받는 1개월 동안 학생 36명의 수면패턴을 연구했다. 정서에 집중하지 않은 학생들은 수면의 질이 향상되거나 그대로였던 반면에, 초조해하고 되씹기를 하는 학생들은 수면의 질이 떨어졌다.

자신이 초조해하고 되씹는 성향이라면, 이런 습관을 바꾸려고 노력하라. 자신이 바꿀 수 없는 무언가에 대해 초조해하고 곱씹는 것은 비생산적이며 스트레스를 받도록 뇌를 훈련하는 셈이다.

불끄기 전 15분

돈, 청구서, 재정적 어려움을 걱정하느라 밤을 지새운다면, 괴롭히는 것에 딱 15분만 집중하라. 15분 동안 다음과 같은 세 가지를 하라.

1. 잘못될 수 있는 최악의 상황을 다 열거하라 : 최악의 시나리오
2. 실제로 일어날 수 있는 상황을 다 열거하라 : 현실적 시나리오
3. 결과를 바꾸기 위해 합리적으로 할 수 있는 일을 다 열거하라 : 행동전략

5분 간 심호흡을 한 후에 문제와 관련된 생각, 걱정, 고민을 다 내려놓아라. 그리고 마음속으로 긍정적인 결과를 그려본 다음, 멋진 뇌에게 성공적인 결과 창출에 필요한 사항을 생각하면서 밤을 보내

게 하라. 숙면을 행동계획의 최우선으로 두고 잠자리에 들어라. 스트레스를 자아내는 모든 조바심과 곱씹기에 이 방법을 활용하는 습관을 가져라.

머지않아, 안달복달하고 곱씹어 생각하기 전에 뇌에서 위와 같은 목록을 작성할 것이다. 그러면 불필요한 조바심이나 곱씹기에서 벗어나 스트레스를 줄이고 수면의 질을 개선하며 뇌에 자양분을 제공할 것이다.

좋은 꿈을 꾸면 행운이 찾아온다

뇌에게 수면은 은행잔고만큼이나 유익함을 기억하라. 그 이유는 다음과 같다.

- 수면은 전반적인 건강과 안녕에 필수적이다.
- 몸과 뇌가 재생되고 회복되며 정비된다.
- 기분을 촉진하고 에너지를 부여한다.
- 일상적인 스트레스 요인을 다루기가 쉬워진다.
- 우리 뇌가 학습하고 성장하며 새로운 기능을 터득한다.

숙면을 취하려면 뇌를 훈련하라, 그러면 최상의 기량을 발휘할 것이다. 아주 간단하다. 좋은 꿈을 꾸어라!

13장

부자가 되려면 잘 먹어라

– 우리 뇌는 최상의 기능을 발휘하는데 필요한 영양을 공급하는 정도에 따라 달라지는 신체기관이다. –

13장
부자가 되려면 잘 먹어라

만약 우리 뇌가 최상의 능력을 발휘하길(꾸준히 성장할 뿐만 아니라) 바란다면, 적절한 영양공급이 아주 중요하다. 뇌는 체중의 약 2%에 불과하지만, 몸에 공급되는 혈액의 20%를 사용한다는 점을 명심하라. 즉, 몸에 공급되는 산소의 20%와 포도당의 65%를 사용한다. 이들 수치는 뇌가 건강을 유지하고 최상의 능력을 발휘하는데 많은 영양분이 요구된다는 사실을 잘 보여준다.

뇌에 영양을 공급하라

우리 뇌가 필요로 하는 영양소를 구체적으로 살펴보기 전에, 자신의 식습관을 간단히 알아보자. 당신은 뇌를 최상의 상태로 유지하는데 필요한 영양을 공급하고 있는가?

식습관 알아보기

1. 권장식단지침을 따르는 정도는? (　　　)

A. 매 끼니

B. 거의 매 끼니

C. 어쩌다 한 번

D. 전혀 따르지 않는다.

2. 패스트푸드를 먹는 정도는? (　　　)

A. 절대 안 먹는다.

B. 가끔 먹는다.

C. 일주일에 한두 번 먹는다.

D. 아주 즐긴다.

3. 주요 아침 메뉴는? (　　　)

A. 오트밀, 저지방 우유 및 과일

B. 베이컨과 계란

C. 커피와 도넛

D. 아무것도 안 먹는다.

4. 자신의 지방섭취는 어떤가? (　　　)

A. 오메가-3 지방산만 섭취한다.

B. '양질의' 지방만 섭취한다.

C. 트랜스 지방은 절대 섭취하지 않는다.

D. 닥치는 대로 섭취한다.

5. 자신의 주요 단백질 공급원은? (   )

A. 저지방 유제품, 생선, 콩

B. 닭고기와 생선

C. 육류

D. 스팸

6. 술을 마시는 정도는? (   )

A. 가끔

B. 하루에 한 번 와인 한 잔

C. 하루에 두 번 이상

D. 술을 달고 산다.

이제 체크한 것을 계산해 보아라

- 대부분 A에 체크했다면, 뇌가 제 기능을 다하려면 잘 먹어야 한다는 사실을 알고 있다. 하지만 더 예리하고 창의적인 뇌를 바란다면, 뇌를 건강하고 활기차게 유지하기 위해 할 수 있는 일이 여전히 많다.
- 대부분 B에 체크했다면, 최소한 자신의 먹거리에 관심이 있다. 그러나 피질세포에 연료공급을 더 잘하려면 할 수 있는 일이 많다. 영양을 개선하면, 우리의 수준을 더 높일 창의성, 동기, 집중력 및 신경발달이 촉진될 것이다.
- 대부분 C에 체크했다면, 영양에 대한 태도가 안일하여 브레인파워(뇌건강을 촉진하고 자신이 염원하는 성공적인 사람이 되는데 필요한 힘)를 낭비하고 있다. 뇌에 영양공급을 잘하면, 주머니 사정이 바로 나아질 것이다.

- 대부분 D에 체크했다면, 한 입 먹을 때마다 뇌 건강을 해치는 셈이다. 자기 뇌가 부 추구와 건강에 기여하길 바란다면, 자신의 식습관과 음주습관을 크게 바꿀 필요가 있다.

먹거리가 뇌기능과 지속적인 뇌발달에 아주 중요하다고 추론할 때 구태여 신경과학자를 들먹일 필요도 없다. 사실, 우리가 섭취하는 식품은 우리 몸의 거의 모든 세포, 기관, 조직에 영향을 준다. 건강한 식단을 실천하면, 세포가 원활히 기능하고 재생되며 손상을 회복하는 데 필요한 모든 것이 공급된다. 건강에 해로운 먹거리 선택은 모든 세포를 힘들게 할 뿐만 아니라, 몸과 뇌를 아예 망가뜨린다.

뇌가 최우선이다

우리는 신체활동 변화가 아니라, 정신기능 변화를 통해 영양결핍을 바로 알아차릴 수 있다. 이는 우리의 CEO 역할을 하는 뇌영역인 전두엽이 포도당 감소에 아주 민감한 반면, 호흡, 맥박, 간기능 등 생명유지 기능을 담당하는 뇌영역은 더 무디기 때문이다. 영국에 있는 로햄튼대학교의 연구자들은 "포도당 수준이 낮아질 때 나타나는 증상은 호흡패턴의 변화가 아니라, 혼미한 정신이다."고 언급한 바 있다. 포도당 감소의 또 다른 초기 신호는 기분변화, 조급증, 일상화된 짜증이다. 뇌에 영양공급을 잘하면, 뇌가 원활히 기능할 것이다.

먹거리 선택 기준

영양에 대해 많이 알면 좋겠지만, 아래의 기본적인 원리들을 이해하고 실천하는 데에는 초등학교 3학년 정도의 지식이면 충분하다. 어떤 음식들은 우리 몸(과 뇌)에 아주 유익한 반면, 어떤 음식들은 그렇지 않다.

건강과 부를 촉진하는 먹거리

- 항산화물질과 섬유질이 많은 형형색색의 과일과 채소
- 섬유질이 많은 통곡류 식품(현미, 통밀빵, 통밀파스타, 귀리)
- 단백질(생선, 가금류, 콩, 살코기, 콩류, 계란, 저지방 유제품, 견과류, 씨앗)과 오메가-3 지방산(어류, 아마씨유 및 일부 견과류에 함유된)
- 영양가 높은 식품(기름기가 없거나 지방이 적고 지방, 설탕, 녹말, 나트륨이 첨가되지 않은 식품)

건강과 부를 저해하는 먹거리

- 과도한 포화지방(지방이 많이 함유된 붉은 고기, 치즈, 아이스크림, 튀김류)
- 트랜스 지방(마가린, 도넛, 파이, 케이크, 쿠키, 칩, 패스트푸드)
- 정제 탄수화물(백미, 흰 빵, 파스타)
- 고칼로리 식품(고형지방이 많이 함유되고 설탕이 첨가된)
- 가공식품(고형지방이 많이 함유되고 설탕이 첨가된)
- 나트륨 함량이 높은 식품

- 설탕 함량이 높은 음료(특히 탄산음료)

미국 농무부는 미국인들이 대개 전체 칼로리의 35%를 고형지방과 첨가된 설탕으로 섭취한다고 발표하였다. 이는 전체 칼로리의 약 5~15% 이상을 넘지 말라는 권고사항과 극명한 대조를 이룬다.

미국 농무부의 먹거리 선택 기준

미국 농무부에서는 꾸준히 영양을 연구하면서 미국인들의 건강한 먹거리 선택을 위해 권장식단MyPlate이라는 식품선택 지침을 제시하였다. 여기에서는 영양요건에 부응하는 먹거리 선택에 대해 세 가지 메시지(다양성, 균형, 절제)를 전한다. 각 식품군에서 필요로 하는 음식의 양은 연령, 성별, 신체활동에 따라 다르다. 아래에 일반적인 지침을 제시하지만, www.MyPlate.gov에서 더 많은 정보를 얻길 바란다.

권장식단의 식품군은 다음과 같다.

- 통곡물빵, 시리얼, 밥, 파스타(복합 탄수화물) : 이는 식판의 약 25~30%로, 어른은 하루에 6~8온스의 곡물을 섭취하면 된다. 매일 섭취하는 곡물의 반을 통곡물로 섭취하라.
- 신선한 채소 : 이는 식판의 약 30%에 해당된다. 건강한 성인 남녀는 매일 2~3컵의 채소를 섭취해야 하며, 다양한 종류의 채소를 섭취해야 한다(예를 들면, 진녹색 잎채소, 전분질 채소, 붉은색

과 주황색 채소).

- 신선한 과일 : 이는 식판의 약 20%에 해당된다. 채소와 합치면, 끼니마다 식단의 50%가 과일과 채소라는 점을 주목하라. 건강한 성인이라면 매일 1.5~2컵의 과일을 섭취하라.
- 저지방이나 무지방 우유, 요거트, 치즈 : 이는 식판 한쪽에 컵으로 표시되어 있다. 건강한 성인은 칼슘이 풍부한 유제품을 매일 3컵씩 섭취해야 한다. 우유로 만든 식품 중 크림치즈, 크림, 버터에는 칼슘이 적거나 거의 없어서 유제품군에 넣기가 애매할 정도이다.
- 살코기, 가금류, 생선, 말린 콩, 계란, 견과류, 육류 대체물 : 이는 식판의 약 20%에 해당된다. 건강한 성인은 매일 지방이 적은 단백질을 5~6온스 정도 섭취해야 하며, 미국 농무부에서는 지방이 적은 해산물을 매주 적어도 8온스 정도 섭취할 것을 권장하고 있다.

설탕과 지방은 권장식단에 속하지 않으니 극소량만 섭취하라.

어느 정도이면 과한가?

대부분의 사람들은 1인분을 과대평가하는데, 이는 레스토랑의 초대형 식사로 인해 그 개념이 왜곡되었기 때문이다. 이상적으로 1인분은 다음과 같다.

- 통곡물 1인분 : 빵은 한 쪽, 인스턴트 시리얼은 1온스, 조리된 통곡물 시리얼, 밥 또는 파스타는 1/2 컵

- 야채 1인분 : 생 잎채소는 1컵, 조리되거나 잘게 썬 야채는 1/2 컵, 야채 주스는 3/4컵
- 과일 1인분 : 중간 크기의 사과, 바나나 또는 오렌지는 1개, 잘게 썰거나 조리되거나 캔에 담긴 과일은 1/2컵, 과일 주스는 3/4컵
- 유제품 1인분 : 우유나 요구르트는 1컵, 천연치즈는 1½ 온스, 가공치즈는 2온스
- 단백질 1인분 : 조리된 살코기나 가금류 또는 생선은 3~4온스, 조리된 말린 콩은 1/2컵, 땅콩버터는 2테이블스푼, 견과류는 1/3컵, 달걀은 1개

과유불급이라!

<세포 Cell>라는 저널에 발표된 최근의 연구에 따르면, 우리 뇌는 잉여식품에 대해 마치 병원체인 것처럼 반응한다고 한다. 체중증가와 별도로 나타나는 그런 면역반응은 알츠하이머 질환과 관련된 인지결함을 유발할 수 있다. 마찬가지로, 인지과제를 처리할 때 혈당이 높으면, 코르티솔(과다하게 분비될 경우에 기억을 손상시키는 호르몬) 수준이 증가된다. 몇 주 동안 포화지방을 과다 섭취한 쥐들은 기억형성에 중요한 뇌 영역인 해마가 크게 손상되었다.

칼로리를 계획하라

체중이 증가되지 않는 범위 내에서 칼로리 필요량은 연령, 성별, 신체활동에 따라 다르며, 나이가 들수록 감소한다. 이상적인 칼로리

를 알려면, 의사와 상의하라. 일반적으로 권장되는 칼로리는 다음과 같다.

가만히 있거나 활동이 적은 성인 여성 : 하루에 1,600칼로리가 적당하다. 신체활동이 많은 여성은 600칼로리 정도를 더 섭취해도 된다. 임신한 여성은 좀 더 늘려도 된다.

가만히 있거나 활동이 적은 성인 남성 : 하루에 2,200칼로리가 적당하다. 신체활동이 많은 남성은 600칼로리 정도를 더 섭취해도 된다.

세포자멸

캘리포니아에 있는 솔크연구소의 연구자들은 설탕이 신체 곳곳의 세포, 특히 뇌세포를 손상시킨다는 사실을 발견했다. 그런가 하면 위스콘신대학교의 연구자들은 뇌가 잉여 정제당에 마치 바이러스나 박테리아인 것처럼 반응하여, 알츠하이머 질환과 관련된 인지결함을 유발할 수 있음을 발견하였다. 마찬가지로, 지적으로 도전적인 과제를 수행할 때 혈당이 높으면, 기억력을 손상시키는 코르티솔 농도가 높아진다. 다시 말해, 우리가 낮에 먹는 디저트가 몸과 뇌에 스트레스를 유발할 수 있다. 그리고 오후의 업무 효율성에도 부정적 영향을 줄 수 있다!

잉여 정제당은 다음과 같은 문제를 야기할 수 있다.

- 세포막을 차단하여 신경교류가 느려진다.
- 뇌에서 활성산소로 인한 염증성 스트레스가 높아진다. 활성산소는 세포를 파열시킨다.
- 시냅스 교류를 방해한다.
- 뉴런의 발화에 문제가 생겨 메시지가 잘못 전달되기 때문에, 이를 분류하느라 시간과 에너지가 소모된다.
- 델타파, 알파파, 세타파가 증가된다. 느린 뇌파로 인해 명석한 사고를 하기가 어렵다.
- 결국 뉴런이 손상된다.

먹거리 목록에서 탄산음료를 아예 없애라

우리 뇌는 체내에 있는 포도당의 65%를 사용하지만, 포도당은 너무 많아도 너무 적어도 뇌기능에 피해를 준다. 10티스푼의 설탕을 함유한 한 캔의 탄산음료가 설탕이 기껏해야 4티스푼 밖에 안 되는 혈류에 유입된다고 가정해보자. 이렇게 설탕이 급증하면 췌장에서는 많은 인슐린을 분비한다. 설탕 중 일부는 뇌세포를 비롯한 세포에 급속도로 유입되고, 나머지는 저장고나 지방세포로 간다. 한 시간 후에는 혈당이 갑자기 떨어져 저혈당 상태가 되는데, 이렇게 급속한 변화로 인해 기억력이 손상되고 사고가 흐려진다.

쇼핑목록에서 다이어트 탄산음료를 없애야 하는 이유

뇌졸중은 사망의 주원인으로, 심장병과 암에 이어 세 번째이다. 최근의 연구에서는 다이어트 탄산음료 섭취와 뇌졸중 사이에 관련 가능성이 있는 것으로 나타났다. 이전의 연구에서는 일반 탄산음료든 다이어트 탄산음료든 하루에 한 번 이상 마시는 사람이 마시지 않는 사람에 비해 고혈압, 중성지방 증가, 좋은 콜레스테롤 감소, 공복시 혈당 증가, 두툼한 허리 등 위험인자 덩어리인 대사증후군에 걸릴 위험이 높은 것으로 나타났다.

마이애미대학교 밀러의과대학의 유행병학자인 한나 가드너 Hannah Gardener는 약 2,500명(평균 연령 69세)을 9년 동안 연구한 결과, 매일 다이어트 탄산음료를 마신 사람이 그렇지 않은 사람에 비해 뇌졸중에 걸릴 확률이 61%나 높다는 사실을 발견했다. 노던 맨하탄 Northern Manhattan 연구로 알려진 그 연구를 하는 동안 가드너는 연령, 성별, 인종, 신체활동, 칼로리, 흡연, 음주습관 등을 통제했다. 가드너는 대사 증후군, 하지정맥류, 심장병력을 통제한 다음, 자신의 결과를 다시 검토했을 때 관계가 48%에 근접해 여전히 상당한 위험 수준임을 발견했다.

일부 동료 연구자들은 그 연구가 명확한 인과관계는 아니지만, 다이어트 탄산음료와 뇌졸중 위험의 관련 가능성을 밝혔음에 주목했다. 하지만, 이를 의심하는 연구자들은 가드너의 연구결과를 더 철저히 검토할 필요성이 있다고 강조하고 있다.

소금은 어떤가?

대부분의 연구가 성인 대상이지만, 나트륨이 혈압에 끼치는 부작용은 어려서 시작되고 나트륨 섭취가 뇌졸중 위험을 높인다는 증거들이 많다. 위에서 소개한 연구와는 다른 별도의 연구에서 가드너는 과도한 나트륨 섭취가 높은 뇌졸중 위험과 관련된다는 사실을 발견했다. 그녀는 다이어트 탄산음료에 관한 연구에서 약 2,500명의 참가자들을 대상으로 10년 동안 나트륨 섭취를 평가하였다. 그 기간 동안 하루 4,000mg 이상의 나트륨을 섭취한 이들의 경우, 허혈성 뇌졸중 위험이 하루 1,500mg 이하를 섭취한 이들의 두 배나 되었다.

그러면 어느 정도의 소금 섭취가 과한 것일까? 미국인을 위한 영양지침에서는 하루의 소금 섭취량을 1,500mg 이하로 하향조정하였다. 과도한 소금 섭취를 예방하는 최선의 방법은 가공식품이나 고염분 식품 즉, 절인 고기, 런천 미트, 치즈, 통조림 수프와 채소, '양념' 도시락, 간장을 제한하는 것이다. 항상 1인분에 포함된 나트륨을 확인하고, 가공식품을 섭취할 때에는 소금함량이 낮은 것을 선택하라.

비타민 브레인

'비타민 B'가 '비타민 브레인'을 의미한다고 해도 과언이 아니다. 비타민 B군(1, 2, 3, 6, 12)은 각기 별도로 뇌를 지원하지만, 서로 함께 복용할 경우에는 각각의 이점이 극대화된다. B군은 건강한 뇌세포 유지, 뇌의 연료인 탄수화물 대사작용, 신경전달물질 생성, 기분향상 등에 기여한다는 점에서 아주 중요하다. 필수 비타민 B가 부족한 이들은 우울증, 불안, 기억상실, 조바심, 혼란, 비정상 뇌파, 알츠하이머 질환의 위험이 높은 것으로 나타났다.

과일과 채소를 더 먹으라던 엄마 말이 옳았어!

산소분자가 불안정하면 활성산소가 생성되어 몸에 다양한 피해를 준다. 문제는 우리 몸의 다른 어떤 부위보다 뇌에서 활성산소가 가장 빨리 축적된다는 점이다. 활성산소가 쌓이면, 뇌세포가 손상되어 일종의 생물학적 부식이 일어난다. 다행히 진녹색 시금치, 순무, 호박, 석류, 라즈베리, 노란고추 등 선명한 원색 과일과 채소에 매우 질 높은 피토케미컬이 함유되어 있으며, 시금치, 블루베리, 가지, 자주색 양배추 등 진녹색, 빨간색, 자주색 식품에는 항산화제가 함유되어 있다. 이들 두 가지 강력한 화학물질은 활성산소를 차단할 뿐만 아니라, 우리 몸의 천연 항산화시스템을 촉진하는 유전자를 발현시킨다. 엄마한테 감사를!

탁월한 성취자들은 하루를 멋지게 시작한다

숙면을 취한 후, 우리는 주 에너지원인 혈당고를 보충해야 한다. 특히 뇌는 매일 신선한 포도당을 필요로 한다(뇌는 포도당을 저장하지 않기 때문에). 아침을 먹는 이들은 집중력, 문제해결력, 힘, 인내력이 나아짐을 실감할 것이다.

뭘 먹어야 할지 모르겠다고? 그러면 아래에 제시된 먹거리를 택하라.

- 비타민 강화 건조 시리얼에 얇게 썬 과일과 무지방 우유

- 저지방이나 무지방 요구르트와 과일이나 저지방 그라놀라 시리얼
- 땅콩버터를 바른 통밀 베이글과 오렌지 주스
- 작은 밀기울 머핀과 바나나 그리고 저지방이나 무지방 우유
- 건포도, 베리 또는 호도(아니면 셋 다)와 오트밀
- 과일과 무지방 우유를 갈아 만든 아침 식사용 스무디
- 완숙계란, 자몽 반개, 통곡물빵 한 조각
- 코티지 치즈와 복숭아

건강한 세포를 원하면, 좋은 지방을 섭취하라

지방은 건강한 식단에 필수적이다. 지방은 혈류에서 지용성 비타민(A, D, E, K)의 운반, 흡수 및 저장을 돕는다. 지방은 뇌의 약 60%를 차지하며, 몸에 있는 모든 세포막을 형성한다. 하지만, 좋은 지방이 있는가 하면, 나쁜 지방도 있다. 만약 식단이 나쁜 지방 위주라면, 우리 뇌가 제 기능을 못하는 질 낮은 신경세포막을 만들 것이다. 식사를 통해 양질의 필수지방을 섭취하면, 뇌세포에서 양질의 신경세포막이 형성되어 신경세포가 최고의 능력을 발휘할 것이다. 아무리 양질의 지방이라 할지라도 농축 에너지원이라서 탄수화물과 단백질보다 칼로리가 두 배나 높기 때문에 조금씩 섭취해야 한다.

우리 몸과 뇌가 최적의 기능을 하는데 필요한 양질의 지방을 필수 지방산이라고 한다. 필수 지방산은 몸에서 생성되지 않기 때문에 반드시 섭취해야 한다(심지어 보충제를 통해서라도). 우리 몸은 이런 지방

채식 위주의 식사를 하라

기름진 햄버거와 튀긴 음식을 좋아하던 빌 클린턴 Bill Clinton 전 대통령이 엄격한 채식주의자로 변하자, 그는 불과 몇 개월 내에 24파운드를 감량하여 10대 시절의 몸무게를 되찾았다. 전하는 바에 따르면, 클린턴은 많은 과학 자료를 검토한 후에 채식이 동맥폐색을 예방할 뿐만 아니라, 치료까지 한다는 사실을 알게 되었다. 1987년의 한 연구에서 딘 오르니쉬 Dean Ornish 박사는 가벼운 조깅, 요가, 사회적 지지와 더불어 채식을 했던 참가자의 82%(200명 이상)가 1년 내에 동맥폐색이 감소되었음을 발견했다. 빌 클린턴은 모름지기 채식 위주 식단의 광고모델과 같은 존재가 되었으며, 분명히 그의 뇌는 계속 최상의 기능을 발휘할 것이다.

산을 활용해 호르몬과 같은 물질을 생성해서 혈압, 혈액응고, 혈중지질 농도, 면역반응, 상처나 감염에 대한 염증반응 등 다양한 기능을 조절한다.

오메가-3를 섭취하라

오메가-3 지방산은 첫 번째 쇼핑목록이어야 한다. 하지만 지방식품이기 때문에 칼로리 함량은 낮고 혜택이 많은 공급원을 섭취해야 한다. 오메가-3 지방산이 함유된 몇몇 식품은 우리 뇌에 무척 좋다. 그런 식품들을 제시하면 다음과 같다.

- 일부 냉수성 어류(게르치, 청어, 고등어, 무지개 송어, 연어, 정어리, 참치, 흰살 생선)

- 올리브유
- 아마씨유
- 땅콩기름
- 카놀라유

오메가-3 지방산은 명석한 정신과 집중력에 좋다. 사실, 오메가-3 지방산은 아동과 청소년의 뇌건강에 특히 중요하다. 2010년에 다국적 연구자들은 오메가-3 지방산이 아동의 정신질환 예방에 기여할 수 있다는 사실을 발견했다. 약간 놀랍게도 미국의 일반 아동이 하는 식사에는 오메가-3 지방산이 거의 없다. 퍼듀대학교의 연구자들은 양질의 지방 부족이 주의력 결핍 장애 및 기타 학습장애의 높은 발생률과 관련된다고 보았다.

예리한 집중력을 원하면, 아마씨를 섭취하라

예리한 집중력을 원하면, 분쇄한 아마씨를 매일 1테이블 스푼 섭취하라. 그것은 쾌감을 비롯한 감각정보를 처리하는 피질의 작용에 기여하는 유익한 지방인 알파 리놀렌산의 훌륭한 근원이다. 매일 필요량을 채우려면, 샐러드에 뿌려 먹거나 스무디나 쉐이크에 넣어 먹어라.

나쁜 지방, 더부룩한 뇌

필수 지방산은 뇌에 아주 중요함에도 불구하고, 일반적으로 미국인의 식단에서 좋은 필수 지방산(아마씨유, 올리브유, 어유)은 몹시 부족한 반면, 포화지방, 경화지방, 부분경화 트랜스지방은 과도하다. 나쁜 지방(포화지방과 가공지방)은 냉장했을 때 고체상태이며, 대개 다음과 같은 식품에 함유되어 있다.

- 시중에서 파는 식품 : 파이, 케이크, 도넛, 쿠키 등
- 가공식품 : 크래커, 감자칩, 옥수수칩, 치즈 퍼프, 프레첼, 사탕
- 패스트푸드
- 기름기 많은 소고기, 돼지고기, 양고기
- 버터(와 마가린), 전유, 아이스크림, 치즈 등의 유제품
- 마요네즈와 몇 가지 샐러드 드레싱
- 야자, 팜 열매, 코코넛 오일

유익한 지방산(유연성이 높아 신경세포막의 기능을 원활히 하는)과 달리, 트랜스 지방산(식품포장에 '부분경화유'로 표시된)은 이중 결합되어 딱딱해져 신경세포의 전기·화학적 교류를 방해한다. 별로 영양가도 없으면서 체중을 급증시키는 트랜스지방이 우리 몸과 뇌에 미치는 피해를 제시하면 다음과 같다.

- 도파민 등 신경전달물질의 합성에 문제를 일으킨다.
- 나쁜 LDL 콜레스테롤을 증가시키는 반면, 좋은 HDL 콜레스테롤을 줄인다.
- 혈관 내의 플라그 양을 늘리고 혈전형성 위험을 높여 심장과 뇌가 위험해진다.
- 몸에서 중성지방의 양을 높여 뇌로 가는 산소량이 줄어든다.

또한 과다한 중성지방은 우울증과도 관련된다.

미국이 과체중 국가가 된 이유 중 하나는 필수 지방산 섭취가 80% 이상 감소한 반면, 트랜스지방 섭취는 2,500% 이상 치솟았기 때문이다!

정신문제에 처했다면

엽산, 비타민 B_{12}, B_6 등 비타민 B군은 우리 뇌와 몸의 메시지 교류를 촉진한다. 만약 정신문제에 처할 때 약간의 해산물, 진녹색 잎채소, 크랜베리 한 컵을 먹으면, 집중이 잘 되고 정신이 맑아질 것이다. 통곡물 시리얼 한 그릇, 주스, 얇게 썬 달걀은 원활한 정신기능을 촉진할 것이다. 아니면 유청 단백질이나 해초 파우더를 배, 사과, 베리류 등의 과일과 섞어 스무디를 만들어 먹어라. 바나나, 견과류, 씨앗들도 고도의 브레인파워가 필요할 때 훌륭한 식품들이다. 혈당량이 급증할 수 있으므로 설탕섭취를 꼭 줄여라. 그리고 너무 많이 먹으면, 우리 몸이 수행이 아니라 소화에 집중할 것이다.

카페인의 허와 실

아침에 마시는 커피 한 잔이 뉴런을 깨울 수도 있다. 그러나 연구에 따르면, 카페인은 섬세함이나 추상적 사고를 요하지 않는 단순과제에서나 효과적이라는 것이다. 카페인은 사고처리 속도를 높이고 서술기억(목록을 기억할 때 활용하는 기억) 형성과 파지를 높인다. 하지만 카페인은 창조적 에너지나 고차적 사고에 전혀 도움이 안 된다. 정기적으로 마시다보면 내성이 생겨 이전과 똑같은 효과를 보려면 점점 더 많은 카페인을 섭취해야 한다.

과도한 카페인 섭취로 위가 불편하고 두통, 불안, 이뇨증, 불면증이 생길 수 있다. 또한 카페인이 커피콩뿐만 아니라 찻잎, 코코아콩, 이들을 원료로 한 제품에서도 발견된다는 점에 주목하라. 우리는 처방전이 있든 없든 천 가지 이상의 약물에 카페인이 함유되어 있으며, 심지어 디카페인 커피에도 소량의 카페인이 함유되어 있다는 사실을 모르고 있다.

카페인 계획하기

우리가 물, 과일주스, 우유, 녹차 등 많은 건강음료를 마신다면, 커피 몇 잔 정도는 기분 좋게 마셔도 된다. 약리학적으로 유효한 카페인 복용량은 200mg이고, 하루 권장 음용량은 커피 1~3잔(139~417mg)이다. 아래에는 흔히 볼 수 있는 음식과 음료수에 함유된 카페인 양을 대략 제시하였다.

- 분쇄한 커피콩에서 추출한 커피 6온스 = 100mg
- 잎에서 우려낸 차 6온스 = 10~50mg
- 콜라 12온스 = 50mg
- 밀크 초콜릿에 함유된 코코아 1온스 = 6mg
- 단맛을 줄인 초콜릿칩 한 컵 = 92mg

그렇다고 커피를 끊을 필요는 없다!

다른 신체부위와 달리, 우리 뇌에는 '혈뇌장벽'이라는 얇은 막이 있다. 이 중요한 막은 질병과 스트레스로 인해 손상되기 쉽다. 최근 연구자들은 커피의 카페인이 유해한 침입자를 막을 뿐만 아니라 혈뇌장벽을 보호하고 손상을 회복시킬 수 있다는 증거를 발견했다. 그러니 커피 한 잔에 1점을 주기로 하자. 그렇다고 해서 이 뉴스를 매일 카페인을 과하게 섭취하라는 의미로 해석하지는 마라!

탁월한 성취를 위한 먹거리

일부 먹거리는 필수 영양소를 공급하여 몸에 놀라운 효과를 가져오기 때문에 슈퍼푸드라 한다. 다양한 슈퍼푸드가 든 건강식단은 우리가 체중을 유지하고 질병과 싸우며 오래 살고 최고의 능력을 발휘하는데 기여한다. 더구나 뇌가 최고로 기능하면 뇌를 훈련하여 부자되기가 쉽다!

부를 원하면 생선을 가까이 하라

생선에는 단백질, 비타민, 미네랄뿐만 아니라, 오메가-3 지방산이 함유되어 있어 뇌에 아주 좋다. 70-74세 사이의 노르웨이인 2000명을 대상으로 한 연구에서는 어떤 종류든 생선을 섭취한 이들이 인지 검사에서 2~3배나 우수하게 수행한 것으로 나타났다.

자연산 연어를 먹어라

연어는 뇌에 좋은 최고의 생선에 속한다. 그러나 대개 양식연어에는 항생제를 투여하며, 지방이 자연산보다 70%, 태평양의 곱사연어와 백연어보다 200%나 많다. 자연산은 항생제 문제가 없고, 유익한 오메가-3 지방산의 함유량 역시 높다. 그러니 자연산을 선택하면, 뇌가 좋아할 것이다!

미국 농무부와 심장협회에서는 일주일에 두 번 정도 한 끼에 8온스의 생선을 섭취하라고 권장한다. 하지만 너무 많은 해산물 섭취 역시 경고하는데, 이는 수은 함량이 높기 때문이다. 수은 함량이 높은 해산물 즉, 상어, 황새치, 왕고등어, 옥돔, 날개다랑어 통조림, 참다랑어 스테이크, 바닷가재, 넙치, 오렌지 라피 등은 한 끼에 6온스를 넘지 말라고 경고하고 있다. 그 양은 대략 두껍게 잘랐을 때는 트럼프 카드 두 벌, 얇게 잘랐을 때는 수표책 두 권 정도의 크기이다.

수은 함량이 낮은 해산물로는 새우, 참치 통조림(날개다랑어 아닌), 연어, 북대서양 대구, 메기, 대구, 게, 도다리/서대기, 그루퍼(농어과의 일종), 해덕, 청어, 만새기, 망상어, 굴, 무지개 송어, 정어리, 가리비, 대하, 틸라피아, 송어를 들 수 있다.

베리류를 애용하라

뇌보호에 관한 한, 블루베리만한 게 드물다. 몇몇 연구에서 나타난 바와 같이, 항산화성분과 항염증성분이 함유되어 있는데, 그 덕분에 단기기억이 회복되고 노화로 인한 여러 가지 문제를 미연에 방지할 수 있다. <월스트리트 저널 Wall Street Journal>에 보고된 단기기억 관련 연구에서는 다른 어떤 과일보다 블루베리가 노화한 설치류의 정신기능에 가장 강력한 영향을 준 것으로 나타났다.

게다가, 블루베리는 레드 와인에 비해 38%나 많은 항산화물질을 함유하고 있다. 보고에 따르면, 블루베리 한 컵에는 5인분의 당근, 브로콜리, 호박, 사과보다 3~5배나 되는 항산화물질이 함유되어 있다. 이는 심장병 발생위험을 낮추고, 활력 넘치는 탱탱한 피부를 유지하며, 브레인파워를 촉진한다. 사시사철 블루베리를 섭취하라. 블루베리를 스무디로 얼려 먹거나 요구르트나 호도와 섞어 먹어라. 얼려서 스무디로 먹거나 진짜 뇌기능 촉진제인 요거트나 견과류와 섞어 먹어라. 할 수만 있다면, 매일 블루베리를 1/2컵씩 섭취하라.

베리가 영양이 풍부하고 뇌에 좋은 이유는 베리의 화려한 껍질에 항산화 능력을 지닌 플라보노이드가 함유되어 있기 때문이다. 플라보노이드는 녹차, 콩, 사과, 체리 등에도 함유되어 있지만, 붉은색이나 보라색 과일에 아주 풍부하다. 뇌에서 항산화작용을 하는 나른 베리류로는 아싸이베리, 구기자, 오디, 보이젠베리, 크랜베리가 있다. 활성산소 흡수 능력이 우수한 과일을 효능 순으로 제시하면, 블루베리, 블랙베리, 딸기, 라즈베리, 자두 순이다.

저혈당 탄수화물을 섭취하라

뇌의 CEO인 전두엽이 제 기능을 다하려면 포도당이 꾸준히 공급되어야 한다. 포도당은 주로 탄수화물에서 나오는데, 몸에서 분해되어 포도당 분자가 흡수되는 속도에 따라 '혈당지수'가 달라진다.

보충제

영국에 있는 노썸브리아대학교의 앤드류 스콜리 Andrew Scholey 박사는 브레인파워의 촉진에 대한 연구에서 은행과 인삼을 동시에 섭취했을 때의 강력한 효과를 보고하였다. 360mg의 은행을 섭취하자 정신적 반응시간이 빨라지고, 400mg의 인삼을 섭취하자 기억(저장, 파지, 인출)이 바로 향상되었다. 이 두 가지를 합해 960mg(60%의 인삼과 40%의 은행)을 섭취하자, 이용 가능한 정신에너지가 높아졌다. 연구의 피험자들은 다양한 수에서 7을 빼는 검사를 반복했는데, 3(훨씬 더 쉬운)을 뺄 때처럼 계산이 빨랐다. 두 보충제 모두 뇌의 산소농도를 높이는 것으로 여겨진다.

빨리 분해될수록, 혈당지수가 높아진다. 그런데 혈당지수는 높을수록 좋지 않다. 프레첼과 도넛 등의 고혈당 탄수화물은 매우 빨리 분해되기 때문에 혈당이 치솟았다가 급격히 떨어진다. 당근이나 브로콜리 같은 생채소들은 혈당지수가 낮기 때문에 뇌에 꾸준히 에너지를 공급하여 포만감이 오래간다. 뇌를 위한 멋진 식사를 위해 고섬유질의 탄수화물을 선택하고 유익한 지방이나 단백질을 추가하여 흡수속도를 늦춰라. 콩은 포도당을 꾸준히 공급하는 유익한 근원이다. 무엇을 고르든 많이 먹을 필요는 없다. 뇌는 바나나에 함유된 정도의 포도당(25g 정도)이 혈류에 있을 때 최고의 기능을 발휘한다. 브레인파워를 극대화하려면, 조금씩 자주 먹어라.

아주 멋진 보너스를 주는 견과류를 택하라

견과류에는 지방이 많긴 해도 양질의 지방, 무기질, 섬유질, 단백질이 풍부하다. 호도, 아몬드, 헤이즐넛, 피칸 등에는 유익한 지방이 풍부하고 동맥을 깨끗이 유지하여 뇌로 가는 혈액공급과 산소공급을 원활히 한다. 또한 뇌에서 기분 좋은 호르몬인 세로토닌을 생성할 때 그 원료가 될 뿐만 아니라, 신경섬유를 절연시키는 마그네슘을 함유하고 있어 발화 속도와 그 효율성을 높인다. 그 덕분에 뉴런이 더 유능하고 행복해질 것이다!

그럼에도 모든 견과류에는 고칼로리의 지방이 함유되어 있기 때문에, 하루에 호도는 1온스 또는 반태 12개를, 아몬드는 24개 정도를 섭취하라. 부족한 단백질과 지방의 보충제로 섭취할 때에도 조금씩 몇 번 나누어 먹어라.

백미 대신 퀴노아를 먹어라

한때 '잉카의 황금'으로 알려졌던 퀴노아는 영양이 풍부하고 작은 곡물모양(퀴노아는 벼과에 속하지 않기 때문에 곡물은 아니다)의 작물로, 시장에서 구입할 수 있는 어느 곡물보다 단백질, 철분, 불포화 지방산이 더 많은 반면, 탄수화물은 적다. 완전 단백질 식품인 퀴노아는 10가지 필수 아미노산을 함유하고 있으며, 무기질, 비타민 B, 섬유질이 풍부하다. 퀴노아에는 신체조직의 성장과 재생에 필요한 아미노산인 리신의 함량이 높다. 또한 망간, 마그네슘, 철분, 구리, 인, 비타민 B군, 특히 새로운 신체조직 형성과 보통의 신체조직 성장에 필요한 필수 영양소인 엽산(체내에서는 엽산이 형성되지 않기 때문에 식품과 보충제로 공급해야 함)의 훌륭한 원천이다.

귀리로 동맥을 청소하라

귀리는 탁월한 에너지원이며, 귀리 겨는 혈청 콜레스테롤을 줄이는 탁월한 섬유질이다. 스틸컷 귀리(대충 썰거나 가공을 최소화한), 압착 귀리, 인스턴트 귀리 중 어떤 것을 택하든, 모든 귀리는 콜레스테롤 감소에 효과적이다. 콜레스테롤 감소를 위해 3g의 용해성 섬유질을 섭취하려면, 2온스의 귀리 겨(마른 귀리 ⅔컵이나 조리된 귀리 1½컵)나 3온스의 귀리(마른 귀리 1컵이나 조리된 귀리 2컵)가 필요하다. 시리얼과 요거트에 귀리 겨를 뿌려 먹거나, 과일 크럼블이나 찜에 고명으로 넣어 먹어라. 치킨, 살코기, 생선에 귀리 겨를 입혀 요리하거나, 아니면 고기 덩어리나 미트볼에 빵가루 대용으로 사용할 수도 있다.

세 가지 보너스

아래의 세 가지 슈퍼푸드를 섭취하면, 정신적으로 명민해질 것이다.

- 렌즈콩 : 렌즈콩은 저혈당 포도당을 꾸준히 공급하여 새로운 사고와 아이디어 도출 능력이 향상된다.
- 치아씨앗 : 오메가-3 지방산의 훌륭한 근원으로, 블루베리보다 항산화물질이 많고 뇌세포의 교류를 촉진한다.
- 브라질너트 : (유익한)단일 불포화 지방산을 함유하고 있어서, 뇌와 몸의 교류에 기여한다. 또한 몸에서 세포가 에너지를 생산하는데 필요한 리보플라빈(B_2)을 공급한다. 더욱이 칼륨과 마그네슘 함량까지 높아 혈압을 낮추고 심장을 강화한다.

건강에 유익하고 유연성을 높이는 콩

콩 단백질은 콜레스테롤 수준을 낮추어, 심장마비와 뇌졸중의

뇌기능에 취약한 식품을 최소화하라

일부 음식은 건강한 뇌기능에 방해가 되는 것으로 알려졌다. 특히 술, 설탕, 아스파탐 감미료, 화학조미료를 줄여라. 술을 마시면 둔해지고, 설탕을 섭취하면 흐리멍텅해지며, 아스파탐과 화학조미료를 섭취하면 뇌세포가 죽을 수 있다. 또한 설탕, 첨가제, 흥분제가 첨가된 가공식품은 우울증을 악화시키는 경향이 있으니 피하라. 인공색소, 콘시럽, 당의(糖衣), 흰빵을 극도로 제한하라. 대신 우리 뇌에 좋으면서 보너스로 명민함까지 주는 먹거리를 섭취하라.

위험을 높이는 혈전과 혈소판 응집을 줄인다. 콩은 동맥의 유연성을 높여 혈액순환을 촉진하고, '나쁜' 콜레스테롤LDL의 산화를 줄여 플라크 형성의 위험을 낮춘다. 에다마메, 성숙한 콩, 콩견과, 두유, 두부(응고된 콩), 템페(인도네시아 발효 콩요리), 간장, 미소(일본 된장) 등에 콩이 함유되어 있다. 콩으로 만든 치즈와 유제품뿐만 아니라 콩기름도 있다.

하루에 콩을 1인분만 더 먹어도 달라질 것이다. 만약 가족 구성원 중 유방암에 걸린 적이 있는 사람이 있다면, 식단에 콩을 추가하기 전에 의사와 상의하라.

초콜릿을 환영하라

적당량의 초콜릿은 몸과 뇌에 좋다. 솔크연구소의 헨리에트 반 프라그Henriette van Praag 등의 연구에 따르면, 운동을 하면서 코코아에

다크 초콜릿이 혈관 확장자라고!

만약 혈압이 높고 다크 초콜릿을 좋아한다면 행운이다. 최근 15편의 연구에서는 다크 초콜릿이 혈압을 상당히 낮추는 것(이미 혈압이 높은 사람일 경우에)으로 나타났다. 혈압이 정상 이하인 이들에게는 이점이 없었다. 다크 초콜릿에 함유된 플라보노이드가 혈관을 확장시켜 30분 정도 운동한 만큼 고혈압을 낮추고 5년 내내 심장병 위험을 20% 정도 줄이는 것으로 나타났다. ½온스 즉, 한 조각의 작은 다크 초콜릿이 아주 효과적이라는 희소식이 있다!

함유된 에피카테친을 섭취할 경우 학습 및 기억형성과 관련된 뇌기능이 촉진된다는 것이다. 영양가가 높고 달지 않은 다크 초콜릿을 선택하라. 밀크 초콜릿에는 포화지방과 설탕이 과도하게 함유되어 있다. 대신 코코아가 70% 이상 함유된 유기농이나 공정무역의 다크 초콜릿(재료로 카카오 콩이 명시된)을 구하라. 만약 초콜릿에 유기농 사탕수수나 꿀로 단맛을 가미했다면 더 좋다. 하루에 초콜릿을 2~3조각 먹어라, 그러면 자신의 몸과 뇌에 기여하는 셈이다. 그래도 일주일에 세 번 정도만 초콜릿에 빠져라.

초콜릿의 이점

우리 뇌가 초콜릿을 좋아하는 이유는 다음과 같다.

- 행복한 뇌를 만드는 세로토닌이 함유되어 있다.
- 행복감을 주고 신경계를 안정시키는 신경전달물질이 함유되어 있어 불안을 줄인다.

- 항산화 활동을 담당하고 좋은 콜레스테롤과 동맥내벽을 보호할 뿐만 아니라, 염증을 일으키는 효소를 억제하는 플라보노이드(식물 색소)가 함유되어 있다.
- 혈관확장에 기여하는 아미노산이 함유되어 있어 천연 항염제 역할을 하고 혈압과 혈류를 조절한다.
- 피토케미컬이 함유되어 있어 활성산소로 인한 동맥손상을 예방하고 심장마비와 뇌졸중을 유발하는 혈소판 응집을 막는다.

그밖에도 초콜릿에는 집중력을 높이는 테오브로민, 카페인 및 기타 물질이 함유되어 있다. 다크 초콜릿을 먹어라!

초콜릿이 레드 와인보다 낫다고!

미국 화학협회에서 발간하는 <농식품화학지 Journal of Agriculture and Food Chemistry>의 연구결과에 따르면, 코코아 가루에는 레드 와인의

모든 사람의 뇌는 다르다

대개 비슷하긴 하지만, 식품이 뇌에 미치는 영향은 각기 조금씩 다르다. 어떤 이유에서든 외향적인 사람들은 점심식사 후의 졸음, 강한 낮잠 욕구, 오후 새참 무렵 커피 한 잔의 유혹에 약한 편이다. 아이들이나 깡마른 이들은 저혈당 때문에 일반 성인보다 현기증이나 짜증이 잦을 것이다. 만성적으로 너무 안 먹고 운동이 과하며 일상적으로 끼니를 거르는 이들은 저혈당으로 인해 머리가 멍해진다. 그들의 뇌는 기본적으로 저혈당에 민감해진다. 그러니 여기에서 제시하는 조언을 듣고 자기 몸에 귀 기울여라. 자신과 뇌에 맞추어라.

거의 2배, 녹차의 최대 3배에 이르는 항산화물질이 함유되어 있다는 것이다. 사실, 다크 초콜릿에는 과일이나 채소보다 항산화물질이 더 풍부했다. 가장 근접한 경쟁자인 밀크 초콜릿은 2위고, 건자두는 3위인 것으로 나타났다.

최적의 건강, 최적의 뇌

책과 웹사이트에서 우리의 뇌건강에 직·간접적으로 영향을 주는 수백 가지 대량영양소와 미량영양소를 소개하고 있지만, 보충제나 허브를 복용하기 전에 의사와 상의할 것을 권장한다. 매일은 아니더라도 매주 뇌와 관련된 새로운 결과가 제시되고 있으니 최신의 과학 정보를 탐색하는 것도 현명하다. 아주 현명한 사람이라면, 검증되지 않은 유행을 따르거나 부작용(새로 복용한 무언가가 이미 복용중인 약물에 어떤 영향을 줄지를 판단하는)에 대해 제대로 연구되지 않은 보충제를 복용하지 않을 것이다.

일반적으로 건강한 식사를 하고 슈퍼푸드로 보강한다면, 우리와 우리 뇌는 최상의 건강과 수행을 유지할 것이다. 육안으로 뇌를 볼 수 없지만, 뭘 하든 우리 생활의 모든 측면에 뇌가 아주 중요하다는 점을 명심하라. 영양공급을 잘하라, 그러면 반드시 우리에게 보상이 따를 것이다. 생활의 모든 측면뿐만 아니라 금전적으로도 말이다.

부록 A

부자가 되기 위한 구체적인 뇌훈련

이 책에서는 뇌에 영양을 공급하고 이를 보호하며 브레인파워를 극대화할 수 있는 구체적인 방법들을 소개하였다. 그중 대부분이 어려운 과학이라서 이해하려면 많은 노력이 요구되지만, 이 또한 뇌에 아주 유익하다. 여기에서는 이미 소개한 범위 내에서 부자가 되기 위한 구체적인 뇌훈련 방법을 제시하면서 이 책을 마무리하려 한다. 책을 검토한 후에 자신의 상황에 적합한 나름의 목록을 만들어라.

1. 먼저 자신을 정확히 파악한 후에 자신의 능력을 최대한 발휘할 영감을 주는 가치를 확인하라.

2. 부자가 되는 것이 실제로 자신에게 어떤 의미인지를 판단하고 부에 이르는 방법을 확인한 다음, 자신의 성공추구를 계획하라.

3. 최신의 신경과학과 신경생물학을 충분히 이해한 후에 자신의 브레인파워를 강화할 방법을 택하라.

4. 자기 뇌의 장단점을 확인한 후에 이를 미세 조정된 사고도구로 만들 행동을 취하라.

5. 뇌에 에너지를 주고 동기를 부여하는 활동 외에, 뇌기능을 중지하거나 피해가 되는 활동을 파악하라.

6. 가까운 사람이든 직장이든 유해환경을 피하라.

7. 낙관적이고 창의적인 사고자들과 함께 하라. 그들의 존재만으로 당신의 거울뉴런이 활성화될 것이다.

8. 좌측 전전두피질을 강화하라. 그러면 직장에서 행복감이 커지고 직원들과 고객들을 더 이해하며 공감하게 될 것이다.

9. 분명한 의도와 목표를 정할 때 주도적인 역할을 하라. 그러면 바람을 표현할 때 뇌가 조력할 것이다.

10. 가장 중요한 과제에 뇌를 최대한 집중시켜라.

11. 뇌를 집중시키고 활용하는데 필요한 시간과 에너지를 기꺼이 투자하라.

12. 과거의 성공을 더 기억하라. 그러면 당신의 뇌가 안정되어 그런 성공을 다시 맛보게 될 것이다(과거의 실패에 집중하여 두려움에 빠지지 말고).

13. 상상력과 시각화를 활용하여 심상을 만들어라. 그러면 당신

의 뇌는 이를 기정사실로 인식하여 성공적인 재창조에 이르는 신경통로가 형성될 것이다.

14. 기억력뿐만 아니라, 새로운 정보를 처리하고 통합하는 능력을 높여라.

15. 직관을 개발하라.

16. 기존의 사고방식을 바꾸는 무언가를 하라.

17. 평소에 충분히 자극받지 못한 뇌부위를 활용하는 무언가를 하라.

18. 이분법적 사고를 피하고 미묘한 차이를 수용하라.

19. 사물에 대한 관점이나 사고방식을 바꾸어라. '왜?'보다 '---하는 게 어때?'라고 생각하라.

20. 뇌에 도전감을 주어 기존의 신경통로를 강화하고 새로운 신경통로를 만들어라.

21. 지식을 넓혀 뇌가 새로운 기능을 배울 준비를 하라.

22. 긍정적 보상을 주고 세로토닌 수준을 높이는 활동을 선택하라.

23. 긍정적 보상을 이용해 의도적으로 강화하라. 물론 그 양과 방법이 적절해야 한다.

24. 과잉 활성화된 편도체를 진정시켜 비합리적인 공포를 없애고, 뇌의 정보처리, 정보통합 및 의사결정을 촉진하라.

25. 스트레스 수준을 낮춰라. 그러면 뇌가 혹사당하거나 코르티솔로 넘치지 않을 것이다.

26. 계산된 모험을 하라. 그러면 뇌가 유연해질 뿐만 아니라, 열심히 새로운 기회를 탐색할 것이다.

27. 명상을 통해 뇌가 산만요인을 줄이는 동시에 해야 할 일에 집중하도록 하라.

28. 뇌를 훈련하여 부정적 사고를 없애는 동시에 긍정적 사고에 기꺼이 반응하게 하라.

29. 창의성을 습관화하라. 그러면 해결책과 혁신을 위해 창의성이 필요할 때 당신의 뇌는 어떻게 해야 할지를 알 것이다.

30. 몸에 영양을 공급하라. 그러면 당신은 '원활히 기능하는 뇌'라는 보상을 얻을 뿐만 아니라, 주변 사람들을 고무시킬 성공을 거둘 것이다.

31. 개방적이고 유연한 사람이 되어라. 그러면 당신의 뇌가 꾸준히 기능하고 성장할 것이다.

32. 뇌가 숨쉴 공간을 제공하고 원기를 회복할 놀이를 하라. 그러면 필요시에 당신의 뇌가 참신해지고 뉴런이 활성화될 것이다.

부자 뇌 만들기 지침서!

당신이 돈을 더 버는 뇌를 만들면, 자신이 부자라 생각하게 될 것이다. 이 획기적인 지침서에서 신경과학자인 Teresa Aubele 박사는 뇌활용을 돕기 위해 재정 전문가인 Doug Freeman, 기업 컨설턴트인 Lee Hausner 박사, <Psychology Today>의 블로거인 Susan Reynolds와 협력하였다.

돈을 더 벌어라 : 최선의 기회포착을 위해 뇌를 바꿔라.	**번 돈을 잘 관리하라** : 뇌가 장기적 관점을 갖도록 하라
현명하게 투자하라 : 그릇된 추론을 촉진하는 쾌락센터를 피하라.	**부를 더 창출하라** : 혁신과 창의성에 마음을 집중하라.
재정난을 딛고 일어나라 : 뇌가 투쟁-도피 반응에서 벗어나게 하라	

<부자가 되려면 뇌를 바꿔라>는 부 지향적인 뇌, 넉넉한 은행잔고, 부유한 생활로 가는 티켓이다.

Teresa Aubele 박사는 스토니브룩대학교에서 신경과학으로 박사학위를 받았다. 현재 그녀는 미국 국립보건원의 지원을 받아 플로리다주립대학교에서 호르몬이 뇌회로와 기능에 미치는 영향을 연구중이다. 그녀는 플로리다주의 탤러해시에 살고 있다.

Doug Freeman 법학전문박사는 기업, 비영리재단, 가족을 대상으로 전략계획과 조직관리을 자문하고 있다. Freeman은 캘리포니아주 법조인 협회의 공인 세금 전문가로 일하다 은퇴했다. 그는 캘리포니아주의 뉴포트해변에 살고 있다.

Lee Hausner 박사는 세계적으로 인정받는 임상 심리학자이자 기업 컨설턴트이다. Hausner 박사는 가족기업이나 큰 손 대상의 컨설팅 그룹인 First Foundation Advisors를 공동 설립했다. 그는 캘리포니아주의 로스앤젤레스에 거주하고 있다.

Susan Reynolds는 기자이자 작가로, Literary Cottage라는 저작 컨설팅 회사의 설립자이다. 그녀는 매사추세츠주의 보스톤에 살고 있다.

부자가 되려면 뇌를 바꿔라

2013년 6월 20일 1판 1쇄 인쇄
2013년 6월 25일 1판 1쇄 발행

저 자 : Teresa Aubele PhD, Doug Freeman JD LLM, Lee Hausner PhD, & Susan Reynolds
역 자 : 김 유 미
발 행 자 : 한 정 주
발 행 처 : **지성공간**

주 소 : 경기도 파주시 교하읍 문발리 파주출판문화정보산업단지 514-5
전 화 : 031 - 955 - 6952
팩 스 : 031 - 955 - 6037

Home-page : www.kyoyookbook.co.kr
E-mail : kyoyook@chol.com
등 록 : 제 406-2008-000067호.

정가 13,000원
ISBN 978-89-967960-4-6

낙장 · 파본은 교환해 드립니다.
Printed in Korea.